Peter Martens

Der Himmel über der Ortenau

Paradiesische Plätze –
kreative Köpfe

Kulturverlag ART+WEISE

Inhalt

Meine Heimat, die Ortenau *Wolfgang Schäuble* 6

Vorwort 8

Perspektivwechsel 10

Was die Dichter dachten 12

Schwarzwaldhäuser 18

Der Himmel über der Ortenau *Marianne Hopf* 20
– weit, weit, weit … reicht er!

Der sagenumwobene Mummelsee *Dieter Ortlam* 22
Der wahre, natürliche Ursprung der Acher

Der Katzenkopf auf der Hornisgrinde *Reinhard Schmälzle* 26

Dem Himmel näher *Johanna Helbling-Felix* 28

Die Wiederbesiedelung der Störche in der Ortenau
Wolfgang Hoffmann 32

Ein architektonisches Juwel *Siegfried Stinus* 34

Schöne Landschaften im Sommer wie im Winter *Walter Scholz* 36

Kappelrodeck, das badische I-Tüpfele am Schwarzwaldrand
Martin Schütt 38
Eine Performance, die mich fast zerreißen will

Wo die wilden Wasser fallen *Karin Jäckel* 40

Der Karlsruher Grat im Gorilladuft *Matto Barfuss* 42

In den Wolken nach Formen und Figuren suchen *Pascal Cames* 44
Das Hexenhaus auf dem Lautenbacher Hexensteig

Wallfahrtskirche Mariä Krönung *Robert Zollitsch* 46

Ein Gotteshaus als Festivalbühne *Thomas Strauß* 48

Ein Akt der Schöpfung und der Mahnung *Stephan Burger* 51
Die Klosterruine Allerheiligen

Magische Ausblicke und genüssliche Einblicke
Frank Peter Rottenecker 54
Sasbachwalden und der Bischenberg

Theatersommer und Geisterhochzeit *Edzard Schoppmann* 56

Yoga für die Seele *Marianne Burger* 58

Eine geheimnisvolle alte Schule hoch über Sasbachwalden
Valentin Doll 60

Mit Bäumen wie mit Brüdern reden *Thomas Faißt* 63
Der mystische Platz am Kohlenmeiler

Mit den Augen der Bienen *Ekkehard Hülsmann* 66

Hoch über der Ortenau *Wolfgang Schlund* 68

Wie verlieben sich Menschen in die Natur? *Simon Straetker* 72

Weitblick über die Ortenau *Bärbel Schäfer* 74

Wie es in der realen Welt sein könnte *Klaus Brodbeck* 76
Das Simplicissimus-Haus in Renchen

Das Pfarrmättle in Renchen-Ulm *Bernd Siefermann* 78

Der historische „Silberne Stern" *Ulrich Freiherr von Schauenburg* 80

Authentisch, appetitanregend und „saugut" *Judith Wohlfarth* 82
Das Hofgut Silva

Extreme Momente auf dem Mooskopf *Anke Kaspar* 86

Das fachlich gewerkte Hanauer Haus *Gerd Birsner* 88

Vom Niemandsland zum kulturellen Begegnungsort
Jürgen Grossmann   90
Das Europäische Forum ankert am Rhein

Der Sonnenschirm von Marie-Antoinette *Martin Graff*   92
und die Entspannung am Rhein

Mein Lieblingsort *Tilmann Krieg*   96

Wo das Herz des Dorfes schlägt *Helmut Schneider*   98
Der Korker Bühl und seine Geschichte

Kulisse für kreative Begegnungen *Elke Reinemer*   100

**Wo Kinder auf Bäume klettern und Eltern dem Müßiggang am
Wasser frönen** *Stefanie Bade*   102

Idylle am Mühlenradweg bei Kehl *Paul Witt*   104

So weit das Land – der Himmel so blau *Marie Drea*   106

Umgeben von Palmen *Ulrike Derndinger*   108
Die „Zigeunerlinde" im Jahr 2219

Unterwegs im Neurieder Rheinwald per Pedes, Paddel und Pedale
Martin Heuberger   110

Wo die Zeit stillzustehen scheint – der Ottenweier Hof *Jürgen Seitz*   112

Zukunft braucht Herkunft – Burgruine Diersburg
Stefani Freifrau Roeder von Diersburg   114

Paradiesische Idylle am Kanal *Lionel Arbogast, Estelle Bour*   116

Hoch oben in der Schutterer Klosterkirche *Martin Buttenmüller*   118

Ein Ort für unsere Stimme im Himmel – das Schutterer Mosaik
Marita Blattmann   120

Ein Lindenbaum erzählt *Sr. M. Michaela Bertsch*   124
Schlössle Heiligenzell

Nichts anderes als ein Haus G'ttes *Robert Krais*   126

Eine der arten- und strukturreichsten Wälder Europas *Benoit Sittler*   128
Die Wildnis der Ile de Rhinau

Taubergießen *Jürgen Lodemann*   132
Durch atemberaubende Stille

Taubergießen und die Waldgebiete *Martin Herrenknecht*   136

Zurück in die Zukunft *Jochen Paleit*   138

Der große Baggersee von Ottenheim *Wolfgang Brucker*   140

Der Leuchtturm des Hotels „Bell Rock" *Roland Mack*   142

Mein Déjà-vu in den Elzwiesen *Karl-Heinz Debacher*   144
Wie unendliche Prärien des Wilden Westens

Willstätts schicke Mitte *Marco Steffens*   146

Ein bleierner Himmel *Karlheinz Kluge*   148
Der Künstler Oskar Schlemmer in Offenburg

Die Heimat im Herzen *Dr. Hubert Burda*   151

Kultur statt Kanonen *Hans-Peter Kopp*   154

Die Treue zur Heimat *Dieter Ilg*   158
Der „Salmen" in Offenburg

Ideen sprudeln hier wie die Quellen unserer Landschaft
Walter Bitzer   160

Urig und ursprünglich *Barbara Roth*   162
Der Offenburger Wochenmarkt

Mein Lebensmittelpunkt für einen Nachmittag *Susanne Vaternahm*   164
Träumen im Café mamaMaria

Ein Fleckchen Erde in Ehren halten *Ronny Loll*   166
Idylle und Superlative im Weingut Andreas Männle

Kinzigtalstraße 20 – Ortenberg *Jan Peter Tripp* 168

Ein Wahrzeichen der Ortenau *Hermann Bürkle* 170
Schloss Ortenberg

Der geheimnisvolle Geisberg mit seinen Schätzen *Ingo Stengler* 172

Weil der Töpfer in so einem schönen Haus wohnt 174
Emilia / Georg Hach

Naturparadies Langenhard *Uwe Baumann* 176

Die Heimat im Herzen, Europa im Blick *Markus Ibert* 178
Ein Spaziergang auf dem Lahrer Schutterlindenberg

Die Stadtgeschichte in der Tonofenfabrik *Guido Schöneboom* 180

Samen oder Wurzel *Thi Dai Trang Nguyen* 182
Der Interkulturelle Garten in Lahr

Schlossplatz ohne Schloss *Juliana Eiland-Jung* 186

Französisches Eck *Hansy Vogt, Helmut Rau* 187

Wo die barocke Epoche Ettenheims wieder auflebt *Eckard Riedel* 190

Die alte Zigarrenfabrik in Ettenheimmünster *Linda Treiber* 192

Unsere Streuobstwiesen in Ettenheim – ein Lebenselixier 194
Kathrin Opel

Die Fischweiher im Filmersbach *Georg Riegger* 196

Tabakanbau und -verarbeitung als regionales Kulturgut 198
Patrick Benz

Meine Lieblingsplätze zum Träumen *Barbara Siebeck* 200
Zwischen der Coco Chanel-Suite in Paris und der Burg in Mahlberg

Grabmal für einen Unangepassten *Manfred Hammes* 202
Die Hansjakob-Kapelle in Hofstetten

Die Hofstetter Mühle *Martin Aßmuth* 204

Das Hornberger Schloss *Wolfgang Schäuble* 206

Ein Zauber, der nicht alle Tage in uns wohnt *Michael Steigerwald* 208
Auf dem Collier um Hohengeroldseck

Bühne für große Auftritte *Otmar Alt* 210
Gengenbachs Marktplatz

Mein Paradiesgarten in Gengenbach *Ellen Dietrich* 212

Die „Berglekapelle" von Gengenbach *Thorsten Erny* 214

Ein Ort für das gute Miteinander *Gudrun Schillack, Reinhard End* 216

Wanderer, kommst Du nach H. *José F. A. Oliver* 219

Auf dem Mountainbike entlang meiner Lieblingsplätze 222
Winfried Lieber

Samstagscafé typgerecht für alle Sinne *Siegfried Sorg* 224

Der Kreuzbühl bei Steinach *Laura Brucker* 226

Alles Käse auf dem Romanhof – bester Käse *Wolfgang A. Stunder* 228

Die Fischerbacher Gedächtniskapelle *Brigitte Müller* 230

Ein Kräuterhof mit Charme *Heide Bergmann* 232
Hier bin ich willkommen

Frei wie der Himmel über mir *Christine Störr* 234
Auf dem Urenkopf-Turm

Die Gürtenau – Das Paradies von Mühlenbach *Helga Wössner* 236

Eine Landschaft, wie für Maler bestimmt *Ansgar Barth* 238

Der Vogtsbauernhof *Frank Scherer* 240

Meine Heimat – meine Welt *Michaela Neuberger* 242
Die „Katzenhalde" in Oberharmersbach regt vieles an

Die Heidenkirche *Simone Kasper* 244

Neue Horizonte entdecken *Hanspeter Schwendemann* 246
Der Harkhof

Ein Platz der persönlichen Freiheit und der schöpferischen Kraft
Armin Göhringer 248

Des Kunstsammlers Lieblingsplatz *Walter Bischoff* 250
Museum Villa Haiss

Auf den Geschmack gekommen *Peter Schell* 252
Die Chocolaterie im „Blaue Hus"

Der Nordracher Obstbrennerweg *Egbert Laifer* 254

Vogt auf Mühlstein *Rainer Schumacher* 256

Der Große Erzähler *Willi Keller* 258
Die Moos

Eine Landschaft zum Wurzelschlagen *Inka Kleinke-Bialy* 260
Ursprünglich und unverfälscht: die Nillhöfe und der Ramsteinerhof

Wo *Neigschmeckte* Heimatgefühle entdecken *Bernd Lambrecht* 282
Der LeseLenz in Hausach

Der Flößer Vaterunser mit Rausch und Risiko *Gottfried Zurbrügg* 264

Der Hintere Liefersberger Hof *Hardy Happle* 266
In die Natur hineinkomponiert

Inspiration und Erdung *Chris Weller* 270
Wolftal, Kinzig, Bärenpark

In Rekordzeit durch die Wälder *Jörg Scheiderbauer* 272
auf dem klassischen Westweg von Pforzheim nach Basel

Fotografen 276

Impressum 280

Meine Heimat die Ortenau

Ein Grußwort von Wolfgang Schäuble

Heimat ist für mich dort, wo man in der Kindheit zuhause war – in meinem Fall Hornberg. Daran hat sich bis heute nichts geändert, obwohl ich in Hornberg nicht mehr lebe und meine Eltern längst tot sind. Der Ort, an dem man aufgewachsen ist, prägt einen ein Stück weit für den Rest des Lebens.

Und dann ist Heimat natürlich immer auch da, wo man Wurzeln schlägt. Das war für mich zunächst Gengenbach und später Offenburg. Beide Städte sind meine Heimat geworden. In Gengenbach habe ich mit meiner eigenen Familie gelebt, solange unsere Kinder zuhause waren, da sind sie aufgewachsen. Die Landschaft, die Sprache, die Lebensart – das prägt Menschen, auch wenn man später woanders lebt.

Heute ist Offenburg mein erster Wohnsitz. Drei Wochenenden im Monat bin ich dort, da fühle ich mich zuhause. Ich lebe hier und lese immer die Lokalzeitung. Ich lasse sie mir auch nach Berlin schicken, so dass ich darüber informiert bleibe, was daheim geschieht. Und als Abgeordneter des Wahlkreises bin ich in Offenburg auch politisch zuhause, dort ist meine Basis.

Wenn ich gefragt würde, welche Veränderungen ich über die vielen Jahre hinweg in der Ortenau wahrgenommen habe, so wäre meine Antwort zunächst: Trotz allem Wandels ist nach meinem Gefühl auch vieles so geblieben wie es war. Dies hängt wahrscheinlich mit unserem eher kleinstädtisch geprägten Milieu zusammen, in dem das Tempo der Veränderungen eben nicht so atemberaubend hoch ist wie etwa in Shanghai. Bei uns ist alles ein wenig beschaulicher.

Aber auf den zweiten Blick sieht man natürlich auch in der Ortenau die Auswirkungen der technologischen Entwicklungen und des wissenschaftlichen Fortschritts, der sich in enormer Geschwindigkeit vollzieht. Man sieht, wie sich die Innenstädte verwandeln, wie alteingeführte Geschäfte verschwinden, wie die Veränderungen jede kleine Stadt und jedes Dorf miterfassen, vor allem im Laufe der letzten zwei Jahrzehnte.

Man sieht aber auch, wie sich im Vergleich zu den Zeiten vor 70 Jahren die Lebensverhältnisse gerade der jungen Menschen zum Positiven verändert haben. Wenn ich mir alte Bilder von Hornberg anschaue und sie mit heute vergleiche, dann ist vieles unglaublich schön geworden. Daher kann ich den Ortenauern immer nur sagen: Sie können erstens glücklich sein, dass sie in einer der attraktivsten Gegenden leben dürfen, in der vieles nicht nur landschaftlich wunderschön ist, gerade im Vergleich zu vielen anderen Regionen der Welt. Und der zweite Teil meiner Botschaft lautet: Wir sollten uns des Schatzes viel stärker bewusst sein, den wir mit der Metropole Straßburg haben und mit den Möglichkeiten, im deutschfranzösischen Verhältnis immer enger zusammenzuwachsen. Diesen Schatz sollten wir noch viel stärker nutzen, als wir es bislang im Alltag tun.

Foto: Sebastian Wehrle

Vorwort

In diesem Bildband wollen wir Sie mitnehmen auf eine sehr persönliche und facettenreiche Reise durch die schöne Ortenau. Ich habe für dieses Buch berühmte, engagierte und interessante Zeitgenossen aus verschiedenen Gesellschaftsbereichen angesprochen und eingeladen, uns ihre Lieblingsplätze zu verraten und darüber zu schreiben. Sie allesamt sind mit der Kultur und der Natur in der Ortenau verbunden und haben sich als ihre Vermittler sehr verdient gemacht.

Liebe Leserin, lieber Leser, Sie werden hier viele bekannte Namen finden, aber auch solche, die der Öffentlichkeit bisher verborgen waren. Menschen, die etwas Besonderes darstellen und die mir einzigartige und bemerkenswerte Plätze angepriesen haben. So unterschiedlich die Autoren in ihren Offenbarungen sind, so vielseitig ist die Auswahl der paradiesischen Orte. Sie werden dieses Buch öffnen als sei es eine Wundertüte und werden in ihm prominente aber auch völlig unbekannte Plätze finden und darüber staunen. Die Auswahl ist rein subjektiv und breit gefächert. Wenn Sie beim Durchstöbern des Buches Ihren Lieblingsplatz vielleicht vermissen, so liegt das in der Natur der Sache. Aber Sie werden ihn imaginär einreihen und so die Palette der himmlischen Plätze noch erweitern.

„So schön wie hier, kanns im Himmel gar nicht sein", so lautet der Titel des letzten Buches des berühmten Film-, Theater- und Opernregisseurs Christoph Schlingensief, das er ein Jahr vor seinem Tod zu schreiben begann, als er von seiner unheilbaren Krankheit erfuhr und diese Nachricht ihn aus der Lebensbahn warf. Als ich es während einer Zugfahrt von Freiburg nach Köln an einem herrlichen Frühlingstag las und die hügeligen, sanften Weinberge und die malerischen Schwarzwaldgipfel der Ortenau an mir vorbeihuschten, war mir klar – irdisch betrachtet –, dass wir doch bereits in einem Paradies leben und nicht darauf warten müssen, in ein solches endlich zu gelangen. Bleiben wir also noch ein Weilchen hier. Entstanden ist ein Gesamtmosaik mit zauberhaften literarischen Miniaturen, bebildert mit exzellenten Fotos, viele mit einem Blick von oben aus verschiedenen Höhen.

Medienregent Hubert Burda z.Bsp. trägt die Heimat im Herzen, wenn er in die Welt hinausfährt. Das Seebach'sche Schlösschen in Fessenbach empfindet er als Poesie des Ortes. Barbara Siebeck präsentiert gleich eine Selektion von Lieblingsplätzen zwischen der Coco-Chanel-Suite in Paris und der Burg in Mahlberg. Mit den Heidschnucken zwischen der Laufer March und der Hornisgrinde unterwegs zu sein, ist für die Schäferin Marianne Burger Yoga für die Seele. Der Köhler Thomas Faißt liebt die Mystik an seinem Kohlenmeiler. Der hyperrealistische Maler Jan Peter Tripp beschreibt ein Restaurant mit einer Gewürzmanufaktur in Ortenberg als „Platz für alle Sinne". Der Dichter Karlheinz Kluge entdeckt für sich und für die Kunstwelt Wandbilder von Oskar Schlemmer in einer Offenburger Kantine. Wie mag wohl die alte Linde in Kürzell und die Welt in ferner Zukunft aussehen, fragt sich die Mundartdichterin Ulrike Derndinger in einer szenischen und visionären Vorausschau. Dass eine Chocolaterie in Nordrach so unwiderstehlich sein kann, nimmt der Schauspieler Peter Schell gerne in Kauf und lässt sich verführen.

Schokoladenseiten hat die Ortenau viele, wie der Bildband belegt. Sie sind eingeladen, sie zu entdecken und auszuprobieren. Lassen Sie sich anstecken von der Euphorie aller Beteiligten in Wort und Bild. Eins ist gewiss: Dieses Buch könnte noch um einiges dicker sein gemessen an der Schönheit der Ortenau und an dem Potenzial an kreativen Köpfen, die hier leben. Viel Freude beim Entdecken.

Ihr Peter Martens

Kieswerk / Verladestation am Rhein bei Meißenheim
Foto: Thomas Kaiser

Perspektivwechsel

Es gibt Weinstraßen, Bergstraßen, Wasserstraßen. Die Ortenau hat gleich von allem etwas, von manchen sogar mehr. Als begeisterter Radfahrer interessieren mich diese Wege sehr, sind sie doch meist autofrei und führen durch naturnahe Gebiete. Bezaubernd ist der urwaldige, oft geheimnisvolle Schwarzwald und das sanfte Vorgebirge, geprägt meist von exquisitem Weinanbau und bunten Streuobstwiesen mit altehrwürdigen Bäumen und intakter Insekten- und Tierwelt.

Eine Weinstraße als Radweg? Wie und wo soll das enden? Am Schluss liegt man bei Sasbachwalden gar im leeren Fass und schläft darin den Rausch aus. Eine berauschende Fahrt durch Weinberge, aber auch mit Abstechern an die große Wasserstraße des Rheins, quer durch seine Flussauen und durch das Urwaldgebiet des Taubergießen.

Eine Landschaft mit vielen Gewässern in der Ebene. Nur Kanäle sind Mangelware östlich des Rheins. Mal abgesehen davon, dass der Rhein wie viele Flüsse in Baden selbst zum Kanal von Tulla umgezogen worden ist. Anders im Elsass. Dort durchfräsen der Rhein-Rhone-Kanal und andere Wassersträßchen in romantischer Weise die weite Schwemmlandschaft. Auf der badischen Seite wimmelt es nur so von Baggerseen, meist eingezäunt, abgesperrt und zugewuchert mit dichten, dornigen Sträuchern und Büschen, dass man ihnen gar nicht gewahr wird. Jedenfalls nicht auf Bodenebene in der Normalperspektive. „Baden verboten, Eltern haften für ihre Kinder" ist allerorten zu lesen. Verwegene schlitzen Löcher in die Maschendrahtzäune. Früher haben wir uns das auch getraut und hockten abends dann mit Freunden bei Rotwein und Bier am Lagerfeuer. Sangen Lieder, badeten nackt im türkisfarbenen Wasser und ..., ach wie herrlich. Dann das Knöllchen an der Windschutzscheibe des Käfers. Nadelstiche für uns Anarchisten.

So viele Seen – und wir dürfen nicht hin. Oft wissen wir nicht einmal von ihnen. Thomas, mein begleitender Projektfotograf, lässt die Drohne steigen. Welch ein Blick? Und das ist der Kick. Schiffe werden direkt am Baggersee bei Meißenheim beladen. Der Kies rauscht über die Fließbänder und füllt flugs die Laderäume der Kähne. Vegetationslose Mondlandschaften mit Furchen, Kieskegeln, grüne gestufte Förderbänder, gelbe brummende Bagger und Vorderlader. Sie schieben und wühlen wie in einem großen Sandkasten.

Später werden wir diesen Flugkörper für weitere Beobachtungen und Aufnahmen einsetzen. Es sind unbekannte Betrachtungen und neue Perspektiven, die neue Interpretationen des Geländes zulassen. Fortan will ich wissen, wie der Blick vom Himmel herab auf die Ortenau ist. Auch Aussichtstürme, Berggipfel, ja auch das Flugzeug sind Standpunkte dieser manchmal exotisch wirkenden Aufnahmen.

„Der Himmel über der Ortenau" ist für mich ein Schritt in die Höhe, eine Positionsveränderung, das Verlassen der alltäglichen Perspektive, so auch im übertragenen Sinn. Wenn ich auch mal als Fotograf unterwegs bin, habe ich gerne eine Klappleiter dabei. Schon allein die Umgebung auf dieser Leiter erhöht stehend zu betrachten, bietet neue Erkenntnisse und neue Bilder. Nun, wenn bereits ein kleiner Schritt in die Höhe genügt, Dinge anders zu sehen und wahrzunehmen, wie anders und exotisch mögen sie uns denn erst aus der Vogelperspektive erscheinen?

Auf über 80 Aussichtspunkten gönnen sich die Menschen in der Ortenau den Weit- und Rundblick über ihr schönes Land. Das ist rekordverdächtig. Und weil es ihnen auf manchem Gipfel nicht hoch genug ist, setzen sie noch einen Turm oben drauf. So auf dem Brandenkopf, dem Hohen Horn, auf dem Mooskopf, dem Buchkopf und selbst auf der Hornisgrinde, wo bei guter Fernsicht auch die Alpen gut zu sehen sind (siehe Titelbild). Schon ihre Ahnen pflegten diesen Brauch und errichteten zahlreiche Kapellen und Burgen auf exponierten Stellen. Ganz erhabene Aussichtplätze mit Kultstatus sind die Schauenburg in Oberkirch und das Schloss Staufenberg in Durbach, dem Mekka des Badischen Weines. Wie ein Leuchtturm steht das Schloss auf der Felsnase. Ob wandernd, radelnd oder auch nur im Gras liegend – ein jeder richtet magisch seinen Blick auf dieses Bauwerk. Und dann schließlich oben im Himmel auf

Blick vom Brandenkopf
Foto: Thomas Kaiser

der Burg angekommen, schweifen die Blicke kollektiv hinüber ins Elsass, nach Straßburg hin zum Münster. Eine formidable Aussicht. Ein Ort, von dem man nicht mehr fort will.

Ich erkenne in der paradiesischen Landschaft der Ortenau so aber auch die Eingriffe der Menschheit in das Gelände. Flächenfressende Baugebiete, Steinbrüche, Verstädterung, Straßen und Eisenbahnlinien, Strommasten – sie sind klaffende Wunden, die sich gegen die Schöpfung richten. Dass wir dennoch von der Pracht und Anmut der Natur in der Ortenau

schwärmen dürfen, liegt daran, dass es so viel davon (noch) gibt. Der Nationalpark Schwarzwald und die schöne Moos sind Paradebeispiele dafür. „Die Schwärmerei für die Natur kommt von der Unbewohnbarkeit der Städte", sagte Bertolt Brecht. Dabei kannte er zu Lebenszeiten noch nicht die explosive Entwicklung des Straßenverkehrs und des Baulands. Bewahren wir sie uns also – die kostbare Natur – und hüten wir sie wie unseren Augapfel.

Peter Martens

Durbach, Schloss Staufenberg
Foto: Marcel Heinzmann

Was die Dichter dachten
Der Mist mit den Misthaufen

Für viele Asiaten, Amerikaner und Araber ist der Schwarzwald bis heute das typische Deutschland in seiner reinsten und romantischsten Form. Das Heidiland und die heile Welt. Eine makellose Herzensangelegenheit. Bollenhut, Schwarzwälder Kirschtorte, Kuckucksuhr – Klischees, die sich bestens vermarkten lassen. Ja, so tickt scheinbar bei diesen Gästen der echte Schwarzwälder - unwiderruflich. Diese Bilder trügen und bringen aber massenweise Touristen und goldene Devisen. Lassen wir die Welt in ihrem Glauben und empfangen wir sie so. Die Krise in der weltweit beliebtesten deutschen Urlaubregion muss schließlich überwunden werden.

Große Dichter vergangener Zeiten zeigten sich nicht ganz so verliebt in diesen Landstrich. 1922 kam der amerikanische Schriftsteller und spätere Nobelpreisträger Ernest Hemingway in den Schwarzwald, erst nach Elzach, dann nach Triberg über Gutach und Hornberg. Die Schwarzwaldforellen hatten es ihm angetan. Für den Toronto Star berichtete er damals leidenschaftlich: „Ein schöner Forellenbach floss durch das Tal, kein Bauernhof in Sicht. Ich steckte die Angelrute zusammen und während meine Frau unter einem Baum am Abhang saß und Wache hielt in beiden Richtungen des Tales, fing ich vier ordentliche Forellen, jede ungefähr dreiviertel Pfund."

Während er und sein Freund und Reisebegleiter Bill zuvor beim Angeln in der Elz bei Oberprechtal noch übel von den Bauern mit der Mistgabel trotz gültigen Angelscheins fortgejagt wurden, weil sie, wie er schrieb, Ausländer waren, war ein paar Tage später der Angelerfolg in der Gutach hingegen eine wahre Genugtuung für ihn.

Die Schwarzwälder im Gutachtal haben zu Hemmingway ein zwiespältiges Verhältnis wegen seiner ungalanten Berichterstattung über sie. So schrieb er im Toronto Star: „Das *Rössle* ist das Lieblingssymbol der Schwarzwaldwirte, aber es gibt auch eine Menge Adler und Sonnen.

Wie weißes Haar im Silberfuchs-Pelz
Lehnen die Birken gegen den dunkeln Kiefernhügel
Im Abteil wird Deutsch gesprochen.
Jetzt winden wir uns hinauf
Durch Tunnels
Schnaubend.
Dunkle Täler mit rauschenden Bächen,
Voller Felsen, weiß eingezäunt.
Finster blickende Häuser.
Grüne Felder
Aufgeforstet mit Hopfenstangen.
Eine Schar Gänse die Straße entlang.
Ich kannte mal einen Zigeuner, der sagte,
Hier wolle er sterben.

Ernest Hemingway

Bert Brecht widmete seiner Großmutter zum 80. Geburtstag dieses Gedicht:

„Aufgewachsen in dem zitronenfarbenen Lichte der Frühe
Unter dem breiten Dach des Hauses am Markte
Kind mit anderen Kindern, sah sie die Jahre
Ohne Sternenflug oder die schrecklichen Schatten
Ehernen Schicksals. Aber der Mittag war
Heiß und mühevoll. Wenn ihre Kinder
Tief im Schatten des breiten Daches des Hauses am Markte
Schliefen –
Hatte sie voller Arbeit die Hände, denen das Brot und den Trunk
Die Kinder entrissen."

Angeln in der Gutach wie einst Ernest Hemingway
Foto: Thomas Kaiser

Alle diese Gasthäuser sehen von außen ordentlich und sauber aus, aber innen sind sie schmutzig, eins wie das andere. Die Bettlaken sind kurz, die Federbetten klumpig, die Matratzen hellrot, das Bier gut, der Wein schlecht ... Es gab hier eine ordentliche Mahlzeit aus gebratenem Fleisch Kartoffeln, grünem Salat und Apfelkuchen, vom Wirt selber aufgetragen, der unerschütterlich wie ein Ochse aussah... Seine Frau hatte ein Kamelgesicht, genau die unverwechselbare Kopfbewegung und den Ausdruck äußerster Stupidität, die man nur bei Trampeltieren und süddeutschen Bauersfrauen beobachten kann."

Auch Kurt Tucholsky bereiste 1919 das Gutachtal. Der Dichter, der gerne mit „höchst charmanten Reisebegleiterinnen" unterwegs war, besuchte seine besten Freunde Erich Danehl, „Karlchen", und Hans Fritsch „Jakopp" in dessen Villa in Nußbach. Tucholsky liebte das weibliche Geschlecht und auch den Wein. Er galt als kritischer und karikierender Beobachter der Weimarer Politik. Sein Aufsatz „Die Kunst falsch zu reisen" veröffentlichte er 1929 unter dem Pseudonym Peter Panther im Satireblatt „Uhu". Während das Schwarzwaldmuseum in Triberg mit dem Schriftsteller Tucholsky, der sich allzu gerne über die politische Ahnungslosigkeit der Schwarzwälder lustig machte, wirbt, ist Hemingway inzwischen eine „persona non grata". Rief man erst 1999 das Hemingway-Fischen, die Hemingway-Diners und sogar einen Hemingway-Schreibwettbewerb ins Leben, setzte man angeheizt durch Spekulationen um Hemingways Verhalten gegenüber deutschen Truppen in Frankreich während der letzten Monate des Zweiten Weltkriegs den ziemlich erfolgreichen Hemingway-Days nach Einspruch ehemaliger Wehrmachtsangehöriger ein unrühmliches Ende. Erkundigt man sich heute im Rathaus von Hornberg nach Hemingway, so will ihn dort keiner kennen.

In seiner Jugend hat der berühmte Dramaturg und Lyriker Bertolt Brecht oft Ferientage bei seinen Großeltern in Achern verbracht. „Ich, Bertolt Brecht, bin aus den schwarzen Wäldern", sang und betonte der junge Augsburger, der sich nie als Bayer fühlte.

Brecht schrieb 1939 in seinem Exil in Schweden die Erzählung „Die unwür-dige Greisin", die er zweifelsfrei auf seine Großmutter bezog. Die Erzählung spielt „in einem badischen Städtchen". Es ist die Rede davon, dass der Ehemann der alten Frau „eine kleine Lithographenanstalt" besitzt. Die Geschichte handelt von Brechts Großvater Stephan Berthold Brecht und von der Großmutter Karoline Brecht, die in Achern eine Druckerei betrieben. Das Druckereihaus am Markt in Achern existiert noch heute. Eine Tafel erinnert an den Dichter. Mehr Engagement brachte die Stadt für diese Berühmtheit bisher nicht auf – mangels Nachweise, wie es dort heißt.

Zeitlebens war der Schriftsteller Mark Twain, der Tramp vom Mississippi auf Achse. Auch im Schwarzwald. Dieser besuchte 1878 Europa und hielt sich gleich auch mehrere Monate in Südwestdeutschland auf. Auf seinen Reisen durch den Schwarzwald hatten es ihm die duftenden und stattlichen Misthaufen vor den Höfen angetan, die er je nach Dimension als Maßstab und Zeichen für ihren Reichtum ansah. Die deutsche Sprache war für ihn ein Gräuel und so gut wie nicht erlernbar. „Ich verstehe Deutsch so gut wie der Wahnsinnige, der es erfunden hat, aber ich spreche es am besten mit Hilfe eines Dolmetschers." Er berichtete von Neckar-Floßfahrten und aus Ottenhöfen, wo er die (Nach-)Wahl eines neuen Gemeinderates beobachtete, die morgens um acht Uhr im Wirtshaus begann und sich mit reichlich Genuss von Alkohol über viele Stunden hinzog. „Man kann die edlen Schwarzwälder nicht beschreiben", konstatierte er abschließend.

„Die Stämme der Bäume sind sauber und kerzengerade, und vielerorts ist der Boden auf Kilometer hin von einem lebhaft grünen Moospolster bedeckt, das nirgendwo vermodert oder zerrissen ist und von keinem abgefallenen Blatt oder Zweig in seiner makellosen Reinheit und Ordentlichkeit gestört wird. ... Die Stimmung des Geheimnisvollen und Übernatürlichen, die zu jeder Zeit über dem Wald liegt, wird durch dieses unirdische Licht noch eindringlicher."

Mark Twain aus „Bummel durch Europa"

Rainbauernmühle in Ottenhöfen
Foto: Thomas Kaiser

Schwarzwaldhöfe

Schwarzwaldhöfe liegen weit verstreut. Die einzelnen Höfe trennen Wiesen, Weidezäune und Wasserläufe; viel Luft ist zwischen ihnen und wenig Nähe. Jeder ist sein eigener Herr und sich grade der Nächste genug. Jeder Hof hat sich eigen im Besitz: die Arbeit, das Beten, die Zeit, das Gerät, das Schindelmachen, das Schlachten, das Brotbacken – für jeden sein eigenes Brot – Hof für Hof – Eigenbrötler und für jeden sein eigenes Schicksal, hausgemacht.
Bei den Waldhöfen gab es von allen immer mehr – oder weniger – wie man's nimmt: mehr Schicksal, mehr Winter und längere Schatten. Die Moderne kam hierher zuallerletzt.

Schwarzwaldhöfe besitzen eine Außenansicht. Auch eine Innenansicht. Zur Innenansicht gehört der Geruch. Wir betreten einen Schwarzwaldhof und rufen: „Wie es hier riecht!" Wir schnuppern in die Luft. Zuallererst riecht es nach frischem Kaffee und Blechkuchen. Aber das ist nicht alles.
Im Haus, im Gebälk, in der Wand hängt der Geruch. An Gerüchen entlang, immer der Nase lang, zurück in längst vergangene Zeiten der Erinnerung.
Im Schwarzwald lagern Geruchsschichten: Gerüche von Reisig und Holz, Feuer im Herd, von Schinken und Rauch, von Pferd und Kuh und Milch, von Heustock und Futtergang, von Tenne und Schmieröl, von Wolle und Kraut, von Most und Schnaps, von Henne und Schwein, von Moder und Moos und Mist. Von Katze und Maus. Ein Geruch von Generationen von Mensch und Tier, von Arbeit und Fest.
Jeder Hof, jedes Haus übrigens besitzt seine eigene unverwechselbare Duftnote ...

Roswitha Stemmer-Beer (Psychologin) und Ulrich Beer (Philosoph, Soziologe und Fernsehpsychologe) aus dem Buch „Überdacht"

Ritterhof in Wolfach-Kirnbach
Foto: Fred Riedel

Der Himmel über der Ortenau
– weit, weit, weit ... reicht er!

Der Himmel über der Ortenau – weit, weit, weit... reicht er! Als ich noch im geteilten Berlin den Film „Der Himmel über Berlin" sah, den endlos grauen Himmel über der anscheinend für ewig geteilten grauen Stadt – trist und trostlos anzusehen; Bruno Ganz zu Beginn des Films, noch als Engel erhaben über den menschlichen Höhen und Tiefen des Daseins, als himmlischer Beobachter, schwebend über dem Grau der unzähligen Schattierungen dieser Stadt, konnte ich mir sicher nicht vorstellen, dass ich Jahrzehnte später, eine Erinnerung aus der Kindheit wachrufen würde.

Rückblickend, aufgrund der „himmlischen Parallele" zur Ortenau, tauchen Bilder auf von flirrender Hitze, Tragflächen elegant geschnittener Segelflugzeuge, die ich als Kind mit spezieller Politur leidenschaftlich bearbeitet hatte. Wochenends begleitete ich gerne meinen Vater auf den Flugplatz und trieb mich in den Hangars zwischen den Flugzeugen und der Werkstatt herum, und ich habe diesen speziellen Geruch, ein Gemisch aus Klebstoff, Lack, Wachs, Öl und Benzin für die Winde und die Motorflugzeuge, immer noch in der Nase. Sei es als Engel im Film oder auch nicht im Film, als Pilot oder Passagier im Flugzeug – sich Wolkenfetzen um die Ohren sausen zu lassen, sich an Wolkentürmen hochzuschrauben, aberwitzige Geschwindigkeiten im Turn oder Looping zu erfahren, im Raum zu schweben und die Erde von oben zu sehen, auf dem Kopf, rückwärts, seitwärts oder wie auch immer, verwischt für mich jede Gebundenheit an Irdisches jeglicher Couleur, grenzt vielmehr an ein „himmlisches" Erlebnis, das ich nie satt werde zu wiederholen und zu genießen.

Der Traum vom Fliegen war für mich, aufgrund eines tödlichen Flugzeugabsturzes eines befreundeten Kollegen meines Vaters, erst einmal für viele Jahre beendet und ebenso der Wunsch den Knüppel einmal selbst zu steuern.

Ich musste erst in die Ortenau kommen, um hier mit einem Freund wieder und wieder den Himmel und das Fliegen neu zu entdecken und mich an der sanften Schönheit dieser Landschaft zu berauschen.

Lage
Im Himmel über der Ortenau

Einkehren
Als mein Lieblingsrestaurant zur Sommerzeit schlage ich das „*Gasthaus zur Eiche*" auf dem Langenhart vor, weil man dort, unter den Eichen sitzend dem Himmel am nächsten ist und einen fantastischen Blick in Richtung Vogesen hat.

Marianne Hopf
Bildende Künstlerin
Studium der Malerei an der Freien Kunstakademie Nürtingen
Arbeitsstipendien für New York, Civitella d`Agliano und zuletzt in 2018 / 2019 für Island
Kunst-am-Bau an öffentlichen Gebäuden und Kirchen: Sportzentrum Bukower Damm / Berlin, Neuapostolische Kirche / Lahr, Evangelische Kirche, Langenwinkel / Lahr
Vertreten in der Sammlung des Morat-Institut.
Seit 1990 Ausstellungen im In- und Ausland.
Lebt seit 2002 in Lahr/Schwarzwald.

Foto: Ronald Buck

Foto: Robert Schwendemann

Der sagenumwobene Mummelsee
Der wahre, natürliche Ursprung der Acher

Nach dem 2. Weltkrieg besetzte die damalige französische Besatzungsmacht die Hornisgrinde (1164 m NN) und den Mummelsee (1030 m NN). Als begeisterte junge Wanderer und Skifahrer versuchten wir, immer näher diese Sperrgebiete zu erkunden, was leider oft nur marginal gelang, da das Gebiet bewacht wurde und mit einem 2,5 m hohen Zaun umgeben war. Dieser wurde allerdings im strengen Winter 1952/53 von der Eis- und Schneelast niedergerissen, so dass dann bei Nebel ein Eindringen möglich wurde. Diese Gelegenheit gab es jedoch am tiefer liegenden Kar des Mummelsees nicht, der im Abflussbereich neben dem ehemaligen Mummelsee-Hotel bereits mit Schutt für Park- und Lagerhallen zugefüllt wurde, was damals großen Unmut in der Bevölkerung hervorrief. Dank der guten Öffentlichkeitswirkung des Südwestfunks konnte schließlich noch vor der Wiederöffnung des Mummelsees Ende der 50er Jahre die ursprüngliche Seefläche wiederhergestellt werden. So nutzten wir Jugendliche den Mummelsee als Badesee im Sommer wieder ausgiebig. Dabei fielen uns die vielen Bergmolche „Bergdrachen" und seltenen Wasserpflanzen (die Seerosen waren jedoch damals bereits verschwunden) auf, zumal erstere bereits von Athanasius KIRCHER („Mundus subterraneus" 1678) als Drachen abgebildet wurden. Als ortskundiger Tour-Guide zum Mummelsee über das Achertal mit

seinem Freund Georgius LORETUS diente am 12. Mai 1666 sehr wahrscheinlich der damalige Renchener Schultheiß und Simplizissimus-Verfasser Hans Jakob Christoffel von GRIMMELSHAUSEN.

Ich nutzte dann beim Beginn meines geowissenschaftlichen Studiums die erste Gelegenheit, um die Tiefen des Mummelsees mit einem einfachen Lot zu erkunden (Maximaltiefe: 16m), um der bisherigen Unergründlichkeit aus den verschiedenen Mummelsee-Sagen zu begegnen. Gleichzeitig vertiefte ich mich nicht nur in den geologischen Aufbau des Mummelsees und des nördlichen Schwarzwaldes mit seinen eiszeitlichen Überprägungen durch Kar-Seen, Grund- und Endmoränen sowie vielen neu entdeckten (erratischen) Findlingen und Gletschertöpfen, sondern auch der – ursprünglich amtlich falsch festgelegten – Acher-Quelle im heutigen Ruhestein-Loch. Aufgrund des bekannten Prioritätsprinzips musste daher die Acher-Quelle wieder an die Hirtenstein-Quelle (1035 m NN), einer Schichtquelle im tiefen Buntsandstein in der nördlichen Kar-Wand des Mummelsees, verlegt werden, wobei der Oberlauf der Acher bis Ottenhöfen als Seebächle bzw. Seebach benannt ist, der Unterlauf der Acher in der Oberrheinebene dagegen als Feld(er)bach.

Durch meine berufliche Entwicklung wurde ich dann als Hydrogeologe und Glaziologe nach Norddeutschland verschlagen, um – nach meinem beruflichen Ruhestand – mich ganz wieder meiner süddeutschen Heimat und insbesondere der Ortenau mit meiner

Dr. Dieter Ortlam

1939 in Achern geboren; Studium der Geowissenschaften in Frankfurt; ab 1966 geohydrologische Forschungen zur Wasserversorgung u.a. von Hamburg und Bremen mit Entdeckung großer Grundwasser-Vorkommen in der Lüneburger Heide; 1979 Mitbegründer des ADFC und des Geologischen Instituts in Bremen; 1989 Gründung der Tibet-Initiative in Bremen; ab 1993 Direktor u. Professor im Amt f. Bodenforschung (Bremen); Erkundung („Saurer Regen") des West-Weges (3x) Pforzheim-Basel; glaziologische Expeditionen in Tibet, Himalaya und Karakorum, Entdeckung der Quellen von Lhasa-River, des Saluën und der beiden Quellarme des Jangtse-Kiang in der Tangulashan-Range; Solo-Erstbesteigungen von 3 Sechs- und 18 Fünftausendern; 1992-2012: Entwicklung von „Kulturschutzgebieten", der Kontinentalen, Marinen und Polaren Seidenstraßen; Entdeckung der Lage der Goldländer „Punt und Ophir" des Altertums; über 170 Fachpublikationen; seit 1959 geowissenschaftliche und archäologische Kartierungen sowie glaziologische Erkundungen in der Ortenau; ab 1975 Altlasten-Sanierungen und eigene Forschungen zur Endlagerung radioaktiver und persistenter Stoffe.

Hirtenstein   Hirtensteinquelle   Mummelsee-Nixe

Mummelsee
Foto: Jochen Heim

Alter Hornisgrindeturm (1910) mit Hochmoor
Foto: Stefan Arendt

Heimatstadt Achern zu widmen. So war der Mummelsee stets ein Ziel, um nach einer langen Wanderung
auf den Grinden des Nordschwarzwaldes und entsprechenden geowissenschaftlichen Entdeckungen
abschließend darin zu baden und die wunderschöne
Abendstimmung nach dem Touristenstrom zu genießen. Dabei träumte ich oft den verschiedenen Sagen
über den Mummelsee nach, vor allem den Seelilien (=
Mummeln) und dem Hirten vom Mummelsee. Meinen Durst stillte ich an der Hirtenstein-Quelle und
meinen Hunger mit den dicken Heidel-, Him- und
Brombeeren sowie mit den höchstgelegenen Speise-
pilz-Vorkommen im Schwarzwald. Leider schlug vor
50 Jahren der Saure Regen brutal am Katzenkopf zu
und entwaldete diesen markanten Vorberg der Hornisgrinde.

Auch die langen Bartflechten an den Bäumen ("Re-
gen-Nebelwälder") verschwanden ganz klamm-
heimlich. So wurde der Schnee selbst in Höhen über
1.000 m NN ungenießbar, weil der Gehalt an Stäu-
ben und Chemikalien derart angewachsen war, dass
selbst der frisch gefallene, weiße Pulverschnee ("Der
Neue") nicht mehr verwertbar war, wobei ich mich an
den Spruch des Sportdirektors Rudi ASSAUER erinnere: "Wenn der Schnee schmilzt, kommt die Kacke zum
Vorschein!"

Lage
An der Schwarzwaldhochstraße

Einkehren
Mummelsee-Hotel,
Gasthaus am Hornisgrindeturm,
Gasthaus Seibelseckle

Mummelsee
Foto: Robert Schwendemann

Der Katzenkopf auf der Hornisgrinde

Als geborener „Ureinwohner" Seebachs sind mir viele schöne Orte in meiner Heimatregion ans Herz gewachsen. Immer wieder traumhaft schön sind die Wanderungen im Höhengebiet. Da reihen sich die Erlebnispunkte wie Perlen zu einer Kette aneinander. Die prominentesten Orte sind dabei die Hornisgrinde, der Mummelsee, der Dreifürstenstein, das Seibelseckle, das Lothardenkmal, die Darmstädter Hütte mit dem Wildsee, der Ruhestein und der Bosenstein. Obwohl von sehr weit sichtbar, „meinen" Katzenkopf kennen nur wenige Ortskundige und erfahrene Gleitschirmflieger. Der sagenhafte Berg (1123 m NN) liegt nur wenige Meter unterhalb der Hornisgrinde. Er bildet auch einen Teil der Karwand des benachbarten Mummelsees. Weil er wohl von seiner morphologischen Form her einem Katzenkopf gleiche, habe er diesen Namen erhalten. Der geübte Bergwanderer wird für seinen Aufstieg kurze Zeit später mit Natur pur und einer fantastischen Aussicht fürstlich belohnt. Gewaltige Felsformationen aus Bundsandstein umgeben von Heidelbeeren, Bergheide, Farn, Vogelbeersträuchern und kleinen Fichtenbäumchen prägen diesen Platz. Stundenlang könnte ich auf den großen Sandsteinfelsen sitzen, einfach nur schauen und den zwitschernden Vögeln lauschen. Immer wieder berührt bin ich von der Schönheit unserer Schwarzwaldberge, der mir vertrauten Täler und der weiten Ebene des ewig fließenden Rheins mit den dahinter sich erhebenden Vogesen. Im Herbst beindrucken oft Inversionswetterlagen mit Traumsichten über Nebelmeere hinweg bis hin zu den Alpen. Vom Katzenkopf kann ich sogar auch in eigene Wohnstube unseres Schwarzwaldblockhauses blicken. Auch wenn der Trubel der Besucher nebenan mir endlos erscheint, so finde ich auf dem Katzenkopf doch nahezu immer Stille und Ruhe. Hier fühle ich mich dem Himmel ein großes Stück näher. Das haben wohl auch schon die Kelten so empfunden, denen man eine mystische Beziehung zum Berg nachsagt.

Vor 40 Jahren stand der Katzenkopf eine Zeit lang weltweit im Fokus der Öffentlichkeit wegen des verheerenden Waldsterbens. Gründe dafür waren der Borkenkäferbefall und der saure Regen, der wiederum auf die mangelhafte Abgasfilter von Industrieanlagen im Rheintal zurück zu führen war. Die abgestorbenen Bäume boten einen apokalyptischen Anblick. Als Mahnung an die Menschheit planten Naturschutzinitiativen damals eine Installation eines Baumsarges aus Stahl und Holz auf dem Gipfel mit einer spektakulären Inszenierung. Der „Baumsarg" wurde allerdings nicht realisiert. Stattdessen fanden sich viele Freiwillige, die das Gelände wieder aufgeforstet haben. Der Natur insgesamt sehr gut getan hat die Modernisierung der Verbrennungsanlagen in Industrie, Haushalten und Fahrzeugen.

Der Katzenkopf ist bis heute frei von jeglichen Bebauungen und bietet zu sowohl bei Tag wie auch bei Nacht und zu allen Jahreszeiten unverfälscht grandiose Panoramen. Sollten Sie, liebe Leser, den Katzenkopf einmal besuchen, so wünsche ich Ihnen meine beschriebenen Eindrücke.

Lage
unterhalb des Südgipfels der Hornisgrinde und oberhalb des Mummelsees

Einkehren
Berghotel Mummelsee oder Grindehütte auf der Hornisgrinde

Reinhard Schmälzle
geboren 1963 in Seebach, Verwaltungsfachmann und Touristikfachwirt, seit Dezember 1993 Bürgermeister seiner Heimatgemeinde Seebach, zuvor Touristmusleiter, Haupt- und Rechnungsamtsleiter der Gemeinde Seebach

Foto: Marcel Heinzmann

Dem Himmel näher

Neue Formen, Linien und Texturen auf der Erde und über der Ortenau sehen

Mein Lieblingsplatz ist nicht an einen Ort fixiert, er ist in Bewegung. Es ist der schmale Passagiersitz in einem zweisitzigen Oldtimer-Sportflugzeug Piper 18, vor mir sitzend mein Mann Werner Felix als Pilot.

Vor 50 Jahren begann meine Leidenschaft für das Fliegen. Die ersten zwanzig Jahre war mein Lieblingsplatz im Cockpit eines Segelflugzeuges, von wo aus ich als aktive Segelfliegerin das Fliegen mit seiner Abhängigkeit von Thermik und Hangaufwinden im Nordschwarzwald, der Ortenau und in österreichischen und französischen Alpen erlebte. Seit nunmehr drei Jahrzehnten fliege ich zusammen mit meinem Mann Werner Felix in der Piper 18. Der kleine 90 PS Motor macht uns von den thermischen Kräften unabhängig und ermöglichte bisher auch weitere Flüge nach Norddeutschland, Skandinavien, über die Nord- und Südalpen sowie auch nach England.

Unvergesslich ist der Flug über das Red Center im Zentrum Australiens während meinem Stipendienaufenthalt an der Universität Sydney. Trotz dieser vielfältigen spannenden Seherlebnisse über fremde Landschaften, wie z. B. Ost- und Nordsee, Ärmelkanal, der weiten Wälder in Schweden und Lappland, faszinieren mich ebenso die Flüge über unsere sehr vertraute Heimatlandschaft Nord- und Südbadens zu unterschiedlichen Jahreszeiten.

Hinzu kommt, dass die Vogelperspektive in den vielen Jahrzehnten zur wichtigen Inspirationsquelle für mein künstlerisches Arbeiten wurde. War das aktive Fliegen im einsitzigen Segelflugzeug zunächst nur auf die Elemente Thermik oder Hangwind fokussiert, um einen längeren Flug zu erleben, eröffnete mir dann das Fliegen auf dem Passagiersitz der Piper ein entspanntes Sehen und Wahrnehmen der Landschaft. Mit Skizzenblock, Bleistiften und Kamera ausgerüstet nehme ich bewusst diese vertrauten, geschwungenen, herbstlich verfärbten Rebhänge mit ihren grafischen Linien wahr. So auch die zart verschneiten Berggipfel mit ihren Skipisten entlang der Hornisgrinde. Und am Horizont erscheinen als Gebirgsskulpturen der Feldberg und der Kaiserstuhl. Im Abendlicht liegt der Rhein zuweilen als silbernes Band im breiten Oberrheintal. Vereinzelt leuchten Baggerseen in türkis-blauen Karibikfarben. Besondere neue Eindrücke halte ich schon während dem Fliegen in kleinen Skizzen und Fotos fest, die ich dann im Atelier als Zeichnungen und Collagen, teils auch mit Luftfotos hinterlegt, zu Werkgruppen umsetze. Meine Empfindungen beim Fliegen sind daher auch für meine künstlerische Arbeit von großer Bedeutung. Die nahezu grenzenlose Draufsicht sowie die gleichzeitige Bewegung verstärken meine Konzentration auf das Sehen und Entdecken neuer Formen, Linien und Texturen auf der Erde. Das Spüren und Erleben des Fliegens im dreidimensionalen Luftraum bei extremen Auf- und Abwinden, bei Regen- und Schneeschauer oder bei einem nahenden Gewitter lösen eine neue Befindlichkeit aus. Gegenüber den manchmal unangenehmen, schnellen unbeeinflussbaren Wetterveränderungen empfinde ich großen Respekt

Lage
Im Cockpit eines zweisitzigen Oldtimer-Sportflugzeuges Piper 18, früher oft über Mittel- und Nordeuropa und Ortenau, heute zumeist über der Ortenau

Johanna Helbling-Felix
Künstlerin, Zeichnung – Luftfotografie
Schöpft ihre künstlerischen Motive aus der Luft
Geboren 1948 in Sasbach am Kaiserstuhl
Studierte von 1985 bis 1990 an der Europäischen Akademie für Bildende Kunst Trier
2004 artist in residence Sydney College of the arts, University Sydney
Erhielt 1996 den Kunstpreis für Zeichnung der Stadt Bühl
Flüge als Copilotin mit Ehemann Werner Felix in Deutschland, Österreich, Dänemark, Schweden und England
von 1969 bis 1987 aktive Segelfliegerin
Ausstellungen deutschlandweit, im angrenzenden Ausland und in Sydney

Foto: Johanna Helbling-Felix

und Demut. Diese Gefühle sind es, die mich zu neuen künstlerische Werkgruppen inspirieren. Jeder Flug wird zu einer Art Sammeln von Eindrücken ganz unterschiedlicher und manchmal auch wider-sprüchlicher Art. Mein Sehen von oben bedeutet somit immer ein Suchen und Denken. Mag der Blick von oben mich auch zu ornamentaler Abstraktion reizen, er verschleiert mir nicht die hässlichen und aus-beuterischen Eingriffe des Menschen in die Natur. Allzu deutlich erkenne ich den nicht endenden Landschaftsverbrauch. Auch die Spuren des Jahrhundertsturms Lothar, der großflächige Schneisen und umgeknickte Bäume im Schwarzwald hinterließ, werde ich immer in Erinnerung behalten. Einzig das Wissen über aktive erfolgreiche Bemühungen zum Erhalt wichtiger Naturbereiche für Pflanzen und Tiere tröstet mich ein wenig.

Das Fliegen in einem kleinen Flugzeug wird für mich immer ein besonderes Erlebnis sein. Es beglückt mich und lässt oft die Hektik des Alltags vergessen. Der vertikale Blick auf die Erde hat meine Sensibilität für die gefährdete Natur, unserem Lebensraum, nachhaltig beeinflusst.

Foto: Johanna Helbling-Felix

Foto: Wolfgang Hoffmann

Die Wiederbesiedelung der Störche in der Ortenau

Es gab einmal fast keine Störche mehr im ganzen Land. In den 70er Jahren waren es in Baden-Württemberg nur noch 18 Paare. Dann startete 1984 der Naturschutzbund NABU, damals Deutscher Bund für Vogelschutz DBV zusammen mit dem staatlichen Naturschutz ein Programm, um die Population wieder aufzubauen. Und so haben wir heute wieder mehr als 1000 Brutpaare! Ich war dabei!

Wie kam ich dazu? Mit meinem Freund beobachtete ich am 2. April 1992, wie zwei Störche auf dem alten, ausgedienten Storchennest auf dem Ettenheimer Rathausdach landeten. Begeistert sorgten wir dafür, dass die Störche ein restauriertes Nest bekamen, fein ausgestattet mit Reisig, damit sie ja bleiben sollten, und... es hatte geklappt! Die erste Storchenbrut in Ettenheim nach 27 Jahren! So fing es an! Weitere Orte folgten und mein Aufgabenbereich wuchs jährlich, bis ich rund 20 Nester betreute.

Im Alter von sechs Wochen werden die Jungstörche zur Identifikation beringt. Sie stellen sich noch tot, wenn ein Feind, der ich in ihren Augen ja bin, zu nahekommt. In diesem Alter sind sie auch noch nicht flügge, so dass ich nicht befürchten musste, dass sie aus dem Nest springen.

Es ließ sich nicht vermeiden, dass ich auch schon mal ältere Störche packte, sie der Reihe nach hinlegte und einem nach dem anderen einen Ring ans Bein heftete. Dann aber attackierten sie mit ihren noch kleinen Schnäbeln meine Hände, so dass es sogar bluten konnte.

Das Besondere für mich ist, diesen wilden Vögeln so nahe zu kommen, denn zum Beringen muss ich sie ja schließlich anfassen! Hoch komme ich mit Hilfe der Feuerwehrleiter. Dabei empfinde ich als inzwischen geübter Storchenkümmerer weder Ängste noch Schwindelgefühle. Es ist immer wieder ein Hochgenuss, mit Hilfe der Feuerwehrtechnik zu den Störchen auf Augenhöhe zu gelangen. Eine Ahnung vom Fliegen überkommt mich und ich kann mich nicht satt genug sehen.

Das vielleicht Schönste, was ich mit diesen Großvögeln erlebte, geschah beim Reinigen eines ihrer Nester. Ich ließ mich über die Drehleiter direkt im Storchenbau hoch oben auf einem 30 Meter hohen Fabrikschornstein absetzen. Den Eimer mit dem herausgeschafften Kompost hing ich nach vollendeter Putzaktion an die Drehleiter und meldete über das Funkgerät "Abfahren". Ich war jetzt also vollkommen alleine da oben im Nest wie ein Vogel! Zweifellos ist dies da oben mein himmlischster in der Ortenau!

Ab und zu fällt auch mal ein zu mutiger, flugwilliger Jungstorch vorzeitig aus dem Nest. Dann werde ich gerufen. Vor Jahren hatte ich so einen solchen Jungstorch gepackt. Wie aber heimkommen, fragte ich mich, denn ich war ja mit dem Fahrrad unterwegs. Ich wickelte ihn in eine Decke ein, jemand half mir aufs Rad und heim gings, den Storch unterm Arm durchs Städtle. Leider hat niemand fotografiert!

Gerne fahre ich mit meinem E-Bike durch meine Wahlheimat, die Ortenau. Jedes Mal, wenn ich ein vom Storchenkot weiß getünchtes Kirchendach sehe, weiß ich, ich bin an einem meiner himmlischen Orte.

Lage

Zum Beispiel in Ettenheim auf dem Rathaus, auf dem Storchenturm Lahr oder in Achern Gamshurst, wo sich gleich eine Kolonie (siehe Foto rechts) von mehreren Störchen auf der katholischen Kirche und dem Pfarrhaus eingerichtet hat.

Wolfgang Hoffmann

geb. 1951 in Freiburg, Farblithograf, später auch als Reprophotograph tätig. Spezialist in der elektronischen Bildbearbeitung (EBV-Operator). Leidenschaftlicher Hobbyfotograf, wobei er die Tier- und Naturfotografie favorisiert.

Seit 1976 wohnt er in Ettenheim, wo er etliche historische Publikationen fotografisch begleitete. Seit 1989 ist er aktives Mitglied im Naturschutzbund NABU. (Mitautor des Buches „Das Natur- und Landschaftsschutzgebiet Elzwiesen", 2009). In der Region ist er als Storchenbetreuer und Naturschutzwart bekannt. Der Prinzengarten in Ettenheim ist ein weiterer Schwerpunkt seines Interesses. Auszeichnungen von Stadt Ettenheim, Ortenaukreis und Naturschutzbund für Leistungen im Naturschutz.

Pfarrkirche in Gamshurst
Foto: Thomas Kaiser

Ein architektonisches Juwel

Die Illenau in der Goldenen Au

Die Goldene Au, wie die nördliche Ortenau genannt wird, ist einer der schönsten Landstriche im Südwesten Deutschlands. Es war deshalb kein Zufall, dass Großherzog Leopold und die Badische Regierung im Jahr 1836 beschlossen, am Stadtrand von Achern eine Musteranstalt für die Behandlung von psychischen Erkrankungen zu errichten, die „Großherzoglich Badische Heil- und Pflegeanstalt Illenau". Dr. Christian Roller, der Initiator und erste Direktor erarbeitete die Konzeption einer modernen Anstalt und Baurat Hans Voß setzte diese Vision in Architektur um. So entstand ein baugeschichtlich wertvolles Gebäudeensemble im Stil des Klassizismus.

Ich gehe oft und gern in die Illenau und freue mich immer wieder, dass es uns gelungen ist, durch bürgerschaftliches Engagement und den Einsatz der politisch Verantwortlichen dieses schlossähnliche Gebäudeensemble zu erhalten und zu einer Stätte der Bürgerbegegnung und des kulturellen Lebens zu machen. Es ist ein Schmuckstück geworden, ein historischer Ort, in dem Menschen wohnen, arbeiten, kommunale Einrichtungen in Anspruch nehmen oder ihre Freizeit verbringen. Von besonderer Bedeutung sind dabei die Illenau Werkstätten mit ihrem kreativen Angebot und das Illenau Arkaden Museum mit dem Bistro Café. Die Ausstellung gibt einen Überblick über die wechselvolle Geschichte der Illenau. Sie war seit ihrer Eröffnung im Jahr 1842 unter Christian Roller und seinen Nachfolgern eine europaweit bekannte psychiatrische Anstalt. Sie erlebte aber auch 1940 ihr tragisches Ende durch den Euthanasie-Erlass, beherbergte danach NS-Schulen und war von 1945 bis 1994 französische Kaserne. Danach begann ihre Revitalisierung.

Durch die landschaftlich schöne Lage am Rande des Naherholungsgebietes ist die Illenau der ideale Ausgangspunkt für Spaziergänge und Wanderungen in die Vorbergzone und auf die Hornisgrinde. An der Ostseite der Gebäude beginnt der Hansjakob-Weg und vom Landhaus Illenau aus geht der Illenau-Gedächtnisweg mit seinen Informationstafeln über die Geschichte der früheren Heil- und Pflegeanstalt zum kulturhistorisch und botanisch bemerkenswerten Illenauer Friedhof. Hierher führt auch der vom „Mahnmal Gedächtnislücke" ausgehende Gedenkweg.

Der Illenauer Friedhof, den ich gerne mit meiner Familie und mit Freunden besuche, wurde 1858 im Stil der englischen Landschaftsarchitektur angelegt. Er ist mit seinem exotischen Baumbestand und mit seinen Grabmälern aus der Epoche des Klassizismus, der Romantik, des Historismus und des Jugendstils ein einzigartiges Beispiel für einen stimmungsvollen Waldfriedhof. Er steht seit 1971 unter Denkmalschutz und ist zu jeder Jahreszeit einen Besuch wert.

Lage
Achern, am östlichen Stadtrand

Einkehren
Im *Illenau Arkaden Bistro Café* und in den bekannten Restaurants in Achern und Sasbachwalden

Siegfried Stinus
Geboren und aufgewachsen in Achern. Nach Ablegung der Meisterprüfung im Handwerk der Orthopädie-Schuhtechnik seit 1958 selbständiger Unternehmer. Langjähriges Mitglied in den Gremien der regionalen Wirtschaft und im Kulturbeirat der Stadt Achern. 1981 bis 1987 Präsident des Internationalen Verbandes der Orthopädie-Schuhtechnik (IVO). Gründungsmitglied der „Bürgerinitiative Zukunft der Illenau" im Jahr 1992 (heute „Förderkreis Forum Illenau e. V."). Autor der Bücher „Für eine gute Zukunft der Illenau" (2014) und „Von der Illenau ins Wanderparadies der Goldenen Au" (2017)

Schöne Landschaften im Sommer wie im Winter

– sie inspirieren mich zum Komponieren

Als ich 1962 als junger Solotrompeter zum SWF Sinfonie Orchester nach Baden-Baden kam, war ich sofort von der Lebensqualität und der einmaligen Landschaft, besonders der Ortenau fasziniert. Mein langjähriger Freund und Förderer Senator Dr. Franz Burda bezeichnete das

Badische Ländle wiederholt als „Paradies von Deutschland." Das, so mein Empfinden, gilt für den Sommer wie auch für den Winter. Einer meiner persönlichen Lieblingsplätze ist die Burg Windeck in Bühl. Von da aus habe ich schon so manche herrliche Wanderung unternommen und hier bekam ich permanent musikalische Inspirationen für viele neue Melodien. 1984 saß ich auf einer Bank unterhalb der Burg und genoss den einmaligen Blick in die Rheinebene bis nach Straßburg. In diesem Augenblick fiel mir mein großer Hit Sehnsuchtsmelodie ein, der inzwischen seit 35 Jahren um die Welt geht.

Andererseits zieht es mich und meine Frau Silvia auch immer wieder hoch zum Dollenberg jenseits von Bad-Peterstal-Griesbach, da wo das Renchtal beginnt und der Schwarzwald an Dramaturgie zunimmt. Seit über 30 Jahren sind wir mit dem Betreiber des Fünf-Sterne-Hotels Meinrad Schmiederer eng befreundet. Gemeinsam haben wir die von ihm erbaute Sankt-Anna-Kapelle zu seiner Hochzeit eingeweiht, zu der ich dem

Hochzeitspaar zu Ehren ein Ständchen spielte. Zu seinem 60. Geburtstag hatte ich nochmals das Vergnügen, als mich mein Freund Hubert Burda darum bat – zur Überraschung des Jubilars. Inzwischen habe ich in seinem Hotel so manches Konzert gegeben, regelmäßig im Sommer zum Franzosentag am 14. Juli wie auch häufiger zur Weihnachtszeit.

Sein Restaurant mag zwar in der obersten Liga spielen. Meinrad Schmiederer hat aber die bodenständigen Eigenschaften seiner Eltern übernommen und bewirtet bewusst genauso gerne den naturlieben, einfachen Wanderer mit einem Wurstsalat und hält mit ihm einen persönlichen Plausch.

Zu diesem Platz gehe ich aber auch, wenn ich einfach nur meine Ruhe finde möchte. Dann entspanne ich und wenn ich mag, halte ich das eine oder andere Schwätzchen. Und wenn es mir beliebt, dann steige ich eine Etage höher auf zur Kapelle, den Block in der Hand und komponiere. Auch hier sind mir so manche Melodien eingefallen wie z. Bsp. das Sankt-Anna-Lied.

So kann also auch eine schöne Landschaft einen Künstler positiv in seiner Kreativität beeinflussen. Sehr gerne genieße ich auch den grandiosen Wein aus der Ortenau und die unübertroffene Gastronomie in unserer Gegend. Mich erfüllen Demut und Dankbarkeit, dass ich im Badischen Ländle mit meiner Familie leben darf. Ich bin zwar ein gebürtiger Hesse, aber von dieser Traumlandschaft würde ich niemals wegziehen. Und so fühle ich mich immer dann besonders glücklich, wenn ich von meinen weiten Auslandsreisen als Solist wieder in der Ortenau sein kann.

Lage
Burgruine Windeck liegt östlich von Bühl
Hotel Dollenberg ober halb von Bad Peterstal-Griesbach

Einkehren
Schwarzwälderhof in Achern
Hotel Dollenberg Bad Peterstal-Griesbach.

Walter Scholz
Musikalische Ausbildung: Orchesterschule Siegerland Wittgenstein und Hochschule für Musik Köln. Abgeschlossenes Staatsexamen für klassische Musik in den Fächern Trompete, Klavier, Bratsche und Komposition.
Lebt in Achern.

Hotelkomplex Dollenberg in Bad Peterstal-Griesbach
Foto: Robert Schwendemann

Kappelrodeck, das badische I-Tüpfele am Schwarzwaldrand

Eine Performance, die mich fast zerreißen will

„Oft zieht`s uns aus den Nebelschwaden der Rheinauen wie magisch an. Dann fahren wir mit unseren Rädern entlang der Landstraße L87 quer durch Achern an den Gebirgsrand. Es ist für meine Aphrodite Despina und mich wie ein Ausflug in eine andere Dimension. Nach 18 Kilometer tauchen wir ein ins sonnengleißende Achertal. Über den Sandweg bei Sasbachwalden klettern wir hinauf und haben nach zahlreichen Serpentinen den ersten Ausblick aufs Paradies. Despina ist mir mit dem E-Bike voraus und ich verharre noch voller Staunen. Ich tauche ein in einen Strudel voller Farben und Emotionen. Dieser Rundblick! Im warmen herbstlichen Ocker der Rebflächen, durchmischt mit Braun- und Grünnuancen fühle ich mich einerseits geborgen und komme zur Ruhe. Grandiose, mächtige Steillagen der Rebberge umschließen mich fast. Mein Gott! Welch enorme Arbeit steckt dahinter, diese Schätze der Natur so zu kultivieren und ihnen das Beste zu entlocken! Andererseits fordert die Farbpalette ein „Weiter so!", denn alles strebt zur Reife hin, zur Vollendung, zur Ernte. Es ist eine Performance, die mich fast zerreißen will.

Vom Gipfel sausen wir hinunter, treffen auf die Deutsche Fachwerkstraße und erreichen Kappelrodeck. Unterhalb des Kaferwaldes thront auf einem einzelnen Berg die Burg Rodeck aus dem Jahre 1225. Sie ist das Wahrzeichen der Gemeinde und bietet eine unglaubliche Aussicht auf das Rheintal und die Vogesen. Lebte hier auf dem Dasenstein nicht die sagenhafte „Hex vom Dasenstein" in Badens schönster Weinsicht? Kein Wunder also, dass man dem herrlichen Tropfen diesen Namen gab. Kappelrodeck ist seit Jahren als familienfreundlicher Ort klassifiziert. Das eingemeindete „Univerisitas Waluma", Kappelrodeck-Waldulm, Idyll Nr. 3, zählt nach wie vor zu den bedeutendsten Weinanbaugebieten der Ortenau. Wir als Genusswanderer schwelgen mal bei den kulinarischen Weinwanderungen, mal bei einer Weinprobe auf dem Rotweinweg oder auch bei der unwiderstehlichen Schnapsbrunnen-Tour. Doch eigentlich sollte man sich zuvor stärken. „Surbrode mit Nudle", Zander in Rieslingssoß', Flammkuche, deftiges Vesper gefällig? Kein Problem. Landgasthäuser, Restaurants und Sternelokalitäten sind bestens vorbereitet. Und nach „bacchialischem" Hochgenuss und hochprozentigen Absackern sollte man besser übernachten! Mein Onkel Andres hätte es als Heimatdichter in seinem Waldulmerlied 1953 nicht besser auf den Punkt bringen können. Er hat's mir als Fünfjährigem beigebracht und so schmettere ich es heute noch an manchem Stammtisch: „Oh Waldulm, du Rotweindörfchen, hingestreut am Bergesrand, als ein Wein- und Singfrohfleckchen bist seit jeher du bekannt, deiner dunklen Wälder Rauschen, deiner Tannen ewig grün, deinen Quellen will ich lauschen, wenn Reben und Kastanien blühen." Dieses Lied ist dem Juwel Kappel an der Sonne gewidmet! Despina meint das übrigens auch!

Lage
Etwa 10 km östlich von Achern in der Vorgebirgszone des Schwarzwalds

Einkehren
Im gutbürgerlichen Landgasthaus Rebstock in Kappelrodeck-Waldulm, ein bis zum Michelin-Stern gekröntes Spitzenrestaurant

Martin Schütt
Liedermacher, Autor und Nachtwächter, bekannt durch Funk und TV, lebt und arbeitet mit Despina und Alexander in Rheinau-Freistett. Im Uraltbauernhaus aus dem Jahre 1786 betreiben sie seit 1990 die Kleinkunstbühne „KU-STALL" mit großem Erfolg.

Foto: Fabian Müller

Wo die wilden Wasser fallen

Das Edelfrauengrab bei Ottenhöfen

Grün wie Grün nicht grüner grünen kann umschließen Moose und Farne den Wildbach, an dessen rotsteinigem Porphyrbett ich lieber wandere, raste, denke, träume und dichte als an jedem anderen. Der Gottschlägbach ist es, im Gottschlägtal beim Edelfrauengrab. Bilder in den Sinn zaubert er mir, während es am Wasser entlang über Stiege und Stufen, geländergeführte Wege und romantisch gewölbte Brückenrücken steil bergauf geht.

Wie sie wohl ausgesehen haben mag, die Edelfrau, die treulose, die sich ihrem Liebhaber in Saus und Braus hingab, während ihr Ehemann, Graf von Bosenstein, als Kreuzritter blutige Schneisen ins Heilige Land schlug? Ihr Grab zieht mich magisch an. Eine Grotte, vom Wasser ausgewaschen. Die halbrunden Wände von Quarzglitter und Schatten überlaufen, von Wasserschleiern überstäubt. Kalt dünstet es zu mir heraus. Ob er sie wirklich darin eingemauert hat, der gehörnte Ehemann? Klingt nicht ihr Klagen und Seufzen noch immer im Gurgeln des Baches mit, dessen aufgestaute Fluten es damals erstickten?

Vielleicht war sie schön, die mittelalterliche Dame aus der Sagenwelt. Ganz sicher war sie jung, lebenslustig, liebeshungrig wohl auch, und eines Tages von ihrem Geliebten schwanger. Zu Siebenlingen verflucht von einer hartherzig verjagten Bettlerin, die mit ihren sieben hungrigen Kindern durch die Lande zog. Ob sie Angst hatte, die stolze Frau von Bosenstein, als sie niederkam und tatsächlich ein Kind nach dem anderen ins Leben hinaus presste? Angst vor der grausamen Strafe, die sie als Ehebrecherin erwartete? Machten Angst und Verzweiflung sie zu dem, was sie wurde? Oder war sie lediglich eiskalt? Eine skrupellose Kindsmörderin, die ihre eigenen sieben Neugeborenen in einen Sack steckte und von einer Magd ertränken lassen wollte?

Ihren Ehemann stelle ich mir vor, wie er, hoch zu Ross, in klirrender Rüstung, just in dem Moment in den Burghof ritt, als die Magd die im Sack zappelnden Kinder in den Burgweiher werfen wollte. Gerade eben noch hatte er im Namen Gottes gekämpft. Und nun fand er im eigenen Hause Sodom und Gomorrha vor? Er rettete die Kinder, weiß die Sage. Im Elsass ließ er sie bei Verwandten aufziehen. Harfe lernten sie spielen und ein Lied von der Geschichte ihrer Herkunft. Ein ganzes Orchester, traten sie Jahre später am Hof ihrer Mutter damit auf, rührten die Zuhörenden zu Tränen und die Mutter zu ihrem eigenen Richterspruch: Wer so abscheulich an seinen Kindern handle, gehöre lebendig bei Wasser und einem Laib Brot eingemauert. Was weiß die Grotte im Gottschlägbach davon, frage ich mich, wenn sich die alten Bilder mit den Regenbogenfarben im stiebenden Wasserschaum malen. Manchmal lacht ein Häher über mir im Flug. Lacht er mich aus?

Lage

Edelfrauengrab im Naturschutzgebiet Gottschlägtal unweit des Mühlendorfes Ottenhöfen.
Über 180 Stufen und sieben Kaskaden steigt man am Edelfrauengrab vorbei durch das Gottschlägtal zum Klettersteig am Karlsruher Grat hinauf. Eine lange, anspruchsvolle Rundwanderung, für die man festes Schuhwerk nicht vergessen sollte.

Einkehren

Unterwegs im Wald ein Getränke-Kiosk zur Selbstbedienung. Zahlreiche Gasthäuser zu Beginn und Ende der Wanderung, z. B. *Gasthaus Bosenstein*, Seebach, oder *Gasthaus Adler*, Ottenhöfen.

Karin Jäckel

promovierte Kunsthistorikerin und Germanistin, Journalistin, Autorin - lebt in Oberkirch. Über 100 Publikationen, darunter Tatsachenromane, historischen Romane, sozialkritische Sachbücher und Ratgeber sowie Erzählungen für Kinder und Jugendliche. Seit 2018 eigener Verlag Edition Blaue Stunde. Initiatorin und Leiterin des „AutorenNetzwerk Ortenau-Elsass".

Foto: Michael Bode

Der Karlsruher Grat im Gorilladuft

Visionen auf felsigen Kanten

Meine Beziehung zum „Karlsruher Grat" begann eigentlich mit den Berggorillas...
Es war ein langgehegter Kindheitstraum eines Tages einmal in die Virunga-Vulkanberge in Ostafrika aufzusteigen, um die Berggorillas zu suchen. Der Horror dabei ist, schlicht zu versagen, die schwere Filmausrüstung in luftige Höhen bis auf 4000 m zu tragen. Also, musste ich trainieren. Die Rheinebene mit ihren vielen Moskitos, die im Sommer wenigstens mir ein Gefühl von Afrika geben, taugte nichts. So fuhr ich eines schönen Tages nach Ottenhöfen zu einem Parkplatz dessen Wanderschilder den Weg zu einem gewissen „Karlsruher Grat" wiesen.
„Klingt steil, anspruchsvoll und anstrengend," dachte ich mir.
Die feuchte Luft, wenn man die Edelfrauengrab-Wasserfälle ansteigt mischte sich bald mit dem Geruch nach Moos und moderndem Laubwerk - „Gorilladuft". Zumindest stellte ich mir das damals so vor und nach der ersten Expedition zu den Berggorillas war dies ein bewiesener Fakt, der mich wenigstens immer mit einem Bein bei den Gorillas sein ließ, wenn ich mich mal wieder anschickte auf den Grat zu steigen.
„Der Weg ist das Ziel" und seither verbinde ich mit dem Weg zum Karlsruher Grat meinen Weg nach Afrika zu den Gorillas.

Es hat etwas Visionäres, wenn ich aus dem Mischwald trete und über die felsigen Kanten des Grates balanciere. an manchen Stellen bin ich wunderbar ausgesetzt und muss mich konzentrieren, dann kann ich wieder die Seele baumeln lassen und genieße die sanften Hügel des Schwarzwalds in Richtung Rheinebene und den kantigen Verlauf des Grates, der sich regelrecht in die Höhenzüge des Hochschwarzwaldes hineinbohrt. Die Komposition ist wild und schon gar nicht zu zähmen. Es lohnt sich, einfach mal ein paar Stündchen da oben zu sitzen. Mir fallen oft wunderbare Geschichten und Ideen für neue Kunstwerke ein. Kein Wunder, dass ich manchmal sehr schnell absteige, um zu Hause zu sein, bevor die Idee jäh entgleitet.
Zuweilen ziehen einige Wanderfalke ihre Kreise und das erinnert mich daran, wie ich als Jugendlicher im aktiven Vogelschutz tätig war und im Odenwald Wanderfalken-Nester bewacht habe, damit Wilderer nicht die jungen Falken stehlen. Hier scheinen die Falken ganz frei und unantastbar zu sein.
Und gelegentlich steige ich im Herbst so früh auf den Karlsruher Grat, dass sich die Täler noch unter der dicken Nebeldecke lümmeln. Dann denke ich an „Gorillas im Nebel". Wenn es dann auch noch ganz still ist, dann erwische ich mich dabei, dass ich das Gefühl habe, ich hätte mich nun wirklich mal schnell nach Afrika gebeamt. Geht also doch, aber eben nur auf dem Karlsruher Grat.

Lage
Diese Felsformation liegt im Naturschutzgebiet *Gottschlägtal-Karlsruher Grat*, östlich von Ottenhöfen und südlich von der Hornisgrinde im Schwarzwald. Man erreicht sie zu Fuß von der Schwarzwaldhochstraße aus.
Ein anderer Ausgangspunkt ist der Wanderparkplatz bei den Edelfrauengrabwasserfällen in Ottenhöfen.

Einkehren
Gasthaus Bosenstein in Seebach

Matto Barfuss
Seit dem 12. Lebensjahr als Künstler und Fotograf tätig. Ab dem 14.Lebensjahr viele Ausstellungen. Gewann u.a. den UNESCO-Fotopreis. Überquerte 1989 barfuß die Alpen als Kunstaktion. Reist seit 1995 jährlich für bis zu 6 Monate nach Afrika. Lebt mit wilden Geparden in der Serengeti. Mehrere seiner Bildbände (in 8 Sprachen) wurden Bestseller. Betreibt seit 2000 ein großes Kunsthaus in Rheinau-Freistett. Schuf zahlreiche Filme, u.a. den Kinofilm ‚Maleika'. Als UN-Dekade-Botschafter unterhält er eine Stiftung in Botswana, die ein Programm „Bildung für Artenschutz" verfolgt.

In den Wolken nach Formen und Figuren suchen

Das Hexenhaus auf dem Lautenbacher Hexensteig

Wer den Schwarzwald ein bisschen kennt, weiß, dass die meisten Wanderungen mit einer Steigung beginnen. Das ist gelebte Geographie, wenn man vom Tal in die Höhe will. Dann sind 300, 400, ja sogar 500 Höhenmeter ausgemachte Sache. Wer schaut da noch in den Himmel? Die Wade zwickt, die Lunge japst, das Herz pumpt und bald sind Streuobstwiesen, Findlinge oder der schöne Ortenauer Himmel nicht mehr im Blickfeld, sondern ganz demütig der steinige Weg.

Am Wandern liebe ich das Wandern, und Schritt für Schritt wird der Weg zum Ziel, der mich mehr und mehr vom Alltag entfernt. Irgendwann gewöhnt sich der Körper an die Steigung und dann ist alles halb so wild, wie man so schön sagt. Das Hexenhaus auf dem Lautenbacher Hexensteig ist natürlich ein guter Platz zum Luft holen. Im Winter gehe ich erst einmal ums Häuschen, sicher ist sicher, bevor ich hineingehe. Im Frühjahr, Sommer oder Herbst lege ich mich dort auf der Lichtung auf eine Bank oder ins Gras, strecke die Beine aus und blinzle in die Sonne. War da was? War's ein Falke, eine Fledermaus oder die Hexe, die hier angeblich vor langer, langer Zeit die Leute in die Irre führte? Da mich das Häuschen an die Disney-Bücher

meiner Kindheit erinnert, denke ich, „klar, die Hexe war's!" Diese vier Bücher (blau, grün, orange, rot) eröffneten mir damals in meinem kleinen Schwarzwalddorf eine andere Welt. Ich schaute mir Pueblo Indianer und ihre Sandbilder an, wurde Zeuge, wie sich der zukünftige König Arthur dank dem Zauberer Merlin in Tiere verwandelte und einen Zauberlehrling à la Disney gab es auch. Besen, Besen, bist gewesen ... Wo ist der Hexenbesen?

Ich mache mich auf die Suche und folge dem Hexensteig genannten Wanderpfad nach Lautenbach. Die letzten Kilometer sind die schönsten und entsprechen meinem inneren Bild von einer harmonischen Landschaft. Die Wanderung gipfelt auf zwei erhabenen Hügeln mit ihren sanften Hängen, verwilderten Obstbäumen, Sträuchern und der Sicht auf die Wallfahrtskirche Maria Krönung und weiter bis zu den Vogesen. Ich warte auf den Augenblick, an dem die Sonne unter den Wolken steht und das Licht seine Härte verliert und golden durch Löwenzahn und Schmetterlingsflügel strahlt. Der blaue Himmel erscheint mir unwahrscheinlich weit, die Wolken zum Greifen nah. Einfach ins Gras liegen und an einem Grashalm kauend nach Formen und Figuren in den Wolken suchen, ist mir seit jeher ein Vergnügen. Was für ein Zauber! Nicht nur jedem Anfang wohnt ein Zauber inne, manchmal ist es auch das Ende, zumindest das Ende einer Wanderung.

Lage

Im ganzen Renchtal lässt sich viel und wunderbar wandern auf historischen Wegen wie dem Sagenrundweg durch die Lierbachschlucht zur Klosterruine Allerheiligen und auf neuen Wegen, so zum Beispiel auf dem Lautenbacher Hexensteig.

Einkehren

Gasthöfe am Lautenbacher Hexensteig

Pascal Cames

schreibt über Menschen und was sie antreibt, Essen & Trinken sowie Wandern. Der gebürtige Schwarzwälder hat ein Faible für die andere Rheinseite, wie sich an den Büchern „Marco Polo Elsass" und „Wanderkino Elsass" nachlesen lässt. Als freier Autor war er am Porträt eines Offenburger Stadtteils („Mensch Nordwest") und Jubiläumsbüchern für die Peter Huber Kältemaschinenbau AG und K&U beteiligt.

Foto: Jigal Fichtner

Foto: Hubert Grimmig

Wallfahrtskirche *Mariä Krönung*

Warum pilgern Jahr für Jahr so viele Menschen zur Wallfahrtskirche „Mariä Krönung" in Lautenbach? Es ist ein ganz besonders eindrucksvolles Gotteshaus, das weithin seines Gleichen sucht, vor allem, was die Kunst im Inneren angeht. Erst kürzlich wurde die Beleuchtung erneuert, so dass die Kunstwerke nun besonders ins Licht gerückt werden.

Die Wallfahrtskirche „Mariä Krönung" Lautenbach ist ein Juwel spätgotischer Sakralbaukunst und eines der bedeutendsten Bauwerke der Ortenau. Auf engstem Raum finden sich mehrere Meisterwerke der Architektur, und insbesondere die Netzgewölbe des Baumeisters Hans Hertwig sind herausragend. Wertvoll sind auch die prachtvollen Fenster, die vielen Schnitzereien sowie die meisterlich gezeichneten Kunstwerke. Auch für mich ist diese große Kirche mehr als nur ein Gotteshaus, es ist ein Ort der Ruhe. Wenn ich im Renchtal unterwegs bin, ist es dieses zauberhafte, weite Tal in das die Sonne bis zum Abend hereinleuchtet. Ich gehe gerne dort am Renchtaldamm entlang und genieße die Natur und das gleichmäßige Fließen der Rench, das mich einlädt, zur Ruhe zu kommen. Auf der Suche nach Ruhe ist es für mich eine große Freude, wenn ich in die Wallfahrtskirche einkehren kann. Die Kirche ist auch für mich so gefüllt von Anregungen.

Da ist dieser herrliche gotische Chor, davor der heute ungewöhnliche Lettner. Der Altar mit seinen Bildern, wobei die Flügel zum Teil von Mathias Grünewald gestaltet worden sind. Das ist eine Einladung, sich zu vertiefen, bei Maria und bei den Heiligen zur Ruhe zu kommen. Ich schaue mich immer in der Wallfahrtskirche um, lasse meine Blicke herumwandern. Ich betrachte den Altar und den Lettner mit dem Heiligenschein. Diese Kirche hat ein Kleinod, eine kleine Kapelle in der Kirche, mit dem Gnadenbild der Gottesmutter. Ich genieße es sehr, wenn ich in diesem kleinen Raum allein sein kann. Ich kann mich hinsetzen und darf mich ausruhen in dieser herrlichen, schönen Kirche. Wenn es still ist um mich und keine anderen Menschen da sind, dann weiß ich, dass mich viele Heilige umgeben, mit denen ich ins Gespräch kommen und mich auf diese Weise erholen kann.

Das ist einer meiner Gedanken, wenn ich an Lautenbach, an dieses großartige Kleinod denke.

Wenn ich aus der Kirche hinausgehe, sehe ich auch die anmutige Madonnenstatue. Sie lädt vom Umfeld her ein, gerade wenn die Sonne scheint, ein bisschen weiter den Blick zu erheben hin zum Schwarzwald.

Wie stark der Glauben der Menschen in der Region ist, zeigt sich darin, wie viele Menschen des Tales immer wieder gern in dieses Gotteshaus kommen, das auch in Kriegen nicht zerstört wurde.

Lage
In der Ortsmitte von Lautenbach im Renchtal

Robert Zollitsch
Geb. 1938, Er war von 2003 bis 2013 Erzbischof von Freiburg und Metropolit der Kirchenprovinz Freiburg. Bis 2014 war er Apostolischer Administrator des Erzbistums Freiburg. Er war von 2008 bis 2014 Vorsitzender der Deutschen Bischofskonferenz.

Ein Gotteshaus als Festivalbühne

Die etwas andere Wallfahrt

Weil sie alle Töne der Schöpfung aufnehme, sagte Papst Benedikt XVI. (Joseph Ratzinger), sei die Orgel die Königin der Instrumente. Außerdem würde sie auch die Fülle des menschlichen Empfindens zum Schwingen bringen. Nun, die Stieffell-Orgel in der katholischen Pfarrkirche in Oppenau ist gewiss ein außerordentlich Ding. Doch erst durch die fantastische Akustik im säulenlosen klassizistischen Weinbrennertempel und im gefüllten Zustand entfaltet dieses „königliche" Instrument den Seelen berührenden Klang. Bis zu 1000 Gläubige finden Platz darin. Nur das Straßburger Münster kann in dieser Region noch mehr Besucher empfangen. Es thront am Spieltisch auf der Empore vor den gen Himmel aufstrebenden mächtigen silbernen Pfeifen in sich versunken der Kantor und Organist Thomas Strauß. Meisterlich und gefühlvoll gleiten seine Hände über Tasten und Manuale, während seine Füße virtuos die Pedaltasten bedienen. Im weiten Raum erklingen in vollen Tönen die Präludien und Fugen mit elektrisierender Wirkung. „Nein", sagt der studierte Kirchenmusiker bescheiden: „Ich bin kein Solist. Ich unterstütze die gläubigen Sänger in den Kirchenbänken, dirigiere meine Kirchenchöre und meinen Bach-Chor Ortenau oder begleitete verschiedene Formationen, darunter den Freiburger Kammer-Chor auf Tourneen in Südfrankreich, Brasilien und Neuseeland wie auch das Württembergische Kammerorchester Heilbronn. Es

ehrt mich sehr, wenn ich zuweilen viele große Musiker wie den Trompeter Wolfgang Bauer oder den Flötisten Hans-Jürgen Hufeisen als Cembalist, Pianist und Organist begleiten oder mit Benediktinerpater Anselm Grün oder Margot Käßmann auf der Bühne stehen darf."

Schließlich ist er es, der schon seit 1997 das Provinzstädtchen Oppenau alljährlich zum wahren Wallfahrtsort für anspruchsvolle Musik werden lässt, wenn Ende September die Festwoche klassischer Musik unter der Schirmherrschaft von Wolfgang Schäuble in den heiligen Hallen der prächtigen roten Bundsandsteinkirche zelebriert wird. Dann locken Konzerte Besucher aus Nah und Fern. Als angesehener Musiker und Netzwerker spannt er seine Fäden über den gesamten Erdball. Er pflegt zur Shenandoah University in Winchester, Virginia wie auch zum Converse College Spartanburg in South Carolina langjährige Kooperationen, wodurch Musiker hüben wie drüben in großen Häusern gemeinsam mit Unterstützung des Deutschen Musikrates konzertieren. So auch in 2019, wenn eine 40-köpfige Abordnung von Professoren und Musikstudenten, darunter auch Susan Lyle beim Festival in Oppenau auftreten. Zu hören sind in diesem Jahr auch die berühmten *Gregorian Voices* in Mönchskutten mit ihren Chorälen.

Thomas Strauß bricht mit seinen Konzerten aus gewohnten Traditionen aus. Er schafft es jedes Jahr aufs Neue, dem Zuhörer Überraschungen, aber auch Altbekanntes zu bieten. Dabei spielen Gegensätze oft eine große Rolle: von Barock bis Jazz, vom kleinen Ensemble bis

Lage
Oppenau im Renchtal, Stadtmitte

Einkehren
Badischer Hof in Oppenau
Haus am Berg in Oberkirch,
Am Rebhof 5 – oberhalb der Papierfabrik Köhler

Thomas Strauß
Hauptamtlicher Kantor
Organist, Pianist, Cembalist,
Dirigent, Musikmanager

Foto: Tilmann Krieg

Foto: Tilmann Krieg

Rolle: von Barock bis Jazz, vom kleinen Ensemble bis zum großen Orchester, Tanz, Lesung oder auch musikalisch gelebte Bilder, die Orgel mit ungewöhnlichen Instrumentenkombinationen wie Panflöte oder Alphorn, oder als Improvisationskünstler einen Stummfilm der 20er Jahre begleitend. Heiterkeit aber auch Tiefsinn, Leichtigkeit ebenso wie Ernsthaftigkeit will Strauß durch seine Musik den Menschen nahe bringen und gerade in einer Zeit, in der die katholische Kirche in besonderer Kritik steht und ihr dadurch die Gläubigen scharenweise austreten, sei die Musik eine besondere Möglichkeit, den Glauben zu vermitteln.

Auf unzählbar vielen Orgeln habe er schon gespielt, sagt Strauß. Doch habe jede Orgel ihre eigene „Persönlichkeit" und Charakter und kann durch ganz unterschiedliche Weise beeindrucken: manche faszinieren durch ihre Größe und Klangvielfalt, manche beeindrucken durch ihre Architektur und Schönheit, die historischen Stimmungen oder auch ihre orchestralen Klangmöglichkeiten. Viele berühmte Orgelbauer haben meisterhafte Instrumente geschaffen, die wahrhaft beeindrucken und nicht nur als Königin, sondern als Kaiserin unter den Instrumenten zu betiteln seien. Auf der Orgelbank der Oppenauer Stieffell-Orgel aber fühle er sich zu Hause.

Nachdem im Jahre 2014 Orgelbau und Orgelmusik in das Deutsche Verzeichnis des Immateriellen Kulturerbes bei der UNESCO aufgenommen wurde, folgte drei Jahre später sogar die noch höhere Wertschätzung mit dem Eintrag in die „Repräsentative Liste des immateriellen Kulturerbes der Menschheit". Ein deutsches Kulturgut. Die historische Stieffell-Orgel in Oppenau von 1832 gilt als Prunkstück in dem kleinen Städtchen. Als sie 1969 restauriert wurde, kam der freistehende Spieltisch mit elektrischer Registerschaltung hinzu, die Anzahl der Register wurde von ursprünglich 38 auf 43 Register erweitert. Seitdem verfügt sie auch über ein Glockenspiel mit 6 Bronzeglocken. Insgesamt können nun 2.665 Pfeifen angespielt werden, deren größte 5 Meter, die kleinste dagegen nur 8 Millimeter misst.

Ein Akt der Schöpfung und Mahnung
Die Klosterruine Allerheiligen

Die Legende besagt, dass der Gründer des Ordens der Prämonstratenser, Norbert von Xanten, bei einem Gewitter bekehrt worden ist zu einem klösterlichen Leben. Ein Blitz schlägt vor ihm ein, er stürzt von seinem Pferd und bleibt eine Stunde besinnungslos am Boden liegen. Als er wieder zu sich kommt, bittet er Gott um ein Zeichen. Eine innere Stimme befiehlt ihm Buße. Es ist ein interessantes Bild: Blitz nicht als Zeichen der Strafe, sondern als Erleuchtung, als Umkehr zu einem gottgefälligen Leben. Das Kloster Allerheiligen, ein Werk der Prämonstratenser, der weißen Chorherren, hat an seinem Ende ein Blitz getroffen. Das, was vom Kloster noch steht, ist für mich eine Mahnung. Die Ruine ragt seit 1804 als Symbol der Zerbrechlichkeit auf. Das Kloster ist zerbrochen am politischen Streit, an den Folgen der napoleonischen Zeit, an der Säkularisation.

Im Mai 2018 habe ich gemeinsam mit dem evangelischen Landesbischof Professor Dr. Jochen Cornelius-Bundschuh in der „Gebetswoche für die Einheit der Christen" an einem ökumenischen Gottesdienst in der Klosterruine Allerheiligen teilgenommen. Ich erinnere mich an einen wunderbaren Frühlingstag in einer bezaubernden Landschaft. Es ist wie ein Gang durch den Garten der Schöpfung gewesen. Der evangelische Landesbischof hat ein Thema angesprochen, das auch mit Zerbrechlichkeit zu tun hat: Natur in Zeiten des Klimawandels. Er hat den Apostel Paulus zitiert, der in seinem Römerbrief eindringlich vom Seufzen der Kreaturen spricht. Und er hat die Frage gestellt, ob der Kli-

mawandel zu hören sei. Im heißen Sommer des Jahres 2018 haben wir das Seufzen der Kreaturen überdeutlich vernehmen können. Wenn wir Gottes Schöpfung bewahren wollen, müssen wir die Ohren noch mehr „öffnen". In Allerheiligen mit seinen Wäldern und dem rauschenden Wasserfall ist die Ruine eine ständige Erinnerung an diese Vergänglichkeit. An diesem Ort wird viel für die „Rückbesinnung" getan: Der Nationalpark ist im Wachsen. Eine erneuerte Kapelle und ein ökumenischer Begegnungsplatz, unterstützt auch von uns als Erzbistum Freiburg, werden die Besucher „zusammenführen". Es ist unser Auftrag als Menschen, für das Lebensrecht der Schöpfung zu sorgen. Natur, Tier und Mensch leben in einer Schicksalsgemeinschaft. Für mich ist Allerheiligen mit seiner Umgebung ein großartiges Beispiel für den Akt der Schöpfung und eine dauerhafte Mahnung, unserer Verantwortung für den Erhalt der Natur gerecht zu werden. Politische Gewalt und Naturgewalt haben von Anfang an das Leben der weißen Chorherren in Allerheiligen begleitet, die die Region und ihre Menschen in vielen Bereichen stark und nachhaltig beeinflusst haben. Sie haben im biblischen Sinn gelebt und gearbeitet. In der Zurückgezogenheit von Allerheiligen haben sie Kraft geschöpft, um den Menschen Wissen und Glauben zu vermitteln. Von ihrer Arbeit bleibt also mehr als eine Ruine übrig. Das habe ich an diesem unvergesslichen Tag gespürt.

Lage
Von Oppenau führt eine ausgeschilderte Straße zur Klosterruine. Entfernung etwa 12 km. Vom Ruhestein (Schwarzwaldhochstraße) sind es 9,5 km. Wer die herrlichen Wanderwege geht, erlebt den angenehm kühlenden Schwarzwald und nähert sich in spannender und freudiger Erwartung dem Ziel.

Einkehren
Im Klosterhof bei der Klosterruine, Do bis So 11 – 17

Erzbischof Stephan Burger
1962 in Freiburg geboren, 1983 - 1988 Studium der Theologie und Philosophie in Freiburg und München, 1990 Priesterweihe anschl. Vikar in Tauberbischofsheim und in Pforzheim, 1995 - 2006 Pfarrer in St. Leon-Rot, ab 2002 Defensor und Promotor am Erzbischöflichen Offizialat, 2004 - 2006 Studium des Kanonischen Rechts in Münster, ab 2007 Offizial des Metropolitangerichts Freiburg, 2013 Ernennung zum Domkapitular, 2014 Ernennung zum Erzbischof von Freiburg durch Papst Franziskus.

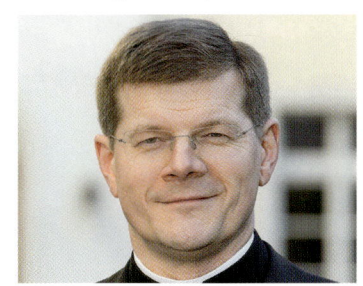

Foto: Michael Mantke

Allerheiligen-Wasserfälle
Foto: Evi Seeger

Magische Ausblicke und genüssliche Einblicke

Sasbachwalden und der Bischenberg

Beschaulich wirkt es hier und grün. Es scheint ein bisschen so, als ob die Zeit stehen geblieben wäre. Aber, gerade das macht diesen Ort so besonders und über die Maßen verblümt modern: Schwarzwaldromantik pur und Blumen geschmückte Häuser, überall, in jeder Straße und in jedem Winkel. Ich komme immer wieder gerne hierher. Sasbachwalden, für mich ein wahres Idyll. Wer hoch hinaus will, und das lohnt sich in vielerlei Hinsicht, darf sich gerne etwas anstrengen.
Ich bevorzuge die Route über die Gaishöll Wasserfälle, wo sich das Wasser - für mich immer wieder faszinierend - den Weg durch die Schlucht sucht, mal malerisch plätschernd, dann wieder kraftvoll herabstürzend. Gerade hier wird mir bewusst, wie selbstverständlich wir die Natur nutzen und benutzen. Auf dem Weg nach oben werden wir immer wieder von magischen Ausblicken belohnt, so wie beim „Badischen Bänkle". Geist und Seele dürfen zur Ruhe kommen, wenn der Blick weit über die Reben bis in die schier endlose Rheinebene schweift. Der dichte Wald lockt weiter hoch hinauf, durch steilen Fels und kühle Schatten. Die Gaishöll ist vielleicht nicht der spektakulärste Wasserlauf im Schwarzwald, aber für mich einer der romantischsten. Auf etwa 500 Höhenmetern lichtet sich dann der Wald und ein paar Schritte weiter links liegt das klei-

ne zauberhafte 1842 erbaute Anwesen Bischenberg, auch eine Sasbachwaldener Besonderheit. Hier ist nicht nur die Aussicht zum Straßburger Münster und zu den Vogesen herrlich. Genau hier lebt ein Familienbetrieb seine Passion, unermüdlich und mit viel Liebe. Das Gasthaus offeriert ausschließlich hausgemachte Küche, badisch-elsässisch und gut bürgerlich. Hier fühle ich mich gleich wohl. Das Fachwerkhaus und die Zimmer zeigen sich klassisch. Gemütlichkeit und Holz, dezente Eleganz, passend zum Schwarzwald. Mit viel Engagement und immer neuen Ideen, haben die „Petermänner" das Haus geprägt. Der Bischenberg, für mich ein Ort zum Ankommen und Aufladen. Dazu ein uriger Schwarzwaldladen, gut gefüllt mit heimischen Köstlichkeiten und traditionsreichem Handwerk, von Enthusiasten und Idealisten aus der Region erschaffen. Schließlich die gläserne Schokoladenmanufaktur: Die täglich handgeschöpften kreativen Genüsse – auch laktose- und glutenfrei – verführen mich immer wieder aufs Neue.
Das Wohl der Gäste ist an diesem Ort unübersehbar eine Herzensangelegenheit. Der glutenfreie Weihnachtsmarkt, alljährlich am Bischenberg, ist eine Institution und über die Grenzen hinaus bekannt. Dafür wurden die Familie Petermann und das Team vom Bischenberg unter anderem mit dem Ortenauer MarketingPreis 2019 geehrt. Außergewöhnliches Engagement verbindet. Und darüber hinaus steht das Haus für Tradition, Werte, Heimat und einzigartige Regionalität.

Lage
Der ehemalige Bergbauernhof mit Aussicht und Ausschank liegt in der Bergstraße 23, etwa 2 km oberhalb von Sasbachwalden. Zu erproben und zu genießen sind Schokoladenträume, hausgemachter Kuchen, eine exzellente badisch-elsässische Küche, Schwarzwälder Kunsthandwerk, eine Möbelmanufaktur und natürlich das Bücherhotel.

Frank Peter Rottenecker
Diplom-Betriebswirt, seit 2012 im Vorstand und seit 2014 Vorstandsvorsitzender der Volksbank Lahr. Geboren in Offenburg, aufgewachsen in Windschläg, lebt er heute mit seiner Frau Lidija und zwei erwachsenen Kindern, einem Sohn und einer Tochter in Lahr. So wie das Haus Bischenberg konnte er auch 2019 für seine Bank für die junge Marke BlackVRst den Ortenauer MarketingPreis gewinnen.

Theatersommer und Geisterhochzeit

Jedes Mal, wenn ich von Sasbach kommend an Kloster Erlenbad vorbei die kleine Straße Richtung Lauf hinauffahre, freue ich mich, sie zu sehen: Meine Burg. In diesem Moment fühle ich mich wie in meine Kinderzeiten versetzt, wenn ich unterwegs mit meinen Eltern etwas Neues entdecke: Schau mal Papa, Mama, da oben, die Burg! In meiner kindlichen Phantasie bin ich ein stolzer Ritter, der auf seinem wilden Pferd nach heldenreichem Kampf nach Hause kommt.

Gebaut wurde die Burg um 1300 von den Herren von Windeck. Doch schon seit Ende des 16. JHs ist die Burg unbewohnt, nachdem der letzte männliche Neuwindecker nicht auf der Burg, nein, in Venedig zu Tode gekommen war. Wie und woran er gestorben ist, das ist nicht überliefert. Im Schwertkampf gefallen mit einem heißblütigen eifersüchtigen Italiener? Oder bei einem Gondelunglück ertrunken?

Viele Geschichten ranken sich um Burg Neuwindeck, am bekanntesten ist die Sage der Geisterhochzeit, in der ein junger Ritterspunt sich nächstens auf die Burg verirrt, sich dort in ein Geistermädchen verliebt, und mit ihr Hochzeit feiern will. Doch als der vom Burggrab der Toten auferstandene Bischoff den Bräutigam fragt, ob er das Geistermädchen ehelichen will, fällt der Arme in ein psychisches Delirium. Ein Hahn im Dorf kräht und der ganze Spuk löst sich in Luft auf. Und der Ritter flieht zitternd wie Espenlaub aus seinem Alptraum den Berg hinunter.

Jedes Jahr veranstalten wir, das Team von BAAL novo – Theater Eurodistrict, auf Neuwindeck den Laufer Theatersommer. Für mich gibt es keinen schöneren Ort auf unserer Sommertour. Vom Burghof eröffnet sich der Blick in die phantastische Weite des Rheintals - über die schmale Straße sehe ich den Ritter, wie er erst ein Punkt, dann immer größer werdend, hinaufreitet. In meinem Kopf spiele ich seine Geschichte neu, so wie ich in meinen Theaterstücken wie Gott aus einem Klumpen Ideen Figuren und neues Leben erschaffe. Manchmal werden Geschichten wahr: Hinter mir zur unheilvollen Begrüßung des Ritters grollt jenseits der Burgmauer der Donner, der sich aus dem Schwarzwald mit einem tosenden Wind ankündigt. Der Ritter nichtsahnend in welchen Hinterhalt der Wind ihn treibt, feuert sein Pferd an: Hü, hott, Du Gaul! Willst du von Blitzen ausgepeitscht wie ein zersplitterter Baumstumpf enden! Schon taucht der Ritter in den Schatten des Burghofes, den über mir die Wolken werfen. - Nur ich und mein Komplize, der heimtückische Donner, kennen des Ritters schauriges Schicksal. Da höre ich den Donner zu mir sagen: Wir könnten den Ritter retten. Ein happy-end, frage ich ihn.

Was gibt es Schöneres als auf dieser Burg, die selbst ein Drama in sich atmet, Theater zu spielen, in einer wilden romantischen Sommernacht! Und ich frage mich, was sich wohl die Menschen in 500 Jahren über diesen Ort und seine Schauspieler für Geschichten erzählen werden?

Lage
Burg Neuwindeck. Sie liegt nur wenige 100 Meter östlich von Lauf auf dem vorgelagerten Hügel

Edzard Schoppmann
Der Ostfriese mit schwäbischer Jugend und humanistischem Abitur studierte Theaterwissenschaften an der FU Berlin und Schauspiel an der Hochschule der Künste Berlin. Engagements als Schauspieler brachten ihn an zahlreiche Theater: Stadttheater Heidelberg, Nationaltheater Mannheim und Staatstheater Stuttgart. Von 1989 bis 2004 war er Intendant des Schlosstheaters Rastatt. 2005 war er Mitbegründer von BAAL novo, das er seit 2008 als alleiniger Intendant leitet.

Yoga für die Seele

Landschaftspflege zwischen Laufer Mark und Hornisgrinde

Ich verstehe mich mehr als Landschaftspflegerin denn als Schäferin, meine Schafe und Ziegen und bald auch die Wasserbüffel halten die Hänge und Flächen waldfrei und sorgen so für artenreiche Wiesen. Das ganze Jahr - 365 Tage - bin ich in und um Lauf unterwegs, ein Paar Wanderschuhe müssen immer dran glauben, denn ich ziehe mit meiner Herde im Frühjahr von der Winterweide auf der Sommerseite der tieferen Lagen des Laufbachtals über die Glashütte bis hinauf auf die Schwarzwaldhochstraße und im Herbst wieder retour. Ich habe keinen wirklichen Lieblingsort und in den Urlaub kriegt man mich selten, da ist dann das Heimweh zu groß, denn kaum einer hat so eine schöne Aussicht von seinem Arbeitsplatz wie ich. Vom Lochwald blicke ich übers Laufer Schloss in die Rheinebene bis zum Wetterloch hinter Straßburg. Darüber hinaus kann ich hier - im Blockmeer, wo auf der dünnen Humusschicht Thymian, Blutwurz und Huflattich ihr Stelldichein geben - ein einzigartiges faszinierendes Ereignis erleben. Wenn ich unten auf der Weide stehe und nach den Schafen pfeife und die sich bergab in Bewegung setzten, grollt und bebt die Erde wie einst bei den Dinosauriern. Schon beim Gedanken bald wieder los zu ziehen, komme ich ins Träumen. Auf der Weide in der Glashütte ist man von der realen Welt total ab-geschnitten, ringsum unberührte Natur, wo Arnika an Bestand zunimmt und seltene Orchideen wachsen. Man hört beim Schmusen mit den Lämmern nur deren Glöcklein bimmeln, den Bach rauschen, den Wind durch die umliegenden Bäume säuseln und die Warzenbeißer-Heuschrecke zirpen. Das ist Yoga für die Seele. Im Sommer geht es für zwei Monate mit den 160 Mutterschafen der höchst genügsamen Schafsrasse Heidschnucke und deren Nachzucht sowie mit den 70 robusten Tauernschecken Gebirgsziegen hinauf auf die Grinde. Hier war mein Vater Paul Dinger, von dem ich 2008 den Vollerwerbsbetrieb übernommen habe, 1995 Pionier bei der der Grindebeweidung beim Ochsenstall. Heute beweide ich den Skilift Hundseck über den Hochkopf bis zur Hornisgrinde und dränge da das Pfeifengras zugunsten der Heide zurück. Die Mischherde sorgt für einen gleichmäßigen Abbiss - mag doch die Ziege keine Minze, während das Schaf Brombeere und aufkommende Sträucher stehen lässt.

Mit den Wasserbüffeln im Naturschutzprojekt „Laufer Mark" gehen mein Mann Mathias und ich nun neue Wege. Unbekannt ist mir die feuchte Ebene aber trotzdem nicht. Meine Oma Anastasia hatte hier ihre Parzelle. Nun finden die drei Büffeldamen Gefallen an den Binsen und dem Schilf. Ich hoffe, dass sie durch ihr suhlen Brutplätze für den Kiebitz schaffen und in den Wasserfurchen die Gelbbauchunke heimisch wird.

Karen Christeleit / Marianne Burger

Lage
Gemeinde Lauf. Die Beweidung erstreckt sich vom Ausgang des Laufbachtales in Lauf bis unterhalb des Hornisgrindegipfels (1164 m ü NN). Die ökologische Vielfalt reicht von der Auenlandschaft der Laufer Mark über Obstgärten und Reben bis hinauf zum Nationalpark Schwarzwald, deren Hochflächen wie auch die steilen bunten Wiesen in den Tälern früher zur Beweidung und heute zum Zweck des Naturschutzes offen gehalten werden.

Einkehren
Gasthaus Rebstock, Lauf, Hauptstr. 50
Brauwerkstatt, Ortsteil Glashütte

Marianne Burger
hat ihr Herz an die Landschaftspflege verloren. Sie beweidet als Vollerwerbslandwirtin mit ihrer Herde die unzugänglichen offenen Hänge der Gemeinde Lauf. Ihr Wissen hat sie von ihren Eltern, dem Schäfer Paul und der Kräuterhexe Brigitte Dinger. Das alte Wissen will sie bewahren und es an ihre fünf Söhne weitergeben

Foto: Thomas Kaiser

Eine geheimnisvolle alte Schule hoch über Sasbachwalden

Haus Felseneck und Bert Brecht's Schwarzwälder Spuren

Immer morgens, wenn ich als Kind aufstand und aus dem Fenster schaute, konnte ich halb links in einer Entfernung von 300 m auf ein beeindruckendes Anwesen blicken, das noch heute auf einem hohen, mächtigen Felsen steht. Schon damals stach dieses imposante Gebäude aus der stattlichen Ansammlung der vielen typischen Fachwerkhäuser unseres Dorfes majestätisch hervor. Dieses Haus hat etwas Geheimnisvolles, empfand ich. Die Zufahrt vom damaligen Rathaus unterhalb des Felsens war unglaublich steil. Damals lebten dort zwei ältere Frauen, die Klavier- und Geigenunterricht gaben. Für mich als Winzersohn war zu diesem Zeitpunkt die Musikwelt noch ziemlich unerschlossen, schließlich war ich als Sprössling doch sehr im elterlichen Winzerhof eingebunden, was damals aber nichts Ungewöhnliches war. Ich fragte mich nur, wie andere Kinder die Zeit fanden, solche Musikinstrumente zu erlernen? Später in der Volksschule hatte ich dieses Haus immer direkt von meinem Schultisch aus im Blick. Stolz stand es auf dem Felsen. Schon bald, als ich inzwischen als Jugendlicher dank des Musikverein das Klarinettenspiel ein wenige beherrschte, durfte ich zur Adventszeit erstmals dieses Haus betreten. Wir spielten einige Stücke auf dem breiten Balkon, deren Töne weit über das Dorf und in das Tal drangen. Die Aussicht hier oben war gigantisch. Die hohen Räume erschienen mir groß, sehr dunkel und vollgestopft mit farbenprächtigen Bildern und wundersamen Gegenständen, die ich zuvor noch nie gesehen hatte. Auch nach dem Besuch blieb das Haus für mich unergründlich und geheimnisumwittert.

Jahre später, als ich Bürgermeister war, saß ich wieder in jenem Raum. Inzwischen war mein ehemaliges Schulhaus zum Rathaus geworden.

Das Haus „Felseneck", wie wir es im Dorf liebevoll nennen, hat eine lange Geschichte. Es war das ehemalige Schulhaus von Sasbachwalden gewesen, also noch weit vor meiner Schulzeit. Erbaut wurde es in den Jahren 1813/14 und ersetzte an gleicher Stelle das vorherige, noch ältere Schulhaus, das von der Größe her nicht mehr genügte. Das neue Schulhaus bestand aus einem großen Klassenzimmer, aus Wohnräumen für den Lehrer und einem kleinen Stall.

In dieser sehr schwierigen Zeit um 1830/40 war Michael Brecht, Urgroßvater von Bert Brecht, Hauptlehrer im Haus Felseneck. Brechts väterliche Familie stammt aus Achern, der Bahnstation von Sasbachwalden. Der weltbekannte Stückeschreiber besuchte als Schüler und junger Bursche regelmäßig seine Großeltern in Achern, die dort eine Druckerei besaßen. „Ich, Bertolt Brecht bin aus schwarzen Wäldern" lautete stets seine Antwort auf die Frage nach seiner Herkunft. Dass Bert Brecht gelegentlich auch in Sasbachwalden weilte, davon ist auszugehen. Erkenntnisse darüber jedoch liegen leider nicht vor.

Schon bald reichte auch dieses Schulhaus für Sasbachwalden nicht mehr aus. Als nach langem Drängen der

Lage
Sasbachwalden, Am Altenrain 3
Von der großen Talstraße, die durch den Ort Richtung Schwarzwaldhochstraße führt, geht es vor dem Ortsende rechts steil den Berg hoch. Aber nur wenige Meter.

Einkehren
Hotel Restaurant Talmühle Talstraße 36 Michelin Stern & Mitglied Jeunes Restaurateurs d'Europe, Garten mit exotischen Baumriesen
Zahlreiche weitere gute Restaurants

Valentin Doll
Gilt bereits jetzt als kommunalpolitische Legende in Sasbachwalden. Dort war er von 1992 bis 2016 Bürgermeister und zuvor schon 12 Jahre Gemeinderatsmitglied. Ist seit 2016 Ehrenbürger der Gemeinde.

„Obrigkeit" die Gemeinde neben der inzwischen errichteten Kirche 1880 ein neues, großes Schulhaus baute, verkaufte die Gemeinde das Haus Felseneck an den evangelischen Pfarrer in der Illenau, Conrad Kayser. Eines seiner neun Kinder war der Heimatmaler und Hans-Thoma-Schüler Conrad Kayser, der unglaublich viele Bilder als langjähriger Bewohner in diesem Haus malte und als ortsbeliebter Künstler an seinem 70. Geburtstag zum Ehrenbürger ernannt wurde. Zwei seiner Schwestern blieben im Haus Felseneck und unterrichteten hier bis zu ihrem Lebensende Musik. Mit den Nachfahren des evangelischen Pfarrers Conrad Kayser verstand ich mich als Bürgermeister sehr gut. Mehrfach war ich im Haus Felseneck und durfte die einzigartige Geschichte immer wieder einatmen und das fantastische Panorama bis hin zur Rheinebene genießen.

Heute teilt sich die Erbengemeinschaft dieses Haus, bewohnt es regelmäßig, hütet und pflegt es, um den ursprünglichen Zustand zu erhalten. Dem Haus Felseneck und seinen Bewohnern hat Sasbachwalden viel zu verdanken!

Foto: Thomas Kaiser

Mit Bäumen wie mit Brüdern reden

„Ein schwarzer, einsamer Kohlenbrenner. Es ist ein elend Leben. Wie angesehen sind die Glasmänner, die Uhrmacher, selbst die Musikanten am Sonntag abends!"
    Wilhelm Hauff – Das kalte Herz

Es ist vorbei mit dieser Art von „elend Leben". Ausgestorben ist dieser Beruf, dieses Köhlerhandwerk. Fast nur noch Nostalgie. Man möchte sie für verrückt und spleenig halten, die noch dieses Geschäft mit der Kohle betreiben. Sie müssen besessen sein von dieser traditionellen Kultur oder ein Faible für Romantik haben. Wer will heute noch ein schwarzer, einsamer Kohlenbrenner sein? Ist es die tiefe Waldesstille, der meditative Sehnsuchtsort zum Philosophieren?
Thomas Faißt ist einer von diesen Traumfängern. Studierter Forstwirt mit Diplom, der Reform des staatlichen Forstwesens zum Opfer gefallen, nach dem Studium in den 90er Jahren ohne Anstellung, ohne Verbeamtung dem freien Arbeitsmarkt überlassen. Doch was nun? Aus der Not hat er eine Tugend gemacht, ja eine Zukunft für sich entwickelt. Und tatsächlich fand er sein Glück am Kohlenmeiler. Das Element Feuer hats ihm angetan. Seit dem Jahr 2001 stellt er Holzkohle her, so wie es unsere Urahnen in der Bronze- und Eisenzeit getan haben.
Ende Juni, wenn der Sommer noch jung ist und die Tage nicht enden wollen, verbringt er schlaflose Nächte an der Feuerstatt und verwandelt lokalgeschlagenes Buchenholz in hochwertige Holzkohle. Nach allen Regeln der Kunst schichtet er systematisch Holzschei-

te zu einer konischen Form eines Pyramidenstumpfs zusammen in einer Größe von etwa zwanzig Kubikmeter, bedeckt diesen Rundkörper am Schluss sogar mit Gras und Kohlengruß. Nur einen kleinen Schacht lässt er in der Mitte frei, in dem er schließlich diesen archaischen Herd entfacht. Er ist der Moment, der ihn von nun acht bis neun Tage lang permanent unter Spannung hält und ihn an den Meilerplatz bindet. Die Kunst des Köhlers ist es dann, den Meiler weder erlöschen noch ihn durch zu viel Luftzufuhr abbrennen zu lassen. Bei zu starker Erwärmung drohen Holzgasverpuffungen, die bei zu dichter Abdeckung eine Explosion des Meilers verursachen können. Dann wäre all die Mühe umsonst gewesen. „Es kann jedem Köhler passieren, dass ihm ein Meiler verbrennt", sagt Thomas Faißt, der sich sein Wissen autodidaktisch im Selbststudium und unter anderem bei einem Köhler auf der Schwäbischen Alb angeeignet hat.
Der Tanz auf dem Meiler beginnt. Mit dem Stecken in der Hand stößt er schwarz und berußt Zuglöcher in den schwelenden, qualmenden Hügel, damit die Abgase entweichen. An den Farbtönen des Rauches liest er die Temperatur und den Verkohlungszustand im Innern des Meilers ab. Immer oben auf sein, gleichmäßig tanzen und stampfen, dem Monstrum die Luft wegnehmen und den schwelenden Feuerherd beherrschen. Als ob er der Dompteur eines Feuerdrachen wäre. Als ob der Köhler und der Meiler im Zwiegespräch stünden, jeder mit unterschiedlichen Absichten. Der Meiler will Asche, der Köhler Kohle.
Zumeist gewinnt Thomas Faißt diese Auseinanderset-

Lage
Baiersbronn. Gewann Gaiswasen Holzweg, unweit des Walderlebnispfades. Ende Juni. Weitere aktuelle Meiler auch in der Ortenau mit Kulturperformance siehe WebSite: www.wald-kohle-kultur.de

Thomas Faißt
Selbständiger Forstingenieur, Schnapsbrenner, Köhler, Kulturschaffender, Präsidiumsmitglied Europäischer Köhlerverband
lebt in Seewald-Allmandle

zung. Und dennoch: Das Innere des Meilers bleibt für ihn ein Mysterium. Dann ist er aufs Neue fasziniert, wenn ihm wieder einmal die Verwandlung von Holz in energiebringende Kohle gelungen ist. Dann kann er eineinhalb Tonnen hochwertige Grillkohle verticken. Gegenüber der Industrieholzkohle erzeugt sie wesentlich höhere Temperaturen und glüht länger, da ihr Kohlenstoffanteil über 90 % beträgt. Ein großer Teil seiner Ausbeute geht nach Berlin ins Sternerestaurant Nobelhart & Schmutzig zum besseren Brutzeln und sowie auch in die Eisenschmiede der mittelalterlichen Klosterbaustelle „Campus Galli" nach Meßkirch. Im Nu sind auch die restlichen Mengen unter der Hand vergriffen, die er in kleine Papiersäcke von etwa 5 oder 10 KG abpackt.

230.000 Tonnen Grillkohle werden pro Jahr allein in Deutschland vergrillt, die von über 11.000 LKWs in die Baumärkte gekarrt werden. Wir lieben das Grillen und das knusprige Steak vom Grill. Wessen wir uns aber nicht bewusst sind: Meistens stammt die Grillkohle aus zweifelhaften Quellen aus Osteuropa oder gar aus den Tropen und ist laut WWF für die Entwaldung und die damit einhergehende Bedrohung vieler Tier- und Pflanzenarten sowie das Anheizen der Klimakatastrophe mitverantwortlich.

Das Köhlerhandwerk wurde 2014 zum immateriellen Kulturerbe in Deutschland geadelt, posthum. Schnell noch, bevor dieses traditionelle Handwerk ganz in Vergessenheit gerät. Auch Thomas Faißt will mit dem alljährlichen Meiler in Baiersbronn und anderer, die er auf Anfragen von Kommunen, oft aus der Ortenau, baut, diese Form der Schwarzwaldkultur den Menschen vermitteln. Wald, Feuer, Holz und Natur sind ein Mysterium, dem er mit affinen Kulturveranstaltungen am Meiler huldigen möchte. Während der Meiler eine gute Woche vor sich hin schmurgelt, lädt er ein zu Märchenabenden, Führungen durch den dunklen Wald, Dichterlesungen, Theateraufführungen und Konzerten.

Peter Martens

Die Seele wird vom Pflastertreten krumm. Mit Bäumen kann man wie mit Brüdern reden und tauscht bei ihnen seine Seele um. Die Wälder schweigen. Doch sie sind nicht stumm. Und wer auch kommen mag, sie trösten jeden.

Erich Kästner - aus „Die Wälder schweigen"

Mit den Augen der Bienen
die Blütenfülle in der Vorbergzone genießen

Der Garten Eden in der Ortenau? Es scheint so, wenn im April in der Vorbergzone die Kirschbäume blühen und die sanften Hügel in eine weiße Traumlandschaft verwandeln. Zarte Düfte liegen in der Luft. Die Natur zeigt sich in ihrer ganzen Fülle. So könnte der Garten Eden gewesen sein, denke ich, denn eine Steigerung ist kaum möglich. Inmitten der Vielfalt das Summen kleiner Bienen – Honigbienen und Wildbienen. Sie suchen Nektar. Sie sammeln Blütenstaub, leuchtend gelbe Punkte im Haarkleid und an den Hinterbeinen. Die Bienen sind auf Blüten „gepolt". Leben und Zusammenleben im Naturkreislauf, die Zahnräder greifen ineinander. Die wärmende Frühlingssonne am wolkenlosen Himmel schafft die Voraussetzungen. Impressionen für kurze Zeit, die nachwirken. Der intensive, fordernde Gesang der Singdrossel gehört zum begleitenden Klangspektrum. Wer die Natur kennt, entdeckt vielleicht auch den Wiedehopf, ein seltener Bewohner dieser Landschaftszone, oder den Revierruf eines Steinkauzes. Bachstelzen jagen auf dem Feldweg nach Insekten. Klein und majestätisch, der lange Schwanz wippt im Takt. Da und dort grasen Schafe. Man muss es einfach genießen mit allen Sinnen. Zwischen meinem Heimatort Appenweier und dem benachbarten Nesselried ist diese Idylle anzutreffen. Wer den himmlischen Blick in die Ferne nach Westen sucht, der muss zu meinem absoluten Lieblingsort, dem Appenweierer Rebberg. Ein Name von damals, als Bürger von Appenweier hinter Nesselried über 400 kleinste Reblose in der Größenordnung von drei Ar bewirtschafteten. Gerecht musste es zugehen. Deshalb war ein Los der sonnenverwöhnten Lage kombiniert mit einem Los in einer schlechteren. Weinbau für den Eigenbedarf, auch meine Großeltern haben so gewirtschaftet.

Akkurat gezogene Rebzeilen geben dem Blick in die Rheinebene einen natürlichen Rahmen. Geradlinig in einer Flucht nach Westen liegt Appenweier, Straßburg, das Elsass mit den Vogesen im Hintergrund. Neben den Landschaftsformen der Vorbergzone sind es die Kirchtürme, die dem Bild Struktur geben. Die Wallfahrtskirche Mariä Himmelfahrt Nesselried zu Füßen, St. Michael in Appenweier – Rokoko in Vollendung – direkt im Blick. Der majestätische Turm des Straßburger Münsters ganz hinten, oft verschwommen im Diesigen. Zeugen des Glaubens in ihrer besonderen Erhabenheit.

Mein Lieblingsplatz mit dem weiten Blick auf Himmel und Erde. Im Herbst ändert er sein Gesicht. Die Kirschbäume der Vorbergzone zeigen herbstliche Farben. Die Esskastanien am Waldsaum hinter den Reben liefern Nahrung in Fülle. Die Syrah-Traube ist schwarzblau gefärbt. Das Herbsten kann beginnen. Ich bin dabei – jedes Jahr!

Lage
Appenweier, Vorgebirgszone des Schwarzwaldes

Ekkehard Hülsmann
Wirtschaftspädagoge, Oberstudiendirektor a. D., Ehrenpräsident der badischen Imker, Ehrenimkermeister, Mitglied im Pfarrgemeinderat der Katholischen Kirchengemeinde Appenweier – Durbach, Vorsitzender des Dekanatsrates Offenburg – Kinzigtal, Mitglied des Diözesanrates Freiburg, Koordinator der ehrenamtlichen Flüchtlingshilfe Appenweier, Weihnachtskrippenliebhaber und Vogelzüchter; Träger des Verdienstordens des Landes Baden-Württemberg, der Gerhard-Weiser-Medaille für außergewöhnliche Verdienste um den Ländlichen Raum und der Bürgermedaille seiner Heimatgemeinde Appenweier.

Hoch über der Ortenau

In den Tiefen des Nationalparks wechselt die Natur ihre Hauptdarsteller

Über 1.000 Meter über dem Meeresspiegel. Viel höher geht es jetzt nicht mehr. Da könnte ich höchstens noch auf die Hornisgrinde hinaufsteigen, die sich rechts hinter mir gegen den dunkelblauen Abendhimmel abzeichnet. Vor mir, tief unten, spielt das orangene Licht der untergehenden Sonne mit dem letzten Grün des Achertals. Und weiter draußen im Land, hinter den Weinbergen von Kappelrodeck, spiegelt sich das späte Sonnenlicht in großen Dächern, Seen und Rheinschlingen. Wenig später bleibt nur noch ein tiefrotes, orangenes Band hinter den Vogesen.

Zufrieden und erhaben sitze ich hier oben am Lothardenkmal am Westweg zwischen Darmstädter Hütte und Seibelseckle. Genieße das letzte Licht, während unten im Tal und in der Rheinebene so nach und nach Straßenlaternen und hellbeleuchtete Häuser von reger Geschäftigkeit zeugen.

Die Natur um mich herum und in den Tiefen des Nationalparks hinter mir wechselt ihre Hauptdarsteller. Die munteren Strophen von Tannenmeisen, Mönchsgrasmücken und anderer tagaktiver Singvögel sind verstummt. Für mich unhörbar jagen nun Fledermäuse mit Ultraschallortung nach Insekten und unweit von mir zeigt ein Waldkauz mit schauerlichen Rufen sein Revier an. Nachdem der Motorradlärm von der Schwarzwaldhochstraße unter mir endlich von den Waldbergen hinter dem Mummelsee geschluckt wurde, ist die Ruhe der sich ankündigenden Nacht wohltuend.

Immer wieder – nicht nur zum Sonnenuntergang – sitze ich hier oben und denke über zwei Welten nach, die hier zusammentreffen. Zwei Welten, die auf den ersten Blick nicht zusammenpassen wollen: Unter mir die Kulturlandschaft mit Feldern, Wiesen und Weinbergen, mit Straßen, Autobahn und Eisenbahn, mit Siedlungsflächen, Dörfern, Städten und Industrie. Aber auch mit Konzertsälen, Schulen, Kirchen, Museen, Sportstätten, Friedhöfen – eben allem, was unser menschliches Miteinander ausmacht. Und rings um mich die raue Natur des Nordschwarzwaldes mit der werdenden Waldwildnis des Nationalparks, in der sich die Natur frei von menschlichem Einfluss entwickeln darf.

Zwei Welten. Und genau das macht mich glücklich. Zwei Welten, die jede für sich ihre Berechtigung haben und hier in Blickweite zueinander finden. Was wären wir ohne unsere kulturellen und technischen Errungenschaften, was wären wir ohne unsere sozialen Bindungen, was wären wir ohne unsere Heimat, die das alles für uns bereithält. Und was wären wir, ohne eine möglichst intakte Umwelt, ohne eine funktionierende Natur? Auch das ist unsere Heimat – die Natur gibt uns Erdung, Erholung, Kraft und Zuversicht.

Was für ein Glück, dass wir beides haben.

Lage

Das Lothar-Denkmal liegt auf der Gemarkung von Seebach, es steht am Westhang des Altsteigerkopfes in 1075 Meter Höhe zwischen Darmstädter Hütte und Seibelseckle.

Einkehren

Darmstädter Hütte, Berghotel Mummelsee

Wolfgang Schlund

Der promovierte Diplom-Biologe ist einer beiden Leiter des Nationalparks Schwarzwald. Zuvor war er Geschäftsführer der Stiftung Naturschutzzentrum Ruhestein. Bekannt wurde er durch zahlreiche Publikationen, Vorträge und Interviews in Radio und Fernsehen über den Naturschutz im Grinden-schwarzwald und die Region um die Schwarzwaldhochstraße.

Foto: Jasmin Hernandez-Huegel

Foto: Thomas Kaiser

Foto: Thomas Kaiser

Buhlbachsee
Foto: Arne Kolb

Wie verlieben sich Menschen in die Natur?

Natur ist das Gegenteil unserer Berechenbarkeit, in dieser zunehmend beschleunigten und digitalisierten Welt. Sie hat die Macht der eigenen Gesetze. In uns Menschen herrscht eine tiefe Sehnsucht nach Erlebnissen und Abenteuern mit und in ihr. Besonders deutlich wird dies auf Onlineplattformen wie Instagram, wo Naturaufnahmen auf das ranghöchste Interesse bei den Usern stoßen, dies hat natürlich auch Relevanz in meiner Arbeit als Filmemacher. Denn während sich in der Schnittwelt gerade wieder ganz viel ändert,- noch schnellere Bildfolgen, krasse Übergänge, spektakuläre Soundeffekte...-, kann sich der Naturfilm in vielem von solchen Dingen freimachen. Ihm gönnt man die Langsamkeit, die epische Breite, ruhige Musik, zarte Übergänge und hat auch schon mal Nachsehen bei der Bildqualität.

In allem, was der Mensch tut, hat er nur einen begrenzten Blick auf die Dinge. Beeinflusst wird er durch die Familie, die Religion und soziales Umfeld, er denkt, so wie er die Welt sieht, so ist sie wirklich. Auf meinen Reisen, habe ich erfahren, dass die Indianer im Amazonas die Welt völlig anders sehen als wir, die Tschuktschen in Sibirien sehen sie noch mal anders und der Mann, der in Tibet den ganzen Tag seine Gebetsmühle dreht, sowieso. Irgendwann hatte ich das Gefühl, die Welt ist weder so wie ich sie sehe, noch wie die anderen sie sehen, sondern irgendwas dazwischen. So relativieren sich inzwischen auch viele kleine Alltagsdinge für mich, die anderen ärgerlich oder nervig erscheinen. Mir ist es nicht mehr so wichtig, was und wer ich in zehn Jahren bin. Die Natur kann einem unglaublich viel Kraft geben. In ihr schmälern sich unsere von Menschen gemachten Gesetze und sogar mein Ehrgeiz.

Eine besondere Ruhe empfinde ich, wenn ich den Buhlbachsee, im südlichen Teilgebiet des Nationalpark Schwarzwald besuche. Ein kleiner Pfad führt direkt durch den Wald und lässt mich an einem Ort ankommen, der diese Sehnsucht nach Natur in wenigen Sekunden zu stillen vermag.

Sanfte Nebelschwaden ziehen über die Wasseroberfläche, der Geruch von feuchtem Waldboden, summen der Insekten und zwitschern der Vögel geben mir das sichere Gefühl, Teil eines großen Ganzen zu sein. Die Sehnsucht nach Natur steckt in uns allen, da bin ich mir in solchen Momenten ganz sicher. Was wir einfach tun müssen, ist, uns die Zeit zu nehmen, uns wieder neu in sie zu verlieben. Unberührte Natur, kein Mensch weit und breit, ein Ort, der mich immer wieder aufnimmt, auch wenn ich mich ewig nicht gemeldet habe.

Die Welt ist so groß und komplex und dann auch wieder sehr einfach und klar, aber ich selbst bin darin gar nicht so wichtig. Das zu verstehen und anzunehmen tut gut.

Lage
Nationalpark Schwarzwald

Simon Straetker
ist leidenschaftlicher Filmemacher, Globetrotter und Umweltbotschafter, der inspirierende Kurzfilme über die entlegensten Gegenden dieser Erde produziert. Faszinierend sind seine Aufnahmen von extremen Abenteuern, wilden Tieren und atemberaubenden Landschaften. Hat 2013 mit seinem Kurzfilmprojekt *H₂Ochschwarzwald* in der Welt der Filmemacher sich einen Namen gemacht und wurde mit dem Deutschen Naturschutzpreis ausgezeichnet. Das *Forbes Magazine* hat ihn in die Liste der *30 under 30 Europe* aufgenommen. Sein Schaffen konzentriert sich vor allem auf eine Frage: Wie bringen wir Menschen dazu, sich wieder in die Natur zu verlieben? Wenn er nicht auf Reisen ist, dann ist er zuhause im Schwarzwald unterwegs und führt die Umweltbotschafter von morgen zu den schönen Orten, die ihn damals selbst dazu brachten, sich in die Natur zu verlieben.

Foto: Janis Klinkenberg

Foto: Simon Straetker

Weitblick über die Ortenau

Der Schliffkopf

Der Regierungsbezirk Freiburg zeichnet sich durch seine einzigartige kulturelle, landschaftliche und topografische Vielfalt aus: vom Schwarzwald über die Baar und den Heuberg und vom Bodensee über den Hochrhein hin zum Oberrhein. Hinzu kommt die Nähe zur benachbarten Schweiz und dem Elsass. Für mich ist es – natürlich nur unter vorgehaltener Hand – der schönste Regierungsbezirk in ganz Deutschland.

Eine der bemerkenswertesten Regionen im Regierungsbezirk stellt zweifelsohne die «Ortenau» dar, wovon das vorliegende Buch ein beredtes Zeugnis gibt. Zu meinen persönlichen Highlights zählt hierbei der «Schliffkopf». Das im Nationalpark Schwarzwald gelegene Naturschutzgebiet «Schliffkopf» bietet einen unvergleichlichen Blick über die Bergketten des Schwarzwalds, die Rheinebene und bei guter Sicht sogar bis hin nach Straßburg. Schon allein dieser Weitblick lohnt eine Wanderung auf den 1.054 m ü.NN. gelegenen «Schliffkopf». Als eines der größten und ältesten Schutzgebiete in Baden-Württemberg fasziniert es mit seiner urwüchsigen Landschaft, die von der Romanfigur Simplicissimus des Autors von Grimmelshausen einmal wie folgt beschrieben wurde: „Ist ein wüstes Arabien und unfruchtbar, nichts als Tannenzapfen."

Tatsächlich hat der «Schliffkopf» natürlich weitaus mehr zu bieten. Die charakteristischen Grindenflächen bieten Lebensraum für eine enorme Vielfalt von Flora und Fauna. Sie bieten Rastplatz für Zugvögel sowie seltene Tier- und Pflanzenarten. Sogar die größten Hühnervögel Europas, die Auerhühner, finden hier Unterschlupf. Die Grindenflächen haben ihren Ursprung in langen schneereichen Wintern und hohen Niederschlägen, aber auch in der Viehhaltung, die seit dem 14. Jahrhundert und bis in das 20. Jahrhundert hinein auf den Bergrücken des «Schliffkopfes» betrieben wurde. Charakteristisch sind daneben auch die vielen kleinen Bäche, die oftmals in Karseen entspringen.

Aber auch für den Tourismus stellt der «Schliffkopf» eine bedeutende Destination dar. Malerische Spazier- und Wanderwege laden zur sportlichen Betätigung, zum Luft holen und Genießen ein. Auch ein Besuch des Nationalparkzentrums Ruhestein oder des Sturmwurferlebnispfades lohnt sich. Damit ist der «Schliffkopf» allemal einen Ausflug wert.

Lage
Hochschwarzwald, an der Schwarzwaldhochstraße im Nationalpark Schwarzwald, zwischen Baiersbronn, Ottenhöfen und Oppenau

Einkehren
Nationalpark-Hotel Schliffkopf

Bärbel Schäfer
Juristin, Regierungspräsidentin des Regierungsbezirks Freiburg. Vorher Stadtrechtsdirektorin im Rechtsamt Freiburg

Schliffkopf
Foto: Simon Straetker

Wie es in der realen Welt sein könnte, wenn man nur wollte

Das Simplicissimus-Haus in Renchen

Das Simplicissimus-Haus in Renchen ist das erste rezeptionsgeschichtliche Literaturmuseum in Deutschland. Und „es ist das schönste Baby aus meiner Bürgermeisterzeit", sage ich immer, wenn ich Museumsführungen mache. 1998 wurde es eingeweiht, und immer noch fühle ich mich in der Atmosphäre seiner Räumlichkeiten sehr wohl.

Woran das liegt? Ich glaube, ich weiß es: Weil es dem Architekten gelungen ist, sehr sensibel mit der historischen Bausubstanz umzugehen und sie zu verbinden mit modernen Stilelementen und modernen Materialien.

Die Museumsführungen mache ich, weil ich seit 33 Jahren der Vorsitzende der Grimmelshausenfreunde Renchen bin. Hans Jakob Christoph Grimmelshausen gilt als der größte deutsche Dichter des 17. Jahrhunderts. Sein bedeutendstes Werk stellt der „Der Abenteuerliche Simplicissimus" dar, dessen Namen das Museum trägt. Grimmelshausen, 1621 geboren, war Schultheiß zu Renchen, 1676 starb er hier.

Besonders an ihm fasziniert mich, dass er nicht nur ein Geschichtenerzähler ist, sondern dass in jeder Geschichte, die er erzählt, eine tiefere Welteinsicht verborgen liegt. Eines seiner Mottos war: „Es hat mir wollen behagen, mit Lachen die Wahrheit zu sagen." Und darin bestand sein Trick: Er erfand vordergründig lustige, spannende Geschichten, hinter denen aber immer ein tieferes, existentielles Thema steht. So wie in der Mummelsee-Episode. Hier wird Simplicius von Nixen dem Meereskönig vorgestellt. Der erklärt ihm, wie er sein Reich regiert, nämlich nach den Prinzipien der griechischen Demokratie. Damit schafft Grimmelshausen eine literarische Gegenwelt, die zeigt, wie es in der realen Welt sein könnte, wenn man nur wollte: Es könnte demokratisch zugehen, Menschenrechte würden beachtet, es gäbe keine Plünderungen, keinen Krieg, keine Ungerechtigkeit.

Fünf bis sechs Mal im Jahr führe ich unterschiedlichste Gruppen durch das Museum. Das kann zum Beispiel eine Gruppe von Schulfreunden sein, oder ein Literaturkreis, oder es sind Gymnasiallehrer, die den Weg nach Renchen finden und sich für Grimmelshausen interessieren.

Ein großartiges Erlebnis war, als ich mit dem Literatur-Nobelpreisträger Günter Grass durchs Haus gehen durfte – gemeinsam mit Adolf Muschg, dem die Stadt Renchen 2003 den Grimmelshausenpreis verlieh.

Ausgesprochen beeindruckend für Besucher ist der Keller des Museums. Weil man ihn in dieser Form nicht erwartet. Das Besondere an diesem Keller: Man sieht an den Grundmauern, in welch armer Zeit sie entstanden sind. Von Flusssteinen aus der Rench bis zu behauenen Granitsteinen haben die Menschen alles zusammengekarrt, was sie nur finden konnten, um diese Grundmauern bauen zu können. Wobei man davon ausgeht, dass sie schon einmal ein anderes Haus getragen haben. Erst 1780 wurde das heutige Gebäude auf ihnen errichtet.

Lage
Im Zentrum von Renchen, Hauptstraße 59

Einkehren
Gasthaus Drei Könige
Renchen-Erlach, Erlacher Str. 1

Klaus Brodbeck
Diplom-Verwaltungswirt (FH)
Landrat a.D. und Bürgermeister a.D.
Heute selbständiger Kommunal- und Unternehmensberater.
Vorsitzender der Grimmelshausenfreunde Renchen.
Lebt in Renchen

SIMPLICISSIMUS-HAUS

Johann Jakob Christoph
von Grimmelshausen

Das Pfarrmättle in Renchen-Ulm

Ein Garten zum Träumen, Erleben, Verbundensein

In der Grimmelshausen-Stadt Renchen mit den beiden Ortsteilen Ulm und Erlach gibt es einige wunderschöne Plätze und interessante Sehenswürdigkeiten, die ich für einen Besuch empfehlen kann. Neben dem einzigartigen Simplicissimus-Haus, welches wir dem großen Barockdichter und ehemaligen Schultheißen von Renchen Christoph von Grimmelshausen gewidmet haben, lohnt sich ein Besuch der Stadthistorischen Ausstellung im malerischen Gebäude einer früheren Kolonialwarenhandlung. Ruhe und Erholung können Sie im wunderschönen Stadtpark in Renchen, im Bereich der renaturierten Rench in Erlach oder auf der sog. Kusseich in Ulm, mit einzigartigem Blick bis Straßburg und die Vogesen finden.

Mein persönliches Highlight ist aktuell jedoch das Pfarrmättle in Ulm. „Die zauberhafte, hinter der Kirche gelegene Blumen- und Kräuteroase „Pfarrmättle" ist ein beeindruckendes Alleinstellungsmerkmal dieser Gemeinde. Der kleine, in ehrenamtlicher Eigenleistung angelegte Garten bietet eine große Vielfalt von Stauden, Gräsern und Kräutern und wird in Abstimmung mit dem Stadtgärtner ehrenamtlich gepflegt." (Zitat aus: „Würdigung der Landeskommission im Wettbewerb „Unser Dorf hat Zukunft" 2018). Dieses Zitat beschreibt hervorragend die Einzigartigkeit dieses paradiesischen Gartens. Es bietet sich ein Ort der Entspannung, der Entschleunigung, der Spiritualität und der Naturverbundenheit, bei gelegentlichen Festen und kulturellen Veranstaltungen auch der Geselligkeit.

Das Pfarrmättle ist im Jahre 2007 in ehrenamtlicher Arbeit entstanden. Das christliche Kirchenjahr wird auf Informationstafeln auf einem Rundweg dargestellt, im östlichen Teil befinden sich Beete der Ullenburgschule. Die historische Kirchenmauer wurde restauriert, in einem etwas abgetrennten Bereich ein eigens erstelltes Bildstöckel aufgebaut. Der Pavillon in der Gartenmitte lädt zum Verweilen ein und füllt sich bei Veranstaltungen wie Lese- oder Musiknacht mit Leben. Im Kräutergarten finden sich rund 130 verschiedene Kräuter, die bei Schulungen erläutert werden. Die jährlich neu gestaltete Blumen- und Staudenwiese bietet, ergänzt um das Wildbienenhotel, Insekten ein kleines Paradies. Das Pfarrmättle ist ein offener Garten, symbolisiert durch das „fehlende" Gartentor. Und bei Hochzeiten und sonstigen feierlichen Anlässen ein gern besuchter Platz für romantische Fotos.

Mir gefällt diese Kombination aus Ehrenamt, Naturverbundenheit und Ruhe, spirituellem Erleben, Beisammensein unterschiedlichster Personen. Jedes Jahr ist im Pfarrmättle Neues zu entdecken, weil kreative und tatkräftige Menschen sich etwas einfallen lassen, damit der Garten lebt. Ein Besuch lohnt sich!

Lage
Renchen, Ortsteil Ulm, direkt neben der katholischen Kirche unweit des Braustübl

Einkehren
Im *Brauhöfer's Braustüb'l* – einer der schönsten Biergärten in der Ortenau
Im *Gasthaus Stigler* – bekannt für leckere gutbürgerliche Vesper

Bernd Siefermann
Geb. 1961 in Achern
Studium der Rechtswissenschaften in Freiburg, Heidelberg und Straßburg
Seit 2001 Bürgermeister der Stadt Renchen, zuvor Justitiar bei der Deutschen Telekom in Stuttgart und in Offenburg

Der historische „Silberne Stern"

Grimmelshausen ist wieder da

Wenn ich über den Wolken schwebe, fühle ich mich meinem verstorbenen Vater sehr nahe. Ja, ich bin gerne Pilot, es ist mein Traumberuf, auch wenn ich das bei meinem Vater schwer umkämpfen musste. Genau so gerne bin ich aber auch Gastwirt – und dies gleich von zwei historischen Gasthäusern. Oben auf der Burgwirtschaft der Schauenburg, wo schon im Mittelalter die Ritter einkehrten und dann im Neuen Schloss in Gaisbach im berühmten Gasthaus „Zum Silbernen Stern".

Betritt man diese geschichtsträchtige Grimmelshausengaststätte „Silberner Stern" in Oberkirch-Gaisbach, so fühlt man sich sofort in vergangene Zeiten zurückversetzt. Die Gaststube ist unverändert gemütlich und der Gast wird vom freundlichen Personal empfangen. Der deutsche Dichter Hans Jakob Christoffel von Grimmelhausen war hier zuhause im 17. Jahrhundert. Zum Ende des Dreißigjährigen Krieges kam er zusammen mit seinem Dienstherrn Hans-Reinhard von Schauenburg, unter dem er als junger Musketier Schreibarbeiten verrichtete, nach Gaisbach, um dessen Güter zu verwalten. Auch eine neue Polizeiverordnung wurde in Gaisbach installiert. Es war im Jahr 1650 die Zeit des Aufbaus nach dem schrecklichen Krieg und nach der Pest.

Grimmelshausen wurde damals Wirt in der damaligen Kranzwirtschaft neben dem Gaisbacher Schloss und kredenzte dort seinen eigenen Wein vom neben-an gelegenen Rebberg „Köpfle". Hier im Wirtshaus war immer was los und Grimmelshausen unterhielt seine Gäste mit seinem kernigen Humor und seinen Erzählungen als Musketier in kaiserlichen Diensten. Er wusste die bestialische Zeit des Krieges humoristisch zu erzählen. Im „Silbernen Stern" schrieb er auch seinen berühmten Roman „Simplicissimus", in dem der Held Simplicius durch den Krieg irrt, als Kind von Soldaten verschleppt wird, mehrfach die Seiten wechselt und schließlich der irdischen Welt entsagt.

Heute ist der „Silberne Stern" ein gut gehendes Restaurant mit exquisiter badischer Küche, in dem regionale Speisen und Weine in der Gaststube, im Schlosskeller und in den Sommermonaten im idyllischen Schlossgarten serviert werden. Einheimische und auswärtige Gäste wechseln sich ab und immer noch wird am Stammtisch über alte Zeiten geredet z. Bsp. über den Offizier, der in Kriegszeiten mit der Pistole auf den Heiland am Kreuz über Tisch 3 geschossen hat und wie man im Krieg die Kirchenglocken der Sankt Georgs Kapelle vor dem Einschmelzen gerettet hat. Das Gemurmel der Gäste und das gedämpfte Licht über den Tischen ergibt eine einzigartige und gemütliche Atmosphäre und man vergisst schnell die Sorgen des Tages.

Übrigens ist Grimmelhausen wieder im Haus. Oben in der Schreibstube sitzt er am Schreibpult – heute allerdings als Wachsfigur, aber lebensgroß und lebensnah. Er sinniert über seine Zeilen und gibt diesem Haus seine guten Schwingungen. Auch mir.

Lage
Die Grimmelshausengaststätte „Silberner Stern" in Oberkirch-Gaisbach liegt neben dem Stammschloss der Freiherren von Schauenburg und der Kapelle Sankt Georg. Hier hat vor 400 Johann Jacob Christoph von Grimmelshausen – der größte Dichter und Schriftsteller des 17. Jahrhunderts – seine Weinwirtschaft eröffnet.

Ulrich Freiherr von Schauenburg
Elektroingenieur, Jurist, Pilot und Gastwirt
Als Flugkapitän bei Hapag-Lloyd - TUIfly flog er über 15.300 Flugstunden mit der Boeing 737. Verwaltet den Familienbesitz und bewirtschaftet erfolgreich die Burgwirtschaft Schauenburg und den Silbernen Stern. Sein Lebensziel ist es, diese bedeutenden historischen Gebäude in einem gesunden wirtschaftlichen Umfeld und im Einklang mit der Bevölkerung in die nächste Generation zu führen.

Authentisch, appetitanregend und „saugut"

Das Hofgut Silva

Nirgendwo ist die Nahrungsbeschaffung vertrauensvoller als direkt beim Bauern oder Gärtner vor Ort. Keine Region in unserer Republik ist so gut ausgestattet und versorgt mit Hofläden wie der Südwesten, so auch die Ortenau. Dieses unermessliche Angebot an guten, gesunden, schmackhaften Nahrungsmitteln allein wäre schon Motiv genug, seinen Wohnsitz hierher zu verlegen. Wer möchte nicht im Paradies den knackigen, saftigen, aber nicht gerade hochglanzpolierten Apfel lustvoll direkt vom Baum pflücken? Vertrieben wird hier deswegen niemand. Hofläden entwickeln sich zunehmend gerade für Städter zu Sehnsuchtsorten, weil sie appetitanregend und authentisch sind und für Qualität und Frische stehen. Die Gäste aus Ballungsräumen, die daheim oft nur den vereinheitlichen Discountern ausgeliefert sind und skeptisch und meist vergeblich nach der Herkunft ihrer Lebensmittel fragen, laben sich wollüstig im oberrheinischen Meer gesunder und schmackhafter Früchte und Säfte. Niemand ist glaubwürdiger als der kleine, engagierte bäuerliche Familienbetrieb, der so stolz und gläsern seine hochwertigen Produkte anpreist und ohne Zwischenhändler direkt vor Ort hergibt. Aber eben auch nur das, was die Saison ungekünstelt zulässt.

Es lohnt sich, bei einer Tour durch die Ortenau den einen oder anderen Hofladen abzuklappern und Köstliches und Kurioses dabei zu entdecken. Was ist drin in den Hofläden und was ist dran an ihrem guten Ruf? Das Hofgut Silva in Oberkirch ist ein Paradebeispiel für Menschen mit Sendungsbewusstsein, die ihren Traum verwirklichen und das tun, was ihnen immer schon vorschwebte. Die ehemalige Bankerin Judith Wohlfarth (32), die ihrer inneren Stimme folgend das Geschäft mit den Finanzen gesteckt hat und auf Ökolandbau mit Masterabschluss in Hohenheim umgeschwenkt hat, züchtet seit etwa sechs Jahren gemeinsam mit ihrer Mutter alte Schweinerassen wie das Berkshire- und Tamworth-Schwein. Diese vom Aussterben bedrohten Rassen, so sagt sie, halte sie hier auch wegen der besonderen Genussqualität ihres Fleisches. Sie mästet nicht, sie zieht auf. Artgerecht und in freier Natur. In Japan, wo man Nahrung qualitätsbewusst wie nirgendwo auf der Welt produziert, gilt das Berkshire Schwein wie auch schon das feine Kobe Rind, das täglich des zarten Fleisches wegen massiert wird, als Delikatesse. Nun werden diese Schweine bei den Wohlfarths nicht ganz so hingebungsvoll behandelt, aber sie führen ein natürliches, stressfreies Leben wie von der Schöpfung gewollt. Sie rasen im Rudel nach Lust und Laune durch den Wald oder über Streuobstwiesen, nur vom Zaun gebremst und wühlen ungehemmt im Untergrund nach Kastanien, Eicheln und Bucheckern. Auf dem weiten Gelände hat Judith Wohlfarth Mulden ausgehoben und Wassertümpel entstehen lassen, in denen die Schweine nach Herzenslust suhlen und ihren Körper pflegen. Die experimentierfreudige Landwirtin lobt das vom Fett durchsetzte, marmorierte Muskelfleisch dieser englischen Edelschweinrassen. Es wird von Spitzenkö-

Lage
Hofgut Silva, Hesselbach 46 in Oberkirch
Beschilderung nach „Hesselbach"
folgen. In Hesselbach bis zum Ende des
Tals fahren

Mutter Ursel und Tochter Judith Wohlfarth

Foto: Thomas Kaiser

chen und Gourmets weltweit sehr geschätzt. Selbst die Königsfamilie in England hält sich eine kleine Rotte dieser schwarzen, flinken und emsigen Schweine und überreicht gelegentlich Speck oder Schinken den Diplomaten als Gastgeschenk.

Judith Wohlfarth, eine Verfechterin und Unterstützerin der Slow-Food-Bewegung, hat mit ihrer Methode der Tierhaltung exakt den Trend und Zeitgeist der Bevölkerung getroffen, was bereits einige Fernsehteams auf ihr Tiergelände gelockt hat. Ein Besuch auf dem Hof und im Wald geht oft über den Einkauf von bestem Schweinefleisch hinaus. Diese äußerst von Natur aus sauberen Tieren, so hebt sie hervor, berühren die Seele der Menschen. Sie sind stets neugierig, wuseln und stupsen und sie lassen sich sogar streicheln.

Über 99 % des Schweinefleisches stammt in Deutschland aus intensiver Haltung, die auf Hochleistung ausgerichtet ist. In Deutschland werden noch immer Millionen Ferkel jährlich gesetzeskonform wenige Tage nach der Geburt ohne Betäubung kastriert. So soll vermieden werden, dass das Fleisch von Ebern einen strengen Geruch und Beigeschmack erfährt. Die Fleischproduktion auf dem Hofgut Silva, so sagt sie, sei ökologisch, moralisch und ethisch. Das Fleisch, der Schinken und die Wurst, die sie selbst herstellt, sind einfach köstlich und – saugut.

Zu ihren Kunden zählen Sterneköche wie Martin Fauster vom Königshof in München, Douce Steiner vom Hirschen in Sulzburg, Ralph und Jasmin Knebel vom Erbprinz in Ettlingen oder Ralf Fehrenbach vom Adler in Lahr. Auch die südbadische Ladenkette Hieber, die mehrfach schon als bester deutscher Supermarkt ausgezeichnet wurde, kauft bei den Wohlfarths ein. Etwa die Hälfte der Abnehmerschaft macht aber der qualitätsbewusste Hofladenkunde aus, der vor seinem Einkauf gebeten wird, sich telefonisch anzumelden, da es keine geregelten Öffnungszeiten gibt.

Ob ihre Familie das Fleisch denn auch selber esse, wollte das ZEIT-Magazin mal wissen. „Es schmeckt uns. Aber wir essen wenig davon. Das eigene betrachten wir schon als sehr wertvoll", lautete ihre Antwort.

Info: Auf einer Fläche von ca. 15 ha Wald und Wiese tummeln sich etwa 120 Berkshire- und Tamworth-Schweine, darunter 21 Zuchtsauen und 6 Eber, die allesamt Namen tragen und von Judith Wohlfahrt täglich angesprochen werden.

Peter Martens

Extreme Momente auf dem Mooskopf

Zwischen Oppenau, Oberkirch und Gengenbach erhebt sich der Mooskopf mit seinem erhabenen Aussichtsturm, der 1890 errichtet wurde. Von hier oben bietet sich dem Wanderer und inzwischen auch so manchem Moutainbiker eine traumhafte Sicht. Aufgrund seiner Lage zwischen dem Renchtal und dem Kinzigtal ist er ein beliebtes Ausflugsziel, nicht nur für Schwarzwald-Urlauber, sondern auch für die Einheimischen. Bei gutem Wetter kann man sogar bis zu den Schweizer Alpen sehen. Auch der Feldberg, die Vogesen und das Rheintal sind auf dem 872 m hohen Berg gut sichtbar. 1999 fegte Orkan „Lothar" mit seiner zerstörerischen Kraft durch den Schwarzwald. Dadurch änderte sich in extrem kurzer Zeit das vormals stark bewaldete Gebiet. Nur langsam erholt sich die Natur. Doch durch die Katastrophe ist der Mooskopf viel stärker in den Fokus der Öffentlichkeit gerückt. Er lockt noch mehr Leute an.

Der Blick über die Schwarzwaldhöhen, wie sie vom Mooskopf aus möglich sind, bedeutet für mich Freiheit und Inspiration. Ich bin im Erzgebirge aufgewachsen und so suche ich jetzt auch in der neuen Heimat immer wieder die Höhen, die einen besonderen Weitblick bieten. Es tut gut von oben auf Täler, Wälder und Wiesen zu blicken und dabei den Gedanken freien Lauf zu lassen. Die Natur im Schwarzwald zaubert so viele kleine Wunder für die, die sie auch sehen wollen. Die Tiere, denen man begegnet sind bezaubernd und schützenswert. Ich bewege mich gern in der Natur, wobei ich ständig schöne Fotomotive entdecke. Deshalb bin ich nie ohne meine Kamera auf Tour. Um kreativ arbeiten zu können, muss der „Akku" immer wieder aufgeladen werden, dafür ist eine Wanderung auf den Mooskopf eine willkommene Gelegenheit. Die frische Luft, der Blick vom Mooskopfturm, das Fotografieren der wundervollen Landschaft – es tut einfach gut und erfüllt mein Herz mit viel Freude. Ein einmaliges Erlebnis verbindet mich besonders mit dem Mooskopf oder eher mit dem Denkmal, das nach dem Orkan „Lothar" hier aufgestellt wurde. Ich war damals zusammen mit dem Künstler Norbert Feger als Journalistin live dabei, als die wunderschönen Lothar-Skulpturen von Haslach im Kinzigtal aus ihre Reise auf den Mooskopf antraten. Es war faszinierend, die drei riesigen Einzelteile am Kran schweben zu sehen. Ereignisse wie diese gehören zu den schönsten Momenten meines Berufes, die ihn so besonders machen. Ich kann alles, was ich sehe mit Worten und Bildern für immer festhalten. Auch wenn ich als Freiberuflerin wenig Freizeit habe, ist es genau das, was mich glücklich macht. Ich habe meine Berufung gefunden in einer Region, in der andere Urlaub machen.

Lage
Der Mooskopfturm gehört zu Oberkirch. Fußwege von Gengenbach (ca. 12 km), von Nordrach (ca. 10 km), von Oppenau (ca. 12 km). Die Fernwanderwege Kandel-Höhenweg und Renchtalsteig führen über diesen 872 m hohen Gipfel. Die nächsten Wanderparkplätze sind von dort etwa 40 Gehminuten entfernt.

Einkehren
Rucksackverpflegung, Vesper

Anke Kaspar
aus Haslach im Kinzigtal
Die freie Journalistin lebt und arbeitet seit 1995 im Schwarzwald. Sie hat sich dem Lokaljournalismus verschrieben. Dabei ist es ihr eine ganz besondere Freude, Geschichten, die das Leben schreibt, zu finden und dabei interessante Menschen kennenzulernen. Fotografieren ist ihr Hobby und zum Glück bieten der Schwarzwald und die hier lebenden Menschen unendlich viele schöne Motive.

Foto: Hermann Schmider

Das fachlich gewerkte Hanauer Haus

Die solide Koalition aus Holz und Spiegel hat dem Zahn der Zeit getrutzt

Sie scheinen Herdentiere zu sein – nicht nur hier im Centre Ville von Diersche, von Diersheim. Denn da, wo der Westwind einen Hauch „Vin Ordinaire", Escargots in Knowwli-Sauce und Elsässer Lebensart zu uns herüber weht, hat die Koalition aus Holz und Spiegel Hochkonjunktur. Eins neben dem anderen, eine braun-weiße Karawane mit sattgrün gestrichenen Augenklappen (Volkes Mund sagt auch Fensterläden dazu) und der Geschichte im Sattel, von emsigen, Zimmermann-Meistern einst fachlich gewerkt, von (Denkmal-)Amts wegen protegiert, mit Wetterdächle und zu hölzernen Wilden Männern geformten Balkenkonstruktionen und nagel- und schraubenfreien Schwalbenschwanzkamm-Verbindungen. Und hoffentlich nicht allzu viel Rheinebenen-Endmoränen-Sand zwischen den Zehen. Von ihren Dächern schütteln sich Spatzen den Staub der Geschichte aus ihrem Gefieder, und der Zahn der Zeit beißt auf Granit...
Eines davon in der Hanauer Straße ist da für mich. Nicht nur, wenn ein Zuhör-Ohr vonnöten ist. Es ist schweigsam und weiß doch so viel zu erzählen. Von längst vergangenen Tagen. Hier ist jede Menge bereits gelebtes und noch zu lebendes Leben drin, der Puls der Geschichte ist zu spüren, und es bietet Platz für Gine, meine Liebreizende, Schlabbe, den Hausko-

joten, meine Gitarren und den iMac, mit dem ich Filme schneide und fachlich gewerkte Töne aufnehme. Seit 31 Jahren wohne ich nun hier in einer Enklave des Paradieses, in meinem Weltschmerzaspirin aus Balken, Lehm und „Straulaime". Und will ich aus der böse gewordenen Welt entfleuchen, fängt mich ein Spinnennetz hinter der von meiner Großl – man nannte sie Bier-Luis, weil sie aus dem Bierhaus stammte – geerbten Kommode auf. 1756 ist in einen der Holzbalken eingeritzt, und es hat immer schon meinen Vorfahren gehört.
26 steht an der Straßenseite meines Wolkenkuckucksheimes, das ich meinem Onkel Ernst, dem ehemaligen Chefkoch der Burda-Versuchsküche, abgebabbelt hatte. Gegen harte D-Mark natürlich. Der Geist meiner Ahnen lässt sich hier erahnen, und das Ächzen der alten, steilen, nicht rentnergerechten Treppe ist wie eine Ouvertüre zu einem nie enden wollenden Musical. In Dur natürlich. Der Staub der Geschichte ist allerorts und lässt die nicht fadengeraden Wände, den bröckelnden Lehm der Spiegel und das Knarren der alten, von etlichen Füßen getreten Holzböden vergessen und verzeihen. Mein Fachwerkhaus – mein Lieblingsplatz, mein Schwitzkasten, mein Refugium, mein „My home is my castle": Ein demenzfreies Bauwerk ohne Schimmel und Bulimie, dafür ein Herz-Schrittmacher, der unter die Haut geht, und die zugegeben nachgebauten, denkmalsamtsgerechten Sprossenfenster sind meine Himmelsleiter, meine „Stairway to heaven"...

Lage
Im Centre Ville von Rheinau-Diersheim, schräg vis a vis vom Rathaus

Einkehren
Im *Rappen* (falls er mal wieder öffnet), also exakt dort, wu „de Babbe in de Schlabbe in de Rappe dabbe duut". Falls der Rappen nicht mehr „wiehert", wäre *Der Grüne Baum* in Linx eine gute Alternative

Gerd Birsner
Jahrgang 1953, Musiker, Autor, Kolumnist und Gerne-Badener war Moderator beim SWR-Radio und TV (Letzteres allerdings nur so lange, bis der Flachbildschirm eingeführt wurde – da hatte er dann nicht mehr reingepasst). Er ist eine Marke für sich ... und einer, der wachen Auges und mit spitzer Feder durchs Leben geistert. Und er ist einer, der gut und gern Gitarre und mit Worten spielt. Er ist der künstlerische Projektleiter des Kultursommer Gengenbach und schreibt das allabendliche Ritual beim größten Adventskalender der Welt, dem Gengenbacher Rathaus.

Vom Niemandsland zum kulturellen Begegnungsort

Das Europäische Forum ankert am Rhein

Da war dieser leere, ungeliebte Platz, genutzt nur als Parkplatz für müde LKW-Fahrer an einer der schönsten Stellen neben dem Rhein. Doch sonst gab es hier, zwischen Wasser, Kieswerk und der Auffahrt zur Pierre Pflimlin Brücke, nichts. Keine Toiletten, keine Restauration, keine Infrastruktur - einfach nichts. So erinnert sich Architekt und Unternehmer Jürgen Grossmann beim Gespräch in seinem neuen Büro. In alle vier Himmelsrichtungen schweift von hier aus der Blick, leuchtet Sonnenlicht und reflektiert das Wasser des Rheins helle Lichtpunkte auf die Innenwände des weitläufigen Arbeitsraums. Großzügige Glasflächen, moderne Computerarbeitsplätze, edle Aluchairs von Charles Eames bilden eine Phalanx um den imposanten Besprechungstisch.

Orte an Nicht-Orten zu schaffen, das ist ja gerade das Wesen von Architektur und bestimmt fließend das Denken kreativer Baumeister. Damit aber Visionen zu Realität werden, braucht es den Treibstoff des Geldes: Investorenfindung, Finanzierungskonzepte, Partnersuche, Überzeugungsarbeit – das umreißt in etwa die Aufgabe des Unternehmers. In beiden Professionen, als Architekt, wie auch als Unternehmer spielt Jürgen Grossmann – bildlich gesprochen – die große Orgel. Selten sind seine Bauten unumstritten, aber dem stellt er sich, mit Kritik kann er umgehen. Nicht alles, aber vieles hat er durchgesetzt. Und so ist er – das ist

seine eigene Einschätzung – zu dem Ruf gekommen, einer zu sein, der oft Unmögliches möglich macht. Unmöglich heißt in diesem Fall: Bürgermeister und Regierungspräsidium wünschen sich etwas, genau an dieser Stelle, die Grossmann schon lange ins Auge gefallen war. Doch Geld ist keines da. Keins für den Bau, keins für spätere Anmietung, keines für den Unterhalt. „Kriegen Sie das hin?" Habe ihn seinerzeit der Bürgermeister von Neuried gefragt und er habe aus Überzeugung „Ja" gesagt, obwohl er noch keine Vorstellung hatte, wie.

„Man muss auch Mut haben, an sich selbst und sein Projekt glauben", sagt Grossmann und so (über)legte er gleich begeistert los. Wenn Entwerfer überlegen, bewegt sich stets der Zeichenstift – unzählige Entwurfzeichnungen entstanden, wurden verändert oder verworfen. Im Verlauf der gedanklichen Auseinandersetzung passt sich das Hochfliegende der ersten Visionen an das Machbare an. Mitten in der Konzeptphase kam es zu einer weiteren fruchtbaren Begegnung. Das binationale Theater Eurodistrict BAden ALsace (BAAL) suchte dringend eine feste Spielstätte, einen Standort, der geeignet wäre, den Wirkungskreis in Baden und dem Elsass zu bespielen. Dessen Intendant und künstlerischer Leiter Edzard Schoppmann sprach auf seiner Suche auch Jürgen Grossmann an und der erkannte gleich die Bereicherung, welche Kultur für sein Leuchtturmprojekt bedeuten würde. Ein großzügiger Theatersaal mit Technik, Foyer und Nebenräumen floss nun mit ein in die Konzeption. Im Herbst 2019 wurden Theater und Gebäude gleichzeitig eingeweiht, mit viel Prominenz

Lage

Neuried, Pierre-Pflimlin-Brücke
Am Altenheimer Yachthafen 1

Einkehren

Im Gebäude des Forums befinden sich mehrere gute Restaurants

Jürgen Grossmann

wurde 1962 in Bühl geboren und studierte Architektur in Paris und Karlsruhe. Leidenschaftlich begeistert sich der Architekt und Unternehmer fürs Bauen. Er postuliert, dass Ästhetik und Wirtschaftlichkeit eine fruchtbare und harmonische Einheit bilden können und sollen. Er ist Kopf und Motor der Kehler „Grossmann Group", die zurückgeht auf sein Architekturbüro, das er 1990 zuerst in Bühl, Baden gegründet hat. Seine Familie ist in der Ortenau weitläufig sozial engagiert und hat eigens zu diesem Zweck 2010 eine eigene Stiftung gegründet, die vielfältige Projekte ihrer Heimatregion fördert.

Foto: Michael Bode

Foto: Tilmann Krieg

und einem großen Theaterspektakel – der opulenten Produktion „Rheinsymphonie" von Tilmann Krieg, unter der Regie von Diana Zöller. Auch ein anderer Kulturschaffender fand seine Heimstatt im Europäischen Forum am Rhein: Werner Ewers, bekannter Bildhauer aus Kehl bezog dort sein Atelier und brachte – nachdem seine Heimatstadt sein Angebot abgewiesen hatte - sein gesamtes Werk in die Grossman-Stiftung ein. So wurde das neue Haus zur weitläufigen, lichten Galerie der Ewers Skulpturen, deren Verkaufserlöse wiederum helfen, soziale und kulturelle Projekte zu fördern. Wie ein großes Schiff liegt das Haus heute an der Nahtstelle zwischen Deutschland und Frankreich – ein Dreamliner, der sich im Wasser spiegelt - ganz die ursprüngliche Vision des Architekten. Musik und Stimmen tönen von den hell erleuchteten Decks der Restaurants. Corona hat Theatervorstellungen vorübergehend ausgebremst, aber das Theater BAAL produziert im Haus Videos und probiert neue Stücke. Tagsüber herrscht reges Treiben, Menschen kommen und gehen, genießen die Zeit und das Leben am Wasser. *E la nave va* – das Schiff folgt seinem Kurs!

Der Sonnenschirm von Marie-Antoinette

und die Entspannung am Rhein

Es besteht kein Zweifel. Da liegt der Sonnenschirm von Marie-Antoinette. Am 5. Mai 1770 fand auf der kleinen Rheininsel die erste deutsch-französische Modeschau statt. Tatort: eine Nobelhütte. „Der Tisch in der Mitte des Raumes stellt symbolisch die Grenze dar… . Von dem Augenblick an, da Marie Antoinette Dauphine von Frankreich wird, darf nur Stoff französischer Herkunft sie umhüllen. So muss sich im österreichischen Vorzimmer die vierzehnjährige vor dem ganzen österreichischen Gefolge bis auf die Haut entkleiden; splitternackt leuchtet für einen Augenblick der zarte, noch unaufgeblühte Mädchenleib in dem dunklen Raum." Als Mutti diese Zeilen von Stefan Zweig dem jungen Karl beim Einschlafen vorlas, schlief der junge La-gerfeld nicht ein, sondern sprang zum Fenster hinaus und rannte ohne Pause bis nach Paris. „Das darf wohl nicht sein", raunte Lagi, wie Mutter ihn liebevoll nannte. Bevor er Versailles erreichte, hatte er Marie Antoinette schon im Kopf mit einem Hemd aus französischer Seide überworfen, Jupons aus Paris in den Himmel gemalt, Schuhe vom besten Hofkordonnier, Spitzen und Maschen aus seiner Phantasie hervorgezaubert.

Ein junger Rowdy hatte damals den Festakt um ein Haar verhindert. Als er feststellte, dass die Wandteppiche die Geschichte von Jason, Medea und Kreusa, das Erzbeispiel einer verhängnisvollen Eheschließung darstellte, schrie er wie ein Wahnsinniger: „Was! Gibt es unter den französischen Architekten, Dekorateuren und Tapezierern gar keinen Menschen, der begreift, dass Bilder etwas vorstellen, dass Bilder auf Sinn und Gefühl wirken, dass sie Ahnungen erregen?" Der junge Mann hieß Goethe, lässt uns Zweig wissen. Er stu-

Martin Graff
Kabarettist, Autor, Schauspieler, Regisseur, Moderator, Pfarrer und Lehrer studierte in Straßburg Evangelische Theologie, Romanistik und Philosophie. Drehte über 200 Filme für das deutsche bzw. für das französische Fernsehen; eigenen Show im Theâtre de la Choucroterie in Straßburg
5x deutsch-französischer Journalistenpreis, deutscher Wirtschaftsfilmpreis

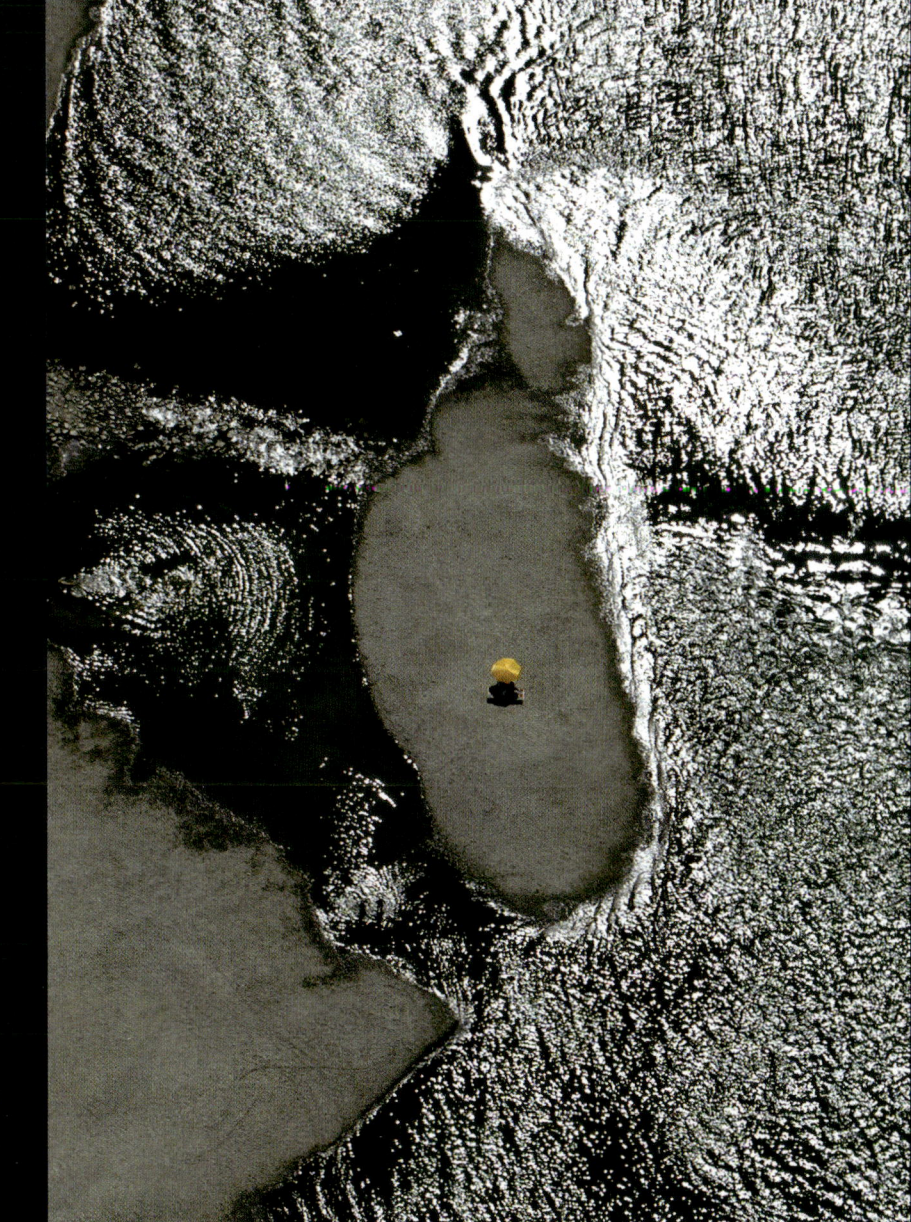

Der symbolische Sonnenschirm
von Marie-Antoinette auf einer
Rheininsel nördlich von Kehl
Foto: Peter Sandbiller

dierte in Straßburg und verliebte sich in Sessenheim. Damals war die Europahauptstadt zweisprachig. Das Elsass war noch keine Fälschung. Elsass und Baden sahen wirklich aus wie ein aufgeschlagenes Buch, die Wurzeln der Alemannen waren im Rhein tief verankert, wie René Schickele im „Erbe am Rhein" schreibt. Damit ist heute Schluss. Zöllner arbeiten zwar als Gärtner. Die Zollhäuser wurden in Restaurants umfunktioniert. Aber Badener und Elsässer sind sich kulturell fremd geworden. Sie treffen sich zwar noch an den Tankstellen oder in den Kaufhäusern. Politiker schaffen Metropolregionen und Eurodistrikte, vergessen aber, dass „in jeder Sprache andere Augen sitzen", wie Herta Müller es formuliert. „La langue est la clé de la culture", sagte Frédéric Mistral, auch Literaturnobelpreisträger.
Ich träume von einer Theaterbrücke, die wie ein Schiff über die Rheinarme schwebt. Eine Kuppel öffnet sich zu den Vogesen und zum Schwarzwald. Die Theatergruppen der 47 Mitgliedsstaaten des Europarates –

dem Labor Europas – werden im Theater auftreten. Künstlerhütten werden die Ufer zieren. Schauspieler, Tänzer, Maler, Bildhauer, Musiker werden das größte Künstlerdorf Europas beleben.
Das AKW Fessenheim wird als Jugendherberge umgebaut. Das Wasser wird endlich wieder die Rheinauen überschwemmen. Die Schriftsteller werden besonders gepflegt. Bleistifttürme ragen gen Himmel. Jeder Bleistift ein Turm, jeder Turm ein Roman. „Rheinschreiber" werden neue Geschichten zu Papier bringen, die Geschichten werden von den Schauspielern vor Ort inszeniert. Die größte Sprachenschule der Welt wird entstehen. Ein Hafen wird die Passagierdampfer empfangen, die die Besucher des Europatheaters befördern werden. Hotels werden wie Luftballons über Elsass und Baden schweben. Die Europajugend singt die neue Europahymne:

„Hänge deine Wurzeln an die Luft und klettere auf die Sterne pour mieux voir la terre."

Lage
Die Passarelle, eine Brücke in Kehl für Fußgänger und Radfahrer, liegt südlich der Europabrücke.

Einkehren
Grieshaber's Rebstock, Kehl, Hauptstr. 183 Gutbürgerliches Traditions- und Designhaus für gehobene Gaumenfreuden
Hotel Restaurant Hirsch, Kehl-Kork, Gerbereistr. 20

Beatus-Rhenanus-Brücke / Trambrücke in Kehl
für Straßenbahnen, Fußgänger und Radfahrer
Foto: Tilmann Krieg

Mein Lieblingsort

Mein Lieblingsort ist eine enge, stille Kammer,
doch Kosmos auch, soweit Gedanken tragen,
durch dessen Weite Galaxien jagen,
mit Sterngeburten, deren helles Funkeln
die Nachen führt der Fischer, die mit Netzen fangen
den Spiegelschein erträumter Welten,
eh an den Klippen des Vergessens sie zerschellten.

Mein Lieblingsort, ein Raum an heißen Sommertagen,
Licht fällt durch Vorhänge, die Kühle geben
und Schattenspiele, wie das Leben
auf helle Wände unruhig fallen.
Mag sich daraus ein Bild ergeben, ein Text, ein Werk
ein Sehnsuchtsstück –
bann ichs nicht jetzt, kommt es nicht mehr zurück!

Mein Lieblingsort verlangt nach unbekannter Ferne,
wenn Winde Wolken jagen über Land
darin ich mich in meinen Träumen einsam fand,
mich fragend, wo und wie ich hergekommen.
Führt er mich mit sich, wenn wir in die Fremde gehn,
führe nicht umgekehrt ich ihn?
Ist jede Ankunft nicht der Reise Neubeginn?

Mein Lieblingsort, der Raum zwischen zwei Ackerfurchen
der Leben schenkt, dem zarten, grünen Keim,
oder die rosa Knospen, die daheim
mir deuten, dass ich sei für diesmal angekommen.
Nicht soll ich heut noch weitersuchen!
Doch noch im selben Augenblick,
kehrt überwältigend der Rosentraum zurück.

Mein Lieblingsort sitzt rund auf meinen Schultern,
ich seh hinaus, kaum einer sieht hinein,
und allzuviel wird drin auch nicht zu sehen sein.
Er geht mit mir, ich geh mit ihm,
          denn keiner kann ohne den andern,
wir haben aneinander uns gewöhnt,
          wenn auch nicht immer gern.
Und nur die wirklich Eingeweihten,
können bisweilen die geheimen Zeichen deuten.

Tilmann Krieg
Geb. 1954 in Stuttgart
Studium und Diplom Visuelle Kommunikation an der Hochschule Düsseldorf
Studium Freie Kunst und Malerei an der Kunstakademie Strasbourg bei Prof. Sarkis. 11 Jahre Lehrauftrag für Architekturzeichnen und Fotografie am Europäischen Ausbildungszentrum für Denkmalschutz in Venedig (UNESCO). Ausstellungen in Europa, China, Korea, Brasilien, Australien und USA. Projekte mit Goethe-Instituten in Paris, Los Angeles, Addis Abeba, Frankfurt, Salvador Bahia. 2008 Preisträger „shooting hidden spot" der internationalen Kunstmesse KIAF in Seoul, (Südkorea). 2010 „Artist in Residence" des Kulturamts Suwon (Südkorea). Projektionswerke für Kirchen, Galerien, Museen. Autor für Theater, Feature, Essays. Berufenes Mitglied der „Deutsche Gesellschaft für Photographie, DGPh" und des „Künstlerbund Baden-Württemberg".
Lebt in Kehl und Pambula (Australien)

Foto: Thomas Kaiser

Wo das Herz des Dorfes schlägt
Der Korker Bühl und seine Geschichte

Der Name des Platzes „Bühl" wirft für manchen Besucher Fragen auf. Woher dieser Name? Geschichtskenner wissen allerdings, dass sich dieses Wort vom mittelhochdeutschen „buhel" ableitet und später zu Bühl wurde, was gleich Buckel bedeutet, und die Rheinebene ist voll solcher Buckel. Alle alten Siedlungen und ihre Kultstätten, seien es die vorchristlichen oder später die christlichen Kirchen, wurden auf solch einem Buckel erbaut, um dem Hochwasser der unkorrigierten Flüsse zu entgehen. Die Erhöhungen sind auch heute noch leicht zu erkennen.

Wegweiser für fremde Gäste ist der Korker Kirchturm auf dem Höhepunkt des Platzes. Mit seinem einmalig schönen, kunstgeschmiedeten und 4 Meter hohen Turmkreuz eines Straßburger Meisters von 1732. Es ist ein nicht zu übersehendes Kleinod, an dem ich besonders hänge, weil das Kunstschmieden mein Hobby war. Es bereitet mir deshalb immer Freude, wenn ich interessierten Gästen all die Kostbarkeiten zeigen kann.

Ab dem Rathaus führt dann der leichte Anstieg der Straße nach wenigen Metern auf die Anhöhe des Platzes. Hier schlägt für mich das Herz des Dorfes und jeder Besucher wird es auch so empfinden, dass dies zu früheren Zeiten einmal mehr als nur ein bebauter Platz war.

Er wird eingerahmt von zweistöckigen Fachwerkhäusern im Stil unseres gemeinsamen Hanauerlandes, auch auf der anderen Seite des Rheins, im elsässischen Hanauerland. Sie stammen zumeist aus dem 18. Jh. und sind alle aus Eichenholz konstruiert. Die Erbauer der Wohngebäude auf unserem Platz waren damals Bürgermeister und Amtspersonen. Der Platz war weit über ein Jahrhundert lang auch genutzt für Jahrmärkte und Volksfeste, die sich bei mir aus meiner Kindheit und Jugend als freudige Ereignisse eingeprägt haben. Doch die eigentliche Bedeutung des Platzes liegt viel weiter zurück.

Schon zur fränkischen Zeit wurde auf dem Bühl Gericht gehalten. Die Richter saßen damals unter einer mächtigen Eiche und urteilten über alle Vergehen, nicht zuletzt besonders auch über strafbare Ereignisse im Korker Wald, an dem ja mehrere Gemeinden Anteil hatten. Die Urteile erstreckten sich, je nach Vergehen, bis hin zum Todesurteil. Das letzte wurde 1802 gesprochen. Vollstreckt wurden diese aber niemals auf dem Bühl, sondern auf der Gemarkung des Nachbarortes Odelshofen.

Auch der mächtige bronzene Stier, von Prof. Ringwald gefertigt, welcher den Platz heute schmückt, erzählt Wald- und Bühlgeschichte. Unter den Teilhabern des Waldes gab es oft Streit wegen der Kompetenzgrenzen. Dies ging bis zum Totschlag. „Da gab ein ehrbar Person den Rat", man solle einen jungen Stier, den man durch Dunkelhaltung erblinden ließ, laufen lassen. Sein Lauf sollte die endgültige Waldgrenze markieren. Gewissermaßen als Gottesurteil.

Einkehren
Hotel Restaurant Hirsch

Helmut Schneider
Geb. 1931, Kunstschmied, Museumsleiter, Straßburg-Führer, hat von 1982 bis 1991 das Hanauer Museum ehrenamtlich geleitet, gründete und leitete das Handwerksmuseum bis ins hohe Alter, Träger des Bundesverdienstkreuzes.
Lebt in Kehl-Kork

Elke Reinemer
Entrückte Lebenskünstlerin

Foto: Hubertus Kahl

„und als er nach vollendetem Lauf wieder Korker Bann betrat, haben sich die Glocken von Kork selbst gelütet und ist kommen auf den Bühl unter die Eiche und hat sich daselbst sin Hertze abgestoßen, (mit seinem Horn) ist gestorben, wurde mit geweihten Tüchern behängt und begraben, als ob er ein Christenmensch wäre gewesen". Die Sage wurde 1476 aufgeschrieben. Die darin enthaltene Symbolik geht jedoch weit über die damalige Zeit, wohl bis zur Zeitenwende zurück. Die Freude ist bei mir und jedem anderen Gast besonders groß, wenn bei geöffneter Kirchentür die Klänge der mächtigen Korker Orgel mit Werken von Johann-Sebastian-Bach über den Platz hinweg zu hören sind. Hier passt eben alles zusammen.

Kulisse für kreative Begegnungen
Ein Leben in wachsenden Ringen

> *Rosen und Oleander duften auf dem Bühl.*
> *Waldohreulen sitzen in alten Bäumen,*
> *Fledermäuse flattern Schatten*
> *auf weiße Hauswände*
> *gegen Abend in die blaue Stunde.*
> *Ein Kauzruf kündigt die Nacht an.*

Solche Wortfetzen hängen angeschlagen an der „Alten Schule" (1789) auf dem Korker Bühl. Ebenfalls ein typisches Hanauer Fachwerkgebäude. Nur ist dieses ehemalige öffentliche Bauwerk eben noch etwas stattlicher. Flohmarktartikel innen wie außen. Dort der Verwitterung preisgegeben. Dauerhaft, damit sich eine Patina im Stil von shabby chic über das Gartenmobiliar ausbreitet. Vielleicht sind sie auch zum Verkauf ausgestellt, mag man meinen. Das erschließt sich aber nicht dem Betrachter. Im Vorgarten haben sich unzählige Herbstblätter des alten Nussbaumes über Stühle, Tische, Bänke, Körbe, Blumentöpfe ausgebreitet und das Ambiente bereichert. Ausgelegte gebrauchte Bücher locken den vielleicht lesewilligen Zaungast, spontan im Korbstuhl Platz zu nehmen. Eingeladen sei der Gast, der Gast sein will und Gast sein kann. Der Poet, die Leseratte, der Wanderer, der Fotograf, der Erschöpfte. Und der, der sich wundert und wissen will, warum es sich wundert.

Wie ein buntes Herbstblatt habe der Wind sie hierher flattern lassen, sagt Elke, eine Bewohnerin dieses einstigen Schulhauses. Vor vielen Jahren habe sie ein Zuhause mit einem „Loch in der Wand" gesucht und es auch gefunden.

Sie mag auf den ersten Blick schrullig und schräg wirken, gar gespenstisch und dämonisch. Doch der, der den Wortwechsel wagt, erkennt sogleich in ihr eher das gutmütige verträumte Fabelwesen, ausgestattet vielleicht mit Zauberkräften. Aber nicht mit denen einer Kirke oder einer Medea. Ihre Zauberkräfte liegen in ihren Verführungskünsten, den Fremden zunächst einmal in ihrem Vorgarten verweilen zu lassen. Und dann? Dann erkennt der Schaulustige in ihr die Lebensphilosophin, die ganz im Sinne von Rainer Maria Rilke, ihr Leben in wachsenden Ringen lebt als Falke im Sturm oder als großer Gesang. Im „Alten Schulhof" zu wohnen, sagt sie, sei oft sehr bunt – knistrig – vertraut. Der alte Schopf, der Hof, der Nussbaum – ja, ich bin, was da ist.

Und das Loch in der Wand? Ihr antiker gusseiserner Herd, der benötige für das Ofenrohr das Loch in der Wand. Und der sorge für Behaglichkeit und Wärme, dass es knistere. Der Duft aus Pfannen und Töpfen für Glückseligkeit. Ahnenhaft und energiegeladen der Geruch der schweren schwarzen Balken im Schopf, der ihr Kraft verleiht bis hin zu dem letzten Ring.

Peter Martens

Wo Kinder auf Bäume klettern und Eltern dem Müßiggang am Wasser frönen

Mein Lieblingsplatz misst genau genommen nur zweimal zweieinhalb Meter und besteht aus einfachen, unscheinbaren Holzplanken. Dafür liegt dieser Sehnsuchtsort, der mir die eine oder andere Flucht aus dem Alltag ermöglicht, einladend mitten in einem kleinen Paradies. Suche ich ihn nicht gerade am Wochenende oder während der Schulferien auf, wenn zahlreiche Familien den Auen-Wildnis-Pfad bei Altenheim erkunden, lässt sich hier eigentlich zu jeder Jahreszeit eine entspannende Pause im trubeligen und streng getakteten Alltag einlegen. Weit gehen muss ich nicht, um zu dieser Lieblingsstelle zu gelangen. Wer den Zugangsweg hinter sich gebracht hat, passiert das am Altrhein liegende Holzpodest auf dem sich dahinschlängelnden Wildnis-Pfad an der dritten Brücke. Bei schönem Wetter lasse ich mich dort nieder, ziehe Schuhe und Strümpfe aus und strecke die Füße ins glasklare Wasser. Dann heißt es einfach nur: schauen, riechen, hören. Mit den Füßen im Wasser plantschen. Den Blick zum Himmel wandern lassen und tief einatmen. Kurzum: die Seele baumeln lassen. Ich könnte hier Stunden verbringen. Aber auch bei Familienausflügen legen wir spätestens beim Rückweg an dieser Stelle eine Rast ein. Die Kinder klettern in den dazu animierenden, nahebei stehenden Baum und sind dort oben erst einmal eine ganze Weile be-

schäftigt, während wir Eltern dem Müßiggang am Wasser frönen, den Fischen wie den Wasserflöhen mit Blicken folgen und manchmal sogar Eisvögel entdecken.

Zwischen den Plaudereien die Augen schließen, unsere Gesichter der Sonne zuwenden. Uns der Trägheit überlassen. Einfach mal wenig denken, nur genießen. Mehr Entschleunigung geht nicht. Nein, ein kultureller Ort ist das sicher nicht, aber da ich mich tagtäglich intensiv mit Kultur befasse, ist für mich gerade die Natur, die Wildnis, die Stille, die es kaum noch zu erleben gibt, das, was ich unbedingt brauche, um wieder Kraft zu sammeln und Abstand zu gewinnen. Vom Alpenvorland aus zog es mich früher auf die Almen und Berggipfel, in der Ortenau habe ich für mich diese urtümliche badische Auenwildnis entdeckt, die mir einen Ausgleich verschafft. Und dass es hier am Altrhein die Natur ist, die die Regeln vorgibt, spüren ich und die anderen auch daran, dass dieser Wildnis-Pfad nicht immer zugänglich ist, denn er liegt mitten im Hochwasserrückhalteraum Polder Altenheim. Je nach Wasserstand und ökologischen Flutungen muss man diesen sehr lohnenswerten Ausflug daher auf ein anderes Mal verschieben - das ist auch in Ordnung so. Bleibt mir nur zu hoffen, dass der gerade beschriebene Ort noch lange seine erholsame Stille und seinen zauberhaften Charme behält. Sonst müsste ich mir mit großem Bedauern einen anderen für meine kleinen Auszeiten suchen.

Lage
Auen-Wildnispfad, nördlich von Neuried-Altenheim, südlich von Goldscheuer am Kreisel auf die L98 Richtung Paris abbiegen, aber nur 2 km bis zum Rhein fahren. Dort am Rheinufer liegt der Startpunkt des ausgeschilderten Auen-Wildnis-Pfades.

Einkehren
Ichenheim, Kulturcafé und -restaurant *Löwen*

Stefanie Bade
studierte Neuere deutsche Literatur, Medienwissenschaften und Politikwissenschaften an der Universität Marburg an der Lahn sowie Kulturmanagement an der Pädagogischen Hochschule Ludwigsburg. Nach beruflichen Stationen an öffentlichen wie privaten Kulturinstitutionen in Marbach am Neckar, Salzburg und Oberbayern leitet sie seit 2008 den städtischen Kulturbereich der Stadt Kehl.

Foto:: Markus Dietze

Foto: Thomas Kaiser

Idylle am Mühlenradweg bei Kehl

Es ist der 1. Mai: Traditionell gibt es an diesem Tag eine Wanderung oder eine Radtour. Meine Frau und ich entscheiden uns für die Radtour und den 34 km langen Mühlenradweg, der 2012 eingeweiht wurde und durch weite Riedlandschaften an fünf alten Wassermühlen vorbei führt. Vier der fünf alten Wassermühlen, die der Tour den Namen geben, liegen malerisch an dem kleinen Flüsschen Schutter. Eine, die Altenheimer Mühle, liegt am Mühlbach, der vom Altrhein aber auch von Grundwasser gespeist wird und deshalb auch im Sommer viel Wasser führt.

Wir beginnen unsere Tour in Kehl und radeln am Altrhein entlang bis nach Marlen und dann zur Kittersburger Mühle, wo wir in den Mühlenradweg einsteigen. Diese 1767 erbaute Mühle brannte 1928 aus und wurde nach ihrem Wiederaufbau 1938 vom Fürst zu Fürstenberg als Jagdsitz übernommen. Heute ist die idyllische gelegene Mühle ein beliebtes Ziel für Wanderer und Radfahrer. Der große Biergarten lädt im Sommer auch viele Franzosen zum Verweilen ein.

Über die Dorfstraße von Kittersburg geht es weiter über freies Feld bis zur Rohrburger Mühle, die als reines Wohnhaus genutzt wird. Die vielleicht älteste Mühle unseres Rundweges wurde bereits um 1300 urkundlich erwähnt. Entlang der Schutter durch das schöne Dörfchen Müllen durch den Wald gelangen wir zum Ausflugslokal Dundenheimer Mühle und gleich daneben zum herrlichen Badesee. Eine Lah-

rer Müller erbaute diese Mühle 1762. Sie wurde 1907 durch Brandstiftung zerstört, danach aber wieder aufgebaut. Der Radweg führt nun durch duftende Wiesen mit etwas später üppig blühenden Mohnblumen zur Schutterzeller Mühle. Und am Horizont haben wir stets die wunderbare Silhouette des Schwarzwalds im Blick. Die Mühle, erbaut schon vor 1600, ist der südlichste Punkt unserer Tour. Auch sie wurde immer wieder zerstört und neu aufgebaut. Seit 1906 ist sie im Besitz des heutigen Betreibers der Gastronomie und aufgrund des schönen Biergartens an warmen Tagen sehr beliebt. Wir rasten hier bei einem leckeren Essen und einem guten Gläschen Wein. Frisch gestärkt setzen wir unsere Fahrt dann in westlicher Richtung fort, vorbei am Ottenweier Hof, dem mittelalterlichen Rittergut und erreichen nach Ichenheim in Dundenheim die privat geführte Altenheimer Mühle, gegründet 1695 von Benedikt Rubin. Es ist unser letzter Mühlenstopp, bevor wir dann durch den Unteren Wald nach Goldscheuer und schließlich zurück nach Kehl gelangen.

Der Mühlenradweg ist besonders für Familien mit Kindern geeignet, da er ganz in der Ebene verläuft. Auf den Feuchtwiesen waten Störche und suchen sich ihr Futter, in mehreren Waldabschnitten wurden wir von Vogelzwitschern begrüßt, der Geruch von Bärlauch erinnert daran, dass es Frühling ist. Zwei Badeseen laden bei schönem Wetter zum Baden ein. Alles in allem ein erholsames, abwechslungsreiches Vergnügen auch für Singles und für Paare.

Lage
Zwischen Kehl und Neuried

Einkehren
Ausflugslokal *Dundenheimer Mühle*
Östlich von Ichenheim –
Schutterzeller Mühle
Kehl-Kittersburg – *Landgasthof
Alte Mühle*

Paul Witt
Diplom-Verwaltungswirt (FH)
Arbeitete nach seinem Studium beim Regierungspräsidium Freiburg und beim Landratsamt Emmendingen, jeweils überwiegend in der Kommunalaufsicht. 1992 auf eine Professur im Bereich „Abgabenrecht, Kommunales Wirtschaftsrecht und Kommunalrecht" an die Hochschule Kehl berufen. 1997 zum Prorektor und 2004 zum Rektor gewählt. Er ist Mitbegründer und ehem. Leiter der Seminare für Bürgermeisterkandidatinnen und -kandidaten und für neugewählte Bürgermeister.

Foto: Günter Franz Müller

So weit das Land – der Himmel so blau

Mit den Fischen das Wasser teilen über tausend Kiesel hinweg

Ein Landstrich – von der französischen Seite über die Pflimlin-Brücke kommend, öffnet er das Tor zur Ortenau. Den Rhein entlang: Altrheinarme – Polder – Seen – Sumpfwiesen – Bäche – Birkenreihen – Hecken – Pappeln – Weiden – große Ackerfelder und alte Obstwiesen. Der Eindruck einer unbeschädigten, intakten, freien Landschaft – so weit das Auge reicht. Eine Illusion von endlosem, hellem Land mit hohen Himmeln, so weit Gedanken tragen.

Lange Wege durchziehen das flache Land. Der Blick schweift bis zum Horizont und weiter noch bis zum wilden Meer. Dahin, wohin die Schiffe ziehen, nach Nord und Süd. Der Fluss zeichnet seine Linie durch die Ebene. Element trifft auf Element, formt Ränder und Brüche, bildet Struktur. Spiegel sind sich Wasser und Himmel. Blau – Grün – Grau. Weit ist das Land, die Wolken so nah.

Im Sommer flimmert die Landschaft unter dem gleißenden Licht – zartes und tief dunkles Grün vermischen sich zu einem Bild. Im Herbst und Winter durchziehen Sturm und Wind das Land. Schichten von Nuancen, Gelb – Rot – und Erdtöne. Erst der Schnee zeichnet ein Bild in Schwarz und Weiß. Fahl beginnt das Jahr nach Nebel und Kälte. Dann im Frühling explodiert frisches Grün und eröffnet den nächsten Reigen. Eintauchen in die unzähligen Baggerseen, schwimmen bis zum anderen Ufer und wieder zurück, mit den Fischen das Wasser teilen über tausend Kiesel hinweg. Im Kanu durch den Wasserurwald paddeln ... Gehen zwischen den Wiesen, den Bächen entlang, durch das Gebüsch streifen, unter Bäumen träumen. Selten kreuzen Tiere, im Zickzack die Hasen, das Rotwild steht scheu im Gebüsch, unverkennbar die Spuren der Wildschweine. Im Himmel kreischen Möwen, Enten fliegen tief, Reiher landen ab und zu, stehen stoisch still. Schwäne im Winterlicht.

Weiter ins Land hinein: Felder und Äcker mit Tabak, Raps, Mais, manchmal Sonnenblumen, wenig Korn. Wiesen mit Obstbäumen und Blumen, sehr bunt, wild und kultiviert. Am Horizont die hohen Berge, heute dunkel, morgen hell. Mit ihnen endet die Ebene; der schwarze Wald beginnt. Veränderungen werden deutlich. Menschenhände Arbeit überwiegt. Der urbane Raum erobert das Land. Dörfer liegen wie Vorboten bereit, die Stadt ist nicht mehr fern. Die Grenze ist fließend. Mauern rücken zusammen, bilden Wände, Türme auch. Dazwischen Straßen und Gassen, weite und enge, lineare Muster, je nach dem.

Ich wünschte, Landschaft könnte so existieren – könnte sich von Kran und Maschine, von Waren-Karawanen und Autoschlangen befreien. Eine Biosphäre sein und bleiben. Könnte sich ihre Schönheit, ihre Weite, ihr Licht, ihre Farben, ihre Himmel bewahren. Ein Teil der Vielfalt in der Region Ortenau.

Es fehlt die Macht, damit Wünschen wirkt.

Lage
Die Rheinauen bei der Pflimlinbrücke. Die Brücke ist das deutsch-französische Verbindungsglied der N353 und der L98 zwischen Offenburg und Illkirch-Graffenstaden.

Einkehren
Kulturcafé und -restaurant *Löwen* in Neuried-Ichenheim

Marie Drea
geboren 1958
Zeichnerin und Graphikerin
Studium an der Stuttgarter Kunstakademie
Seit 1987 stellt sie in Deutschland, Frankreich und der Schweiz aus, in Einzel- oder Gruppenausstellungen.
Lebt in Mittelbergheim, Elsass.

Foto: Johanna Helbling-Felix

Umgeben von Palmen
Die „Zigeunerlinde" im Jahr 2219

Ob's in zweihundert Johr s Ried noch git? Oh, Entschuldigung. Ich muss wohl Hochdeutsch sprechen, damit mich alle verstehn. Ich, genannt die „Zigeunerlinde" an der früheren Bundesstraße bei Kürzell, bin ja schon uralt, man schätzt mich auf etwa 600 Jahre. Eigentlich sind wir ja drei Linden, aber man nimmt uns eben als einen Baum wahr. Als ich noch jung war, wurde hier nur Alemannisch gschwätzt und das in vielfältigen Varianten: Es gab Odnerisch, Mißnerisch, Kirzlerisch, Dungenerisch. Heute gibt's hier kein Muckeseckeli Dialekt mehr. Die Menschen nennen ihre Sprache „Süddeutsch". Vom Dialekt ist nur ein Singsang übrig, der überall gleich klingt.

Es ist heiß. Heute, am 31. Dezember 2219, haben wir 34 Grad im Schatten. Die Sonne brennt auf meine dürren Blätter. Von März bis Dezember herrschen tropische Temperaturen. Nur im Januar und Februar ist es kühl und die Leute fröstelt's bei 20 Grad. Früher blickte ich über Erdbeer-, Mais- und Tabakfelder. Dafür ist es nun zu trocken. Ich bin umgeben von Bananenstauden und Palmen und kann als einziger Laubbaum am Oberrhein nur überleben, weil man mich zum einzigartigen Naturdenkmal erhoben hat. Täglich werde ich mit Hunderten von Litern Wasser gegossen.

Autos mit Benzinmotoren gibt es nicht mehr. Vor hundert Jahren ist das Öl ausgegangen. An meinen Wurzeln vibriert es. Ach ja, die neue U-Bahnlinie. Tunnelbohrer haben ganz Europa untertunnelt. Die Menschen reisen unterirdisch, mit Sonnenenergie.

Weil es nicht mehr regnet, sind die Baggerseen ausgetrocknet. Wie schwärmten die Leute nach dem Schwimmen immer von dem Wasser, wenn sie sich in meinen Schatten setzten. Aber mit dem Rasten ist es schon vorher vorbei. 2014 war ein deutlicher Kronenschnitt fällig, weil meine altersschwachen Arme brüchig geworden waren. Danach wurde ein Zaun um mich gezogen. Seither ist es leider etwas still um mich herum geworden.

Nicht nur den Seen, auch dem Rhein ist das Wasser ausgegangen. Weil er für die Schifffahrt zu niedrig ist, funktionierte man ihn zwischen Meißenheim und Schwanau zum Vergnügungspark um mit echten Krokodilen und Swimmingpool. Da vorne steigen gerade zwei Kinder auf dem Weg zum Park die Treppe zur U-Bahn runter. Hört, hört! Die beiden Kinder können sogar noch e klei weng Alemannisch: „Mein Ur-ur-ur-ur-Opa het in diese Linde ebbis eingeritzt. Das hat mir meine Mama verzehlt." Das Kind at recht. In meiner Rinde steht: „Auf ewig. F. und B. 2018." Zwei Liebende. Ob sich die beiden die Zukunft der Riedlandschaft so vorgestellt haben? So, wie man sie zur ihren Lebzeiten kannte, ist sie schon lang nicht mehr. Nochmal zweihundert Jahre und das Ried wird vielleicht komplett Wüste sein. Und ich in ihrem Sand verweht.

Lage
Autobahnausfahrt Lahr: Landstraße Richtung Kehl / Straßburg ca. 7 km bis Abzweig Kürzell.

Ulrike Derndinger
Redakteurin, Mundartdichterin. Jahrgang 1977, ist in Kürzell bei Lahr in der Ortenau auf einem Bauernhof aufgewachsen. Hat katholische Theologie in Freiburg im Breisgau studiert. Seit 2005 Redakteurin bei der Badischen Zeitung. Mehrfache Preisträgerin bei Mundartwettbewerben. Lebt in Lahr.

Foto: Thomas Kaiser

Unterwegs im Neurieder Rheinwald per Pedes, Paddel und Pedale

Der Neurieder Rheinwald ist eine amphibische und unberührte Landschaft, ein schmaler 30 km - langer Streifen Auwald zwischen Goldscheuer und Ottenheim. Idylle pur zu jeder Tageszeit, zu jeder Jahreszeit. Die natürliche Schönheit des Neurieder Rheinwaldes erschließt sich dem Entdecker, Abenteurer und Erholungssuchenden auf abwechslungsreichen Rad- und Wanderwegen, die meist entlang der stillen und zuweilen plätschernden Altrheinarme durch ein einmaliges Naturschutzgebiet führen.

Früher war dieser Auwald nur wenig kultiviert, was auf häufiges Hochwasser zurückzuführen ist. Die Bewirtschaftung des Rheinwaldes ist heute auch entsprechend naturnah. Seltene Baumarten wie die heimische Schwarzpappel und die Silberweide sind noch zu finden. Es ist ein Urwald, der auch gerne „Badischer Dschungel" genannt wird. Dickstämmige Lianen- und Schlingpflanzen, vielseitiges Totholz, was vielen Tierarten Unterschlupf bietet, Dickicht, Sumpfpflanzen sowie von früh morgens bis abends stets wechselnde, exotische anmutende Gerüche und Geräusche prägen das Gesamtbild dieser Naturlandschaft und stimulieren die Sinne.

Sanft und still reinschauen und genießen - das kann man nicht nur per Pedal, sondern noch langsamer, und intensiver per Pedes oder per Paddel. Hier herrschen geradezu paradiesische Zustände für die artenreichen Pflanzen und Tiere, die sich prächtig entfalten können. Kein Wunder, dass solch seltene Arten, wie Eisvogel, Pirol und Mittelspecht, hier ihr Zuhause haben. Es ist ein Genuss, einfach nur dazusitzen, den Vögeln zu lauschen und die Natur auf sich wirken zu lassen.

Wann ich dieses „Paradies am Oberrhein" entdeckte, kann ich heute nicht mehr sagen - wahrscheinlich als Kind, auf einer der vielen Fahrradtouren mit der Familie. Auch mit meinen Kindern war ich dort, auf Schusters Rappen, zum Picknick, zum Spielen und Entspannen. Ich erinnere mich an eine 2-stündige Floßfahrt bei Sonnenaufgang, ein unvergessliches Erlebnis, das ich gern mal wiederholen würde!

Weidengeäst, leise plätscherndes Wasser, Vogelrufe, ansonsten Stille, Stille - die sich wie Balsam aufs Gemüt legt. Viel zu selten finde ich Zeit für solche „kleinen Fluchten" aus dem Alltag. Dabei gehörte es einmal zu meinen beruflichen Verpflichtungen im Rahmen des integrierten Rheinprogramms (Hochwasserschutz), dort nach dem Rechten zu sehen. Damals wurde mir die Gefährdung dieses so unberührten Naturschutzgebiets bewusst. Was so dschungelartig wirkt, ist in seiner Topographie gerade mal knappe 150 Jahre alt und entstand infolge der Rheinregulierung von Johann Gottfried Tulla.

Es ist eine sensible Kultur-Natur, die konstanter Aufmerksamkeit bedarf. Man sollte sie unbedingt kennen lernen! Am besten schweigend, vom Wasser aus. – Dann kann der Eisvogel kommen.

Lage
Neuried, zwischen Kehl und Lahr. Die kürzesten Verbindungen zu den Rheinauen hat man von den Ortsteilen Ichenheim und Altenheim.

Martin Heuberger
Ehemaliger Bundestrainer der deutschen Handball-Nationalmannschaft, mit der er 2007 die Weltmeisterschaft gewann, coacht seit Anfang 2019 wieder die deutsche Junioren-Handball-Nationalmannschaft, mit der er von 2003–2011 einige Titel sammelte. War zuvor selbst Nationalspieler – 26 Länderspiele.
Lebt in Schutterwald.

Foto:: Michael Heuberger

Foto: Michael Sauer

Wo die Zeit stillzustehen scheint

Das letzte Rittergut der Ortenau – der Ottenweier Hof in Neuried

„Nur ein Verrückter könnte das noch in Angriff nehmen, dieses große, heruntergekommene Anwesen zu renovieren", hieß es Ende der 1970er-Jahre. Der Ottenweier Hof war damals in einem desolaten Zustand. Als Jürgen Seitz das letzte Rittergut der Ortenau sah, war er verzaubert. „Ich finde es herrlich, so verrückt zu sein", sagt er.

Der inzwischen über 70-jährige Sänger und Musiker, der jahrzehntelang bei Tourneen und Konzerten in der ganzen Welt aufgetreten war, hatte 1980 mit dem idyllisch gelegenen Hofgut den ersehnten Ruhepunkt gefunden. Bis der allerdings zu dem wunderschönen Schmuckstück wurde, das er heute ist, war jahrzehntelange, mühevolle Arbeit erforderlich. Jürgen Seitz legte selbst täglich Hand beim Aufräumen und Renovieren an und wurde von seinen Freunden tatkräftig unterstützt. Dabei zeigte er angesichts des riesigen Arbeitspensums ein großes Durchhaltevermögen und schuf so für sich und andere einen „Ort der Ruhe und Glückseligkeit", wie er es selbst nennt.

Der Hof ist längst ein malerisches Kleinod, auf dem es scheint, als wäre die Zeit stehengeblieben. Es würde nicht überraschen, wenn plötzlich ein vornehmer Ritter mit seinem edlen Ross durch das schmiedeeiserne Tor reiten oder Knechte und Mägde mit Wagen voller Heu vom Feld zurückkehren würden. Alles ist originalgetreu wiederhergestellt: das Herrenhaus oder Verwaltergebäude, Stallungen verschiedener Art und Größe, Scheunen, Molkereigebäude und Wohnungen für die Arbeiter. Ältestes heute noch erhaltenes Gebäude, ist das Backhaus, das vor 1618 gebaut wurde.

Jeder Quadratzentimeter dieses bezaubernden Anwesens atmet Geschichte. Im 14. Jh. war hier ein Dorf namens Hottenwyler, dessen Bewohner dem Kloster Gengenbach zehntpflichtig waren. Die Siedlung bestand ungefähr 150 Jahre, bis sie um 1450 zerstört wurde und ihre Reste in dem Hofgut Ottenweier aufgingen. Kaiserliche Rittmeister, die Religionsgemeinschaft der Täufer, an die noch der gegenüberliegende Täuferwald erinnert, der „Tabak-König" Freiherr von Lotzbeck, aber auch eine Gastwirtschaft und zeitweise ein Armenhaus – Reiche und Arme sind hier ein- und ausgegangen.

Jürgen Seitz öffnet die Tore seines romantischen Hofguts für Besucher bei den Konzerten, die er mit seinem Trio vor allem in der Adventszeit, aber auch im Mai und Herbst im ehemaligen, beheizten Pferdestall gibt. Hier können in Absprache mit dem Hausherrn auch private Feiern stattfinden, bei denen stets Jürgen Seitz mit seinem Trio die musikalische Umrahmung übernimmt. Die Gäste können dann bei perfekt bis ins kleinste Detail einstudiertem, harmonischem Gesang und Musik den Zauber dieses verwunschenen Ortes genießen.

Daniela Nußbaum-Jacob

Lage
An einer kleinen Straße zwischen den Neurieder Ortsteilen Ichenheim und Schutterzell (der Beschilderung ‚Täuferwald' folgen)

Einkehren
In Ichenheim gibt es mehrere Gaststätten, außerhalb von Schutterzell die *„Schutterzeller Mühle"*

Jürgen Seitz
Stand bereits als Siebenjähriger mit seinen Eltern als Schwarzwaldfamilie Seitz auf der Bühne. War mit mehrstimmigem Gesang mit seinen Schwestern über Jahrzehnte in Europa und Übersee unterwegs. Zahlreiche Schallplatten und Fernsehauftritte. Studierte 16 Semester an der Musikhochschule Freiburg und komponiert selbst. Als musikalisches Multitalent wirkte er auch bei Schallplattenaufnahmen mit atonaler Musik mit Karlheinz Stockhausen mit. Spielt heute im eigenen Ensemble Jürgen Seitz und sein Trio, zu hören bei Konzerten und Feiern auf dem Ottenweier Hof.

Foto: Thomas Kaiser

Zukunft braucht Herkunft

Burgruine Diersburg – südwestdeutsche Burgenbaukunst

Schätzen Sie Plätze, die nicht überlaufen sind? Mit einem grandiosen Blick in die Ortenau und darüber hinaus? Entdecken sie gerne Neues? Dann kommen sie zu uns in den Hohberger Ortsteil Diersburg und wandern Sie in das hintere Tal zur Burgruine Diersburg, dem ältesten Bauwerk in Hohberg. Unsere Ruine stellt ein eindrucksvolles Zeugnis der südwestdeutschen Burgenbaukunst des Hochmittelalters dar. Durch das noch erhaltene gekuppelte romanische Fenster haben sie einen sensationellen Blick über das Tal und das Ried bis zum Straßburger Münster – dem „mahnenden Zeigefinger" in der Rheinebene.

Die Familie der Freiherrn Roeder von Diersburg erhielt 1455 das gesamte Tal mit der Burg als markgräflich badisches Lehen, das sie im Laufe der Jahrhunderte als Grundbesitz erwarb. Nachdem die Burg im 30jährigen Krieg zerstört wurde, siedelten unsere Vorfahren gemeinsam mit den verbliebenen Dorfbewohnern an den Eingang des Tales – hier lebt und arbeitet die Familie der Freiherrn Roeder von Diersburg seit 1662 bis in die Gegenwart – im barocken Herrenhaus, dem heutigen Weingut Freiherr Roeder von Diersburg.

Die Burgruine aber ist bis heute ein Stück Identifikation geblieben, sowohl für die Bewohner Diersburgs wie auch für unsere Familie: hier spüren wir unsere Wurzeln und empfinden die lange, bewegte Geschichte, die uns hilft, den Blick auf das große Ganze nicht zu verlieren, die Tradition und die Verantwortung nicht zu vergessen.

Ein solcher Ort verpflichtet uns zum Erhalt und fordert - ganz aktuell - einen hohen finanziellen Aufwand zur Sanierung und Sicherung der Mauern aus dem 11. Jh. Aber sie erinnert mit ihrer dokumentierten Geschichte auch daran, dass auch die Ahnherren durch schwierige Zeiten gegangen sind. Das hilft und stärkt uns auch in der heutigen Zeit! Die Erinnerung an den ehemaligen Grundbesitz im Elsass, an die Ämter, die unsere Vorfahren in Straßburg bekleideten, auch die Ehen, die sie mit elsässischen Familien schlossen, bestärken uns hier in unmittelbarer Nähe zum Elsass in dem europäischen Gedanken, den Rhein nicht als Grenze, sondern als Verbindung zu sehen.

„Zukunft braucht Herkunft" – das empfinden wir, wenn wir auf den Mauern der Burgruine in Diersburg stehen, ganz intensiv.

Lage
Hohberg, vom Ortsteil Diersburg in Richtung Hintertal, etwa 1,5 km auf Höhe des sog. Meierhof, Hintertal 40

Einkehren
Gasthaus Linde in Diersburg

Stefani Freifrau Roeder von Diersburg
geb. Freiin von Gaisberg-Schöckingen, wuchs auf einer Staufferburg im Neckartal auf, lernte Schreinerin und Möbelrestauratorin, heiratete 1989 Hans-Christoph Freiherr Roeder von Diersburg, leidenschaftlich mitarbeitende Ehefrau im Weinbaubetrieb, erarbeitete sich die Roedersche Familiengeschichte

Burgruine Diersburg
Foto: Roland C. Vogt

Paradiesische Idylle am Kanal
Wohnen auf dem Schiff

Was in Großstädten wie Paris, Amsterdam oder Straßburg längst zur beliebten alternativen Wohnform heranreift, leben Lionel und seine Familie schon ihr Leben lang. Gerade mal einen Steinwurf weit entfernt von der Rheinfähre Kappel-Grafenhausen/Rhinau am Rhein-Rhone-Kanal. Ungestört, paradiesisch.

Tchi Tchi, Baujahr 1928, liegt heute gut einen Meter tiefer im Becken des Rhein-Rhone-Kanals als sonst. Etwa 300 m weiter nördlich werden gerade Reparaturarbeiten an der Schleuse ausgeführt, die das Absenken des Wasserspiegels bedingen. Jetzt können Lionel und seine Familie in ihrem Lastenkahn aus ihrem prächtigen Salon unter Deck gerade noch über die Ackerkrume hinwegschauen. Ein wenig ärgerlich. Aber dafür balanciere ich fast eben über die schmale Zugangsbrücke auf das in den Abendstunden spärlich beleuchtete 40 m lange wohlbeheizte Schiff.
Es ist mächtig in den Ausmaßen für den schmalen Kanal, sogar zu groß, um durch die vielen Brücken hindurch zu manövrieren. Als Lionel es 1996 erwarb und von Besancon zunächst nach Schiltigheim bei Straßburg überführte, musste er die komplette Kapitänskajüte demontieren. Und dennoch reichte es nicht. Er schrammte eine Brücke bei der Durchfahrt und demolierte das Steuerruder erheblich. Nun ja, das Schiff dient ihm ja nicht zum Transportieren irgendwelcher Güter, sondern ausschließlich zum Wohnen. Die ersten zehn Jahre ankerte es in einem Becken bei

Schiltigheim, wo sein Vater eine kleine gutgehende Werft besaß. Lionel hat es schon als Kind geliebt, auf einem Schiff zu leben und dem Vater bei der Arbeit zuzuschauen und oft auch mithelfen zu dürfen. Er hatte ihn bewundert, wenn er mit handwerklichem Geschick an anderen Schiffen oder am eigenen herumwerkelte. Als er schwer erkrankte und fast zwei Jahre ans Bett gebunden war, bevor er starb, brach Lionel sein Physikstudium ab und übernahm den Betrieb. Auch er entwickelte sich zu einem vielseitigen und kunstvollen Artisan, zu einem handwerklichen Faktotum. Er weiß alle anfallenden Schreiner-, Schlosser-, Elektro- und Sanitärarbeiten, die auf einer Werft anfallen, zu erledigen. Die hohen Liegegebühren, die vielen oft unliebsamen Besucher, von neugierig bis rabiat oder sogar kriminell, haben Lionel und Estelle dazu bewegt, mit ihren beiden Kindern den Standort, den Liegeplatz zu wechseln und nach Obenheim umzusiedeln. Seit 2006 liegt Tchi Tchi nun im stillen Wasser an der Kanalbrücke an der Rue de Sand zwischen Sand und Obenheim, wo Lionel auch seine Artisan-Werkstatt führt. Hier ist das Leben nahezu paradiesisch. Kein Auto. Keine Chaussée. Nur mit ihr am Kanal allein. Nicht nur am Wochenend, nicht nur bei Sonnenschein. Was braucht man noch zum Glücklichsein.
Die Radler und die wenigen Hausbooturlauber im Sommer, die in romantischer Weise auf dem Kanalweg das Mittelmeer ansteuern, gehören zu den angenehmen Begegnungen.
200 qm gemütlichste Wohnfläche unter Deck im ehemaligen Laderaum und nochmals die gleiche Fläche

Lage
Rhein-Rhone-Kanal bei Obenheim. Kostenlose Autofähre bei Kappel-Grafenhausen nach Rhinau. Die D5 nach Boofzheim, von dort aus die D 468 nach Obenheim. Vor dem Ortseingang links die Rue de Sand nehmen. Schon nach 300 m erreicht man den Kanal. Noch vor der Brücke links liegt das Schiff.

Einkehren
Restaurant *Chez Mamema – S'Ochsestübel* (au Boeuf), 12 Rue de Strasbourg Traditionelles elsässisches Ambiente

Lionel Arbogast
Artisan

Estelle Bour
Sozialarbeiterin, Familienberaterin

Foto: Thomas Kaiser

darüber als Sonnenterrasse – welch ein großzügiges, freies und genussvolles Leben. Es fehlt ihnen an nichts. Eine Bar, ein Kaminofen, ein Musikstudio, ein Komfortbad und genügend Raum für Jules (19) und Zoe (16). Ein Parkettboden mit kunstvollen Intarsien, eine Windkraftanlage, Solarzellen für Fotovoltaik und Isothermie, im Winter der Generator, Frischwasseraufbereitung, Abwasserfilteranlage, Internetanschluss - unsere Schiffsbewohner sind bestens versorgt. Das sommerliche Bad im sauberen Kanalwasser, reger Besuch von Freunden auch aus dem Dorf, täglich frische Croissants aus der nahen Boulangerie und der Super-U in der Nähe. Und wenn der Pegel des Kanalwassers wieder auf den Normalstand ansteigt, dann

sehen sie morgens über dem Schwarzwald die Sonne aufsteigen und abends im Westen sie wieder hinter den Vogesen verschwinden. Idylle pur. Na ja, bis auf die Moskitos im Juni und Juli. Aber dafür gibt's das Moustiquaire, das Moskitonetz, wie es auch die Südseeurlauber auf den Fidschiinseln verwenden.

Der Rhein-Rhone-Kanal, den man schon 1833 zu bauen begann, ist wegen der geringen Ladekapazität kaum noch wirtschaftlich genutzt. Der Plan, diese Wasserstraße auf die doppelte Breite auszubauen, wurde aus wirtschaftlichen und ökologischen Gründen vor gut zehn Jahren endgültig verworfen.

Peter Martens

Lage
Friesenheim, in der Mitte des Orteils Schuttern

Einkehren
In der ehemaligen Zehntscheur des *Kloster- Gasthaus Adler* zu einem Glas Offo-Sekt und einer Offo-Wurst

Hoch oben in der Schutterer Klosterkirche

Ein geschichtliches Juwel im Ried

„Wer den Kirchturm zuerst sieht hat gewonnen" war ein oft ausgelassenes Familienspiel aus meiner Kindheit, immer dann, wenn wir auf der Rückfahrt nach Hause waren. Heute spiele ich dieses Spiel auch mit meiner Tochter. Egal ob auf der Autobahn oder auf der B3 – schon von weitem sieht man den mit 75 m höchsten Kirchturm in der Ortenau. Die Schutterer Kirche gilt als geschichtliches Juwel des Rieds und ist eines der wenigen Überbleibsel des bedeutenden

Reichsklosters Schuttern. Ein Verzeichnis Ludwigs des Frommen nennt 817 nur zwei westrheinische Klöster unter den leistungsfähigsten Konventen des Frankenreiches, nämlich Schuttern und Lorsch. Das Kloster Offonis Cella / Scutera war ein geistiges, kulturelles und wirtschaftliches Zentrum am Oberrhein. Von hier aus wurde die Ortenau christianisiert, rodeten die Mönche große Wälder und entwässerten das sumpfige Ried (Ried = Sumpf / Moor). In der Klosterbibliothek wurden in kunstvoller Weise geistliche Bücher abgeschrieben. So befindet sich ein Evangeliar – 820 in Schuttern geschrieben – heute im Britischen Museum.

Mit Hilfe des Kirchturmes lässt sich ganz gut die

Martin Buttenmüller
Realschullehrer, Gründer des Historischen Vereins Schuttern, 20 Jahre lang Ortsvorsteher von Schuttern
Über 1000 Kirchenführungen in Schuttern

Geschichte des Klosters und der Stadt Schuttern erzählen. Über dem Eingangstor der Kirche ist sowohl das Wappen des Konvents als auch das des Abtes zu sehen, gleich darüber eine Marienstatue mit dem Jesuskind. Die Kirche ist der Muttergottes geweiht und immer an Maria Himmelfahrt wird das „Schutterer Fest" gefeiert, an dem man, so die Tradition, „Sürbrode mit Nudle" isst. Links unterhalb der Marienstatue befindet sich der angelsächsische König Offo, der legendäre Gründer des Klosters, rechts daneben Kaiser Heinrich II. Er schenkte dem Kloster im Jahre 1016 die Propstei Heiligenzell und einige Bauernhöfe in Friesenheim und Plobsheim. In 40 m Höhe auf der zweiten Balustrade thronen der hl. Benedikt und der hl. Pirmin. Dieser gründete in der „Mortenau" die Klöster Schwarzach und Gengenbach und reformierte laut Klosterchronik das Kloster Schuttern. D.h. dank des hl. Pirmin wurde aus einer unstrukturierten Gruppe frommer Männer ein Benediktinerkloster. Nochmal etwa 20 Meter höher in der „Laterne" des Kirchturmes, für so manchen schwindelerregend, gelange ich zu meinem Lieblingsplatz. Nur der Wind zerzaust mir das Haar. Acht runde Säulen, jeweils aus einem Stück Sandstein gehauen, mit einem Durchmesser von 30 cm und einer Länge von 3,60 m tragen hier den spitzen Kirchturm. Ich bewundere unsere Vorfahren, wie sie diese tonnenschweren Sandsteinsäulen nur mit Hilfe von Flaschenzügen und eigener Muskelkraft in diese Höhe hievten. Alles zur Ehren Gottes. Dort oben verweile ich so manches Mal und genieße die freie Sicht in den Schwarzwald, in die Rheinebene und ins benachbarte Elsass. Hier lasse ich meinen Gedanken freien Lauf. Verbunden mit der Geschichte kann ich das Kloster mit seiner Fläche von rund acht Hektar und seinem einmaligen paradiesischen Barockgarten gedanklich wieder entstehen lassen. Zu jeder Jahreszeit hat dieser Platz seinen ganz besonderen Reiz und bietet mir immer wieder großflächige andere Eindrücke der Natur.

Es ist für mich der herrlichste Platz in meiner badischen Heimat. Und die schönste und aufregendste Silvesternacht habe ich ebenfalls hier oben auf dem Turm verbracht.

Lage
Im Untergeschoss der Schutterer Klosterkirche

Marita Blattmann
promovierte Historikerin
geboren 1959 in Schuttern
lehrt seit 2000 als Professorin für Mittelalterliche Geschichte und Historische Hilfswissenschaften an der Universität in Köln

Das Schutterer Mosaik
Deutschlands ältestes figürliches Bildmosaik

LOCVS VOCI N(ost)RE IN CELO – ‚ein Ort für unsere Stimme im Himmel'. Das steht auf der linken Innenumschrift des Schutterer Mosaiks im Ausgrabungskeller unter der Kirche, soweit sie sich aus verbliebenen Trümmern noch zusammensetzen ließ. Denn eine mehr als zwei Meter breite Schneise hat das kreisrunde Mosaikmedaillon (ø 338 cm) weitgehend zerstört. Neben ein paar Brocken aus dem Mittelfeld blieben nur zwei schmale Bogensegmente rechts und links so erhalten, wie man sie ursprünglich verlegt hat.

Der Verlust wiegt schwer, denn das in den späten 1120er Jahren entstandene Schutterer Kunstwerk ist das älteste figürliche Bildmosaik Deutschlands und eines der qualitätvollsten Europas. Nur Meister ihres Faches konnten in den kaum 50 cm breiten äußeren Bildring vier komplette Figuren in so stimmiger Körperhaltung einpassen: links Kain und Abel beim Opfer ihrer Erstlingsfrüchte, rechts den Brudermord. Kains hassverzerrtes Gesicht mit der vorgeschobenen Unterlippe, die beidhändige Führung der Axt, das ergebene Zusammensinken Abels – das alles ist aus weiß-grau-schwarzen und gezielt eingesetzten roten Steinwürfelchen in knappen Linien scheinbar ganz leicht hingeworfen. Dabei changieren die behauenen Kieselchen in Form und Farbe, rauere und polierte, tief eingedrückte und leicht hervorstehende verleihen den Figuren Leben und lassen die Buchstaben tanzen. Heute sind die Steine trocken und stumpf, einst haben Feuchtigkeit und Fett sie wunderbar zum Leuchten gebracht. Mit meinen Studenten habe ich 2017 jeden einzelnen Stein nachgezeichnet – die Harmonie entsteht, weil die Einzelteile so unharmonisch sind. Ganz große Kunst. Und auch ein großes Rätsel. Denn die erhaltenen Kain-Abel-Szenen zieren ja nur die schmale Randborte des Medaillons. Das Umschriftenfragment verrät nicht, was im Zentrum dargestellt war. Mit der Lieblingsstelle des Mystikers Rupert von Deutz aus der Laurentiusmesse – „Ich bitte darum, dass meiner Stimme im Himmel ein Ort gegeben werde" – zitieren sie implizit auch Ruperts Auslegung: Jedes aufrichtige Gebet findet im Himmel Gehör, selbst wenn Worte oder Stimme fehlen. Nicht einmal die physische Vernichtung kann einen Gläubigen mundtot machen. Kain glaubt, er habe den Bruder zum Schweigen gebracht, aber „sein Blut schreit aus der Erde" zu Gott. Der Märtyrer Laurentius verstummt auf dem glühenden Rost und findet gerade dadurch Jahrhunderte lang Widerhall als großes Vorbild.

Die zeitweise aus Schuttern vertriebenen Anhänger der Kirchenreform ließen nach ihrer Rückkehr das Mosaik setzen als Zeichen der Zuversicht, dass das Kloster ungeachtet künftiger Gefahren ein Ort des reinen Gebets bleiben werde. Vielleicht würde man sie erneut verdrängen, aber „wo die Menschen schweigen, werden die Steine reden" (Lk 19.39). Und Schutterns Mönche schweigen seit der Säkularisation 1806 endgültig, aber die Steine des Mosaiks, die Überreste der romanischen und der barocken Kirche und der gegenwärtige neoklassizistische Bau bezeugen immer noch einen Ort, wo die Stimme der Gläubigen Gehör findet im Himmel.

Ein Lindenbaum erzählt

Vom Wandel der unterschiedlichen Lebenslagen im Schlössle Heiligenzell

Die alte Linde. Wieder einmal stehe ich vor ihr, schaue zu ihren Wipfeln empor, dem Himmel und der strahlenden Sonne entgegen. Ja, die alte Linde - und ich höre sie erzählen.

Das wunderschöne Anwesen war ursprünglich das Herrenhaus des Dampfziegeleibesitzers Hermann Graumann. Herrschaftliches Leben war zunächst auf dem Schlössle-Areal. Der feine Herr konnte das Leben genießen und gut feiern. Hermann Graumann verstand sein Dampfziegelhandwerk, aber mit Geld konnte er nicht umgehen. Eines Tages war er pleite. Das schöne „Graumännsche Gut" wurde zwangsversteigert. Joseph Himmelsbach, ein Holzhändler aus Oberweier, kaufte das Anwesen. Die Geschwister Fischinger aus Kürzell: Franziska, Magdalena und Maria kümmerten sich seit 1851 um Waisenkinder. 1871 kauften sie das Schlössle in Heiligenzell, es wurde Heimat für 13 Schwestern und 30 Kinder. Das Haus erhielt die kirchliche Weihe. Keine rauschenden Feste wurden mehr gefeiert, keine strammen Reiter auf schnellen Pferden ritten mehr in den Hof herein, keine Kutschen fuhren mehr vor. Auf dem Gelände wurde alsdann hart gearbeitet und gelernt. Mit Stroh flechten, Hut machen und den Erträgen der Landwirtschaft wurde der Lebensunterhalt der Schwestern und ihres Kinderheimes bestritten. Schwestern und Kinder waren auf dem Anwesen unterwegs. 1893 schloss sich die kleine Gemeinschaft der Heiligenzeller Schwestern den Barmherzigen Schwestern vom heiligen Franziskus in Gengenbach an. 1909 wurde das Kinderheim aufgelöst. Von nun an betreuten Schwestern von Gengenbach die Landwirtschaft, alten und kranken Schwestern wurde das Schlössle eine neue Heimat. Und die heilige Elisabeth, die ernannte Patronin des Hauses, hielt ihre schützende Hand über sie. So manche im Dienst erschöpfte Schwester liebte das Schlössle als „Jungbrunnen".

Wie oft mag die alte Linde unter ihrem Schatten die Schwestern singen gehört haben: „Am Brunnen vor dem Tore, da steht ein Lindenbaum..."

Ja die alte Linde hat viel gesehen, und das Leben in den unterschiedlichsten Farben und Nuancen auf dem Graumänschen Gut, dem Schlössle, wahrgenommen: Den reichen Fabrikanten mit seinen rauschenden Festen, selbstlose Schwestern, die Straßenkindern eine Heimat geboten haben, kranke und alte Schwestern, Schwestern, die in der Landwirtschaft hart gearbeitet und mit der Heiligenzeller Bevölkerung das Leben durch 121 Jahre geteilt haben.

Die alte Linde - ich laufe um sie herum und schaue das schöne Anwesen an, das mir so gut gefällt. Ich spüre das pulsierende Leben früherer Jahre in mir. Doch dann erblicke ich Menschen, die heute hier wohnen, die aus fernen Ländern kommen und hier eine Heimat gefunden haben. Ich bin dankbar über das Zwiegespräch mit der Linde und denke, schön, Menschen finden Heimat. Unser Auftrag geht weiter.

Lage
Friesenheim, Schlössle Heiligenzell

Sr. M. Michaela Bertsch
Generaloberin der Franziskanerinnen zum Göttlichen Herz Jesu in Gengenbach

Nichts anderes als ein Haus G'ttes

Aufmerksam auf das Gebäude der Synagoge Kippenheim wurde ich erst durch den Vortrag „jüdische Schicksale im Kreis Lahr" von Hildegard Kattermann. Sie ist als Erste der Geschichte ehemaliger jüdischer Bürger aus Lahr und Nonnenweier nachgegangen und berichtete darüber am 9. November 1978, 40 Jahre nach der Reichspogromnacht, auch über den von der Raiffeisengenossenschaft als Warenlager benutzten unwürdigen Zustand des ehemaligen Synagogengebäudes. Als Leiter von Sportjugendaustauschen mit Israel seit 1970 wurde ich neugierig. Eine besondere Beziehung zum Staat Israel bekam ich 1972 in München, als ich als Verantwortlicher der Deutschen Sportjugend im Jugendlager für die israelischen Jugendlichen tätig war. Der dort durch palästinensische Terrorristen verübte Angriff auf die israelische Olympiamannschaft bewirkte den vorzeitigen Abflug aller Israelis in zwei EL-AL Maschinen zurück nach Israel. Die Verabschiedung der Israelis am Flughafen Riem ist mir bis heute nahe. Dieses Erlebnis bewirkte 1978 zusätzlich mein Interesse auf die Würde dieses Synagogengebäudes, dessen Türbogeninschrift *„Dies ist nichts anderes denn G'ttes Haus"* in Hebräisch noch erhalten ist. Diese Inschrift elektrisierte mich so, dass ich nach Wegen suchte, den Zustand dieses Gotteshauses ändern zu können.

Es ist sicher kein Zufall, dass just zu dieser Zeit (1977) Willi Mathis zum Bürgermeister in Kippenheim gewählt wurde. Diesen hatte ich 1967 als Trainer des Südbadischen Leichtathletikverbandes bei den Deutschen Jugendmeisterschaften in Oldenburg betreut. Er aus Jestetten und ich aus Freiburg stammend standen gemeinsam unvoreingenommen vor diesem Gebäude, er mit der Last seines Gemeinderates, ich mit meinem Willen, dem Haus zu einer würdigeren Nutzung zu verhelfen. Konfliktfrei waren die folgenden 7 Jahre bis 1985, als die Gemeinde das Gebäude erwerben konnte, nicht, zumal auch Werner Nachmann sowohl für den Oberrat der Israeliten in Baden wie auch für den Zentralrat der Juden in Deutschland *„keine Verwendungsmöglichkeit für dieses Gebäude"* sah, sondern vorschlug, nur *„durch eine Gedenktafel an die ehemalige Synagoge in Kippenheim zu erinnern"*. Anders als Nachmanns Einstellung war die der ehemals jüdischen Bürger Kippenheims. So sind für mich viele Emotionen mit diesem Gebäude verbunden.

Heute ist es vorwiegend ein ‚denk – mal' für die 40 Jahre von 1945 (Kriegsende) bis 1985 (Erwerb durch die Gemeinde), eine Epoche, in der ‹am Gebäude› mehr zerstört wurde als zuvor: Abriss der Türme, Begradigung der Fenster, Durchbruch einer Türe am Toraschrein, Einzug einer Zwischendecke, Zumauern auf der Nordseite, Beschädigung des Fußbodens durch Werkstattarbeiten... Dabei ist der Rest (Wände, Decke, Bemalung...) im Original erhalten geblieben.

So steht in der Ortenau eine Gedenkstätte, die an ein ehemals vielseitig kulturelles jüdisches Leben, an die Reichspogromnacht 1938, die gewaltsame Deportation in das Lager Gurs 1940 und besonders an den Umgang mit dem Erbe der Nazizeit nach 1945 durch Vertuschen, Verheimlichen, Verharmlosen, Verdrängen, Vergessen, Verleugnen erinnert.

Lage
Die Synagoge liegt in Kippenheim, im Ortszentrum, in der Poststraße 17

Einkehren
Pizzeria Michele, Kippenheim, Poststr. 16
Gasthaus Adler, Ettenheim, Friedrichstr. 44

Robert Krais
Geb. 1941 in Freiburg, Sozialarbeiter. Haupt- und ehrenamtlich in Sportverbänden sowie an den Heimschulen Sasbach und Ettenheim tätig. Betreuer in den Olympiajugendlagern 1968 in Grenoble und 1972 in München, Leitung vieler deutsch – israelischer Sportjugendaustausche, Mitbegründer des Deutsch – Israelischen Arbeitskreises Südlicher Oberrhein (1974) sowie des BdKJ - Projektes Erinnern und Begegnen (1988). Hermann – Maas Medaille (1996), Obermayer German Jewish History Awards (2005), Veröffentlichungen zur Geschichte jüdischer Bürger aus der Ortenau. Lebt in Ettenheim.

Foto: Tilmann Krieg

Einer der arten- und struktur-reichsten Wälder Europas

Meine Kindheit in Rhinau war geprägt vom Alltag auf dem Land, zwischen allerlei Feldarbeiten in der traditionellen Kulturlandschaft. Dabei hatte mich der damals noch wilde Rhein mit seinen Buhnen[1], Kiesbänken, Altarmen und hin und wieder überschwemmten Auenwäldern schon frühzeitig in seinen Bann gezogen. Keine Gelegenheit wurde in der Freizeit ausgelassen, um mit gleichgesinnten Schulkameraden in diesen urwüchsigen Wäldern herumzustreuen, um Tiere aufzuspüren und zu beobachten. Egal ob Aukopf, Mattenwasser oder Schaftheu, im Zuge unzähliger Streifzüge in Begleitung der letzten Berufsfischer oder beim Morcheln suchen wurden diese linksrheinischen Auenwälder immer mehr zu vertrauten Orten für mich. Als dann die Bagger zum Bau des Rheinseitenkanals vorrückten und weite Teile dieser heimischen Umgebung in eine Mondlandschaft umwandelten, hat der Anblick dieser Naturzerstörung sicherlich in mir wohl frühzeitig den Naturschutzgedanken keimen lassen.

Diese Zuneigung zur Natur hat mich durch meine Schuljahre begleitet und mich letztendlich auch zum

---

[1] Buhnen sind ingenieurbiologische Dämme, die meist aus Totholz oder Findlingen bestehen. Sie werden speziell im Rahmen von Gewässerrenaturierungen eingesetzt. Oft sind sie so angeordnet, dass in einem begradigten Gewässerverlauf neue Mäander, Auskolkungen und Ufererosionen entstehen.

Studium der Ökologie und Geographie an die Universität Straßburg gezogen. Auch ist dem Erleben der Wildnis vor der Haustür sowie dem Beobachten und Bestimmen von Vögeln meine Sehnsucht nach Wildnis in der weiten Welt entsprungen, die ich unter anderem im Langzeitprojekt über Lemming-Zyklen im Nordosten Grönlands im größten National Park der Welt noch bis ins jetzige Rentenalter hinein ausleben kann.

Die Liebe zu den Rheinauen ist mir aber in all den Jahren geblieben. So nutze ich auch heute noch gerne Gelegenheiten wie die jährlichen Wasservogelzählungen, die Pflegeeinsätze für den Naturschutz oder aber die Mitbetreuung grenzüberschreitender Projekte über die Rheinauen, um die Ile de Rhinau wieder aufzusuchen und mein Wissen, welches ich auch beim Lenkungsausschuss dieses Schutzgebietes einbringen kann, auszuweiten. Besonders am Herzen liegt mir dabei dessen Kerngebiet beziehungsweise der Schaftheu, denn dort sind einige wenige Dutzend Hektar eines Altbestandes an hundertjährigen Eichen und Eschen von den damaligen Rodungen für den Bau des Rheinseitenkanals verschont geblieben. Seinen Namen bezieht der Schaftheu von den Winterschachtelhalm-Vorkommen, das sich stellenweise das Unterholz mit Gebüschen von Hartriegel, Hasel und Traubenkirschen streitig macht. Der Anblick dieser Kulisse – Lianenvorhänge, ineinander verschlungene Ranken der Waldrebe mit efeüberzogenen Stämmen sowie das Chaos aus umgestürzten Baumriesen und wild ineinander verkeilten Stämmen – all das vereint sich dort zu einem einzigartigen Meisterwerk

Lage
Die etwa 10 km lange Insel liegt zwischen dem schiffbaren Grand Canal d'Alsace und dem Rhein. Der Zugang ist im Norden bei Diebolsheim (D20) (Elsass) oder im Süden von Weisweil auf deutscher Seite möglich. Ein beeindruckender Radrundweg (www.rhinvivant-lebendigerrhein.eu) durchstreift beide Rheindschungelteile, das Réserve Naturelle de l'Ile de Rhinau und das Naturschutzgebiet Taubergießen.

Einkehren
Kiosk Rheinblick direkt am Rhein bei Weisweil, *Restaurant à la Coronne* in Diebolsheim, *Au Vieux Couvent* in Rhinau am Quai des Pêcheurs

Benoît Sittler
Als promovierter Geograph an der Fakultät für Umwelt und Natürliche Ressourcen der Universität Freiburg vor allem im Bereich des grenzüberschreitenden Naturschutzes tätig. Zugleich Initiator und Leiter des noch laufenden deutsch-französischen Langzeitprojektes über Lemmingzyklen und Klimawandel im Nationalpark Nord-Ost Grönland

Foto: Thomas Kaiser

Foto: Thomas Kaiser

der Natur. Akustisch wird die Wildnis eingerahmt von den Klängen der Laubsänger, dem Trommeln der Spechte bis hin zu den flötenden Rufen der Pirole und das rege Leben im Blätterdach lässt im Frühjahr und Sommer auch die Vogelkundler nur so staunen. Wissenschaftler haben diesen Bannwald mit seiner subtropisch anmutenden Fülle als einen der arten- und strukturreichsten Wälder Europas beschrieben. Dass seit den Revitalisierungsmaßnahmen der Altarm des Schaftheu nun wieder wie ein Gießen funktioniert und kristallklares Wasser führt, erfreut jeden Naturliebhaber und zeigt auch, wie man der Natur etwas von Ihrer Ursprünglichkeit zurückgeben kann.

Möge dann der Anblick dieser Perle unserer Rheinauen noch lange erhalten bleiben, um den nachfolgenden Generationen die Möglichkeit zu bieten, selbst noch etwas Wildnis zu erleben und sich eine Vorstellung davon machen zu können, wie einst die Landschaft unserer Ahnen ausgesehen hat.

Foto: Thomas Kaiser

Taubergießen

Durch atemberaubende Stille, in der aber die Natur wunderbar zu reden beginnt

Die Region rings um Freiburg ist für mich ein einzigartiges Mosaik von Lieblingsorten, und nur mit Bitte um Nachsicht bekenne ich, dass in diesem wunderbaren Gelände zwischen Stadt und Gebirge inzwischen ein Ort im Abseits all meine Sympathien hat: letzte Reste des alten wilden Rheins, den schon die Römer den „schrecklichen" genannt hatten, rhenus horridus, ein dschungelartiges Reservat, das sich noch heute öffnet, wenn man nördlich des alten Vulkans Kaiserstuhl westwärts vordringt in ein amphibische Terrain, ins „Taubergießen" und wenn man sich dort von einem Ortskundigen auf flachem Kahn durch einen letzten deutschen Urwald treiben lässt, durch wucherndes Dickicht, durch atemberaubende Stille, die dann jedoch wunderbar zu reden beginnt.

Biotop? So heißt das heute nüchtern, nein, mich faszinieren da Reste einer vergangenen Rheinwelt, eine Urwelt, die sich heute freilich zu ducken hat hinter lärmenden Attraktionen einer Kunstwelt, hinter den erfolgreichen Angeboten des „Europaparks – Deutschlands größter Freizeitpark". Von dort war kürzlich zu hören, man werde demnächst als neusten Hit vom Park aus eine Seilbahn bauen quer über die paradiesische Einsamkeit Taubergießen, bis hin zum Rhein. Zum Glück kam Protest und ist davon keine Rede mehr und nun weiß ich, ich bin also nicht der einzige Liebhaber dieser Rheinauen. Mir jedenfalls erschienen die Waldwasserzauber hinter Kappel unvergesslich, endgültig, seit ich das filmen konnte für den Sender in Baden-Baden („Rheinfahrt. Vom Rheinfall zum Drachenfels" (SWR, 1994) und seit ich das Taubergießen auch später mehrfach durchquerte auf einem der alten Kappeler Fischerkähne, nun gut besetzt mit vielen Freiburger Kindern, die von Reihern oder Eisvögeln überrascht wurden und staunten, als bei steilerem Gefälle die Erwachsenen aussteigen mussten und durchs Wasser stapfen, weil der Kahn in der „Schnelle" Felsen geschrammt hätte und stecken geblieben wäre. Nur der alte Kappeler Fischer blieb als Steuermann an Bord. Und der erzählte dann auch von der Prinzessin Antoinette aus Wien, die hier vor gut zweihundert Jahren von kundigen Vorfahren durch den Urwald und dann heil über den wildernden Rhein hinüber gebracht wurde in Richtung Paris, wo sie die Königin von Frankreich wurde, wo dann aber, wusste der Fischer, irgendetwas sehr unglücklich endete. Immerhin hätte die Königin ihnen, den Leuten in Kappel und Rust, noch vor ihrem traurigen Unglück zum Dank das Fischrecht verliehen.

Danach sahen die Kinder vom Kahn besonders aufmerksam hinab in das klar fließende, in das „gießende" Wasser und erkannten in der Tiefe ohne Zweifel manche langen und grün wogenden Haare, wie von Wassergeistern, von Nixen, als lebten da noch immer Undinen oder Melusinen oder unglückliche Prinzessinnen.

Lage
Entlang des Rheins nördlich des Kaiserstuhls. Im Süden dagegen ist der „Zauber" der Rheinauen stark eingeschränkt.

Einkehren
s'*Dirlis Fischerstube*, Rheinhausen, Hauptstr. 124a

Jürgen Lodemann
Schriftsteller und Fernsehjournalist. Schwerpunkte seiner Publikationen sind Romane, die im Ruhrgebiet spielen oder in Freiburg („Salamander", „Fessenheim"). Auch hat er den Nibelungenstoff erneuert („Siegfried und Krimhild") und eine authentische Arbeiter- und Freiheitsoper von 1848 entdeckt („Regina"). Er lebt in Freiburg im Breisgau und in Essen.
Siehe auch: *www.jürgen-lodemann.de*

Foto: Martin Bildstein

Foto: Thomas Kaiser

Foto: Thomas Kaiser

Taubergießen und die Waldgebiete
Unser Paradies inmitten der Ortenau

Heimatliebe ist wieder schwer im Kommen. Wenn man wie ich viel in der Welt herumkommt, schlägt das Herz automatisch höher, denkt man an die eigene Heimat. Mir geht das so mit dem Taubergießen, einem einzigartigen Naturschutzgebiet. Für mich eine der schönsten Gegenden in Deutschland. Heimat meiner Kindheit. Mit dem Fahrrad oder zu Fuß bin ich da heute noch gerne unterwegs.

Für mich und meinen älteren Bruder Dieter war es in unserer Kindheit so etwas wie ein einzigartiges Abenteuer-Revier. Wir konnten uns schon damals am Artenreichtum der Tier- und Pflanzenwelt nicht satt genug sehen. Stundenlang streiften wir durch den Auenwald und erkundeten die naturbelassene Wasserlandschaft. Freiheit pur in schönster Natur. Klar, wir haben dann auch Blödsinn gemacht und schreckten Fasanen auf und stellten ihnen nach. Bis uns ein Förster auf die Schliche kam und uns mit erhobenem Gewehrlauf nach Hause scheuchte, vor das Gericht unseres Vaters. Der brachte uns mit einer gehörigen Tracht Prügel den noch fehlenden Respekt vor diesen Naturgeschöpfen bei. Eine Lektion für das Leben. Über diese Maßregelung war ich zumindest so beeindruckt, dass ich meinem Vater androhte: „Wenn ich groß bin, gründe ich ´ne Firma, die ist größer als deine." Diese Aussage imponierte meinem Vater nicht und er legte nach. Was mich im Zorn zu einer noch größeren An-

kündigung verleitete: „Eine Firma, die doppelt so groß ist wie deine." Ob dies prägend für meine weitere Entwicklung hin zum Unternehmer gewesen ist, sei mal dahingestellt. Meine Begeisterung für den Taubergießen konnte dieses Erlebnis nicht trüben. Ich freute mich sehr, als dieses Gebiet 1979 unter Naturschutz gestellt wurde, 4 Jahre nachdem ich tatsächlich ein Unternehmen gegründet habe.

Wenn es irgendwie geht, unternehme ich auch heute regelmäßig Wanderungen oder Radtouren im Taubergießen. Ich genieße die grenzenlose Natur in allen Jahreszeiten. Heute eher als stiller Beobachter. Für mich hat es fast etwas Meditatives, die Tierwelt zu betrachten. Die enorme Artenvielfalt, welche durch die enge Vernetzung von Wald, Wiesen und Gewässern zustande kommt, ist herzerfrischend. Und besonders wild und lebendig bei wechselndem Hoch- und Niedrigwasser. So entdecke ich bei jeder Wanderung etwas Neues und erlebe den Wandel der Natur hautnah.

Als Ingenieur faszinieren mich die Libellen, die elegant und zart die Oberfläche des Wassers berühren, kleine Wasserkreise verursachen. Der eher seltene Anblick eines Eisvogels im Sturzflug ist die Krönung unserer heimatlichen Natur. Das symbiotische Zusammenleben der verschiedenen Lebewesen fasziniert und inspiriert mich zutiefst. Und obwohl ich durch meine vielen geschäftlichen Reisen um die ganze Welt schon so viel Schönes gesehen habe: ich freue mich immer wieder darauf, unser kleines, gemeinsames Paradies in der Ortenau zu besuchen.

Lage
Entlang des Rheins nördlich des Kaiserstuhls. Im Süden dagegen ist der „Zauber" der Rheinauen stark eingeschränkt.

Dr.-Ing. E.h. Martin Herrenknecht
geb. 1942, Konstruktionsingenieur Unternehmensgründer, Vorstandsvorsitzender der Herrenknecht AG. Mehrfach ausgezeichnet: Ehrendoktorwürde der TU Carolo-Wilhelmina / Braunschweig, Bundesverdienstkreuz, Aufnahme in die Handelsblatt Hall of Fame des deutschen Unternehmertums, Verleihung des *Lifetime Achievement Awards* der International Tunnelling and Underground Space Association (ITA) sowie des Werner-von-Siemens-Rings

Foto: Michael Sauer

Zurück in die Zukunft
Die wilden Weiden im Taubergießen

Arkadien, das Land, wo Frieden und Eintracht zwischen Mensch und Tier herrscht, liegt nördlich von Kappel. Über Jahrtausende vollzog sich unsere Menschwerdung in Weidelandschaften. Diese Landschaften sind unsere Heimat, unser Sehnsuchtsort und unser Himmel! Ich lade Sie ein, die Augen zu schließen und mit mir zu fliegen: Durch den Himmel über der Ortenau, im Osten die schwarze Silhouette des Schwarzwaldes, im Westen in blau die der Vogesen.

Unter uns liegen die Magistralen, die vollen Autobahnen und Bundesstraßen, die Eisenbahnen und Siedlungen mit überbordendem Flächenverbrauch. Wir fliegen über Bewegung und Hektik und vernehmen den allgegenwärtigen Lärm. Dann aber landen wir am Rhein in mitten einer ruhig weidenden Herde von urwüchsigen Rindern und Pferden. Wir tauchen ein in eine junge, neue Auenlandschaft, die die alten in der Rheinaue angestammten Gewannnamen wie Rappenkopf oder Kälberweid wieder lebendig werden lässt.[1]

Die Pferde und Rinder fressen und gestalten hier eine althergebrachte neue Ur-Landschaft. Die vom Menschen gemachten geometrischen Landschaftsformen lösen sich auf und Wald und Wiese, Wasser und Land, Himmel und Erde fließen ineinander. Die Kraft der Tiere bringt uns das verlorene Paradies zurück, das Land wo Milch und Honig fließen! Die Kühe säugen ihre Kälber, die Stuten die Fohlen und im besonnten toten Holz des nun aufgelichteten Waldes haben Bienen ihren Bienenstock. Neue ökologische Nischen entstehen, die Alten hingegen verschwinden nicht ganz. Der Wendehals wird auf den wilden Weiden erstmals gesichtet, Gartenrotschwanz und Neuntöter brüten neuerdings mit größtem Erfolg und um den Dung der Weidetiere flattern bunt die Schmetterlinge. Auch wir Menschen finden hier unsere ökologische Nische, die weite Landschaft aus der wir kommen!

Wir erleben Natur wie diese immer war und ist und diese Ur-Natur können Sie auch schmecken, in unserem „Wilde Weiden-Fleisch" in den Kappler Gasthöfen, das glücklichste Fleisch der Ortenau.

Ja, es ist möglich mit der Natur nachhaltig zum Wohle aller zu wirtschaften und so eine Ur-Landschaft zu begründen, in der wir uns besonders wohlfühlen. Sie führt Mensch und Tier, Gäste und Bürger, Förster und Landwirte, Naturschützer und Feinschmecker zusammen. Neue Freundschaften entstehen – und so sind die wilden Weiden im Taubergießen für mich ein Stück vom Himmel auf ortenauer Erden.

---

[1] nach der Laudatio zur Verleihung des Deutschen Landschaftspflegepreises für das Projekt Wilde Weiden Taubergießen

Lage/Info

Seit April 2015 grasen ganzjährig Salers-Rinder im Auftrag des Naturschutzes in den Elzwiesen des Naturschutzgebietes Taubergießen am Rande der Gemeinde Kappel-Grafenhausen. Unter ihnen auch zwei Konik-Stuten und ein Konik-Fohlen. Siehe auch: *www.lev-ortenaukreis.de*

Einkehrmöglichkeiten

zahlreiche Restaurants in Kappel-Grafenhausen

Jochen Paleit

Landschaftsarchitekt, brachte bereits mit der Revitalisierung Taubergießen die Kraft des Wassers zurück in die Rheinauen. Seit 2008 ist er Bürgermeister der Gemeinde Kappel-Grafenhausen und begründet nun gemeinsam mit dem Landschaftspflegeverband Ortenau die Renaissance der Weidelandschaften in den Rheinauen. So kehrt auch wieder die Kraft der weidenden Tiere zurück.

Foto: Thomas Kaiser

Der große Baggersee von Ottenheim

Vielfältige Freude an Flora und Fauna

Am großen Baggersee des Schwanauer Ortsteils Ottenheim ist zwar ein Kieswerk in Betrieb, er wird also noch aktiv bebaggert. Aber abgesehen davon, dass es spannend zu beobachten ist, wie die Technik funktioniert: Auf der Westseite und nördlich davon existieren schön hergerichtete, idyllische Ecken, wo ich mich gerne aufhalte. Auch deshalb, weil ich unseren Hund dort baden und schwimmen lassen kann.

An diesen Baggersee grenzt im Norden ein Weg Richtung Altrhein, dem sich die „Thomasschollen" anschließen, ein Naturschutzgebiet von 221 Hektar. Das wurde 1996 zu einem solchen erklärt, wegen seiner Vielfalt an Wasserlebensräumen mit beispielsweise Quellaustritten und Trübwasserabflüssen sowie wegen des ökologischen Werts der umliegenden Waldgebiete. Der Ottersheimer Baggersee und dieses Naturschutzgebiet stellen für mein Empfinden eine gelungene Kombination mit sehr schönen Möglichkeiten dar, sich in der Natur aufzuhalten.

Auf dem Gebiet der Gemeinde Schwanau haben wir in Nonnenweier einen weiteren Baggersee, um den man herumwandern kann, sowie insgesamt drei sogenannte Altbaggerseen, die renaturiert wurden und heutzutage als Naherholungsgebiete genutzt werden, in denen man baden kann. Sie sind nicht nur kleiner, sondern auch weniger tief, weil seinerzeit nicht die entsprechenden Gerätschaften zur Verfügung standen. Gerade solche stillgelegten kleinen Baggerseen werden gerne auch als Angelgewässer genutzt. Über die Jahre der Ruhe hinweg entwickelt sich dort eine ganz eigene Flora und Fauna, im Freiburger Raum - wo ich herkomme - waren das für mich früher interessante und gemeinsam mit Freunden häufig besuchte Tauchreviere. So ein Baggersee hat einfach was.

Auch direkt um Schwanau herum findet man mehrere Baggerseen, wie in Meißenheim oder Ichenheim. Generell stellen sie eine besondere Landschaftsform gerade der Oberrheinischen Tiefebene dar, mit einem ganz eigenen Charakter. Denn wir haben hier keine natürlichen Seen, vielmehr verdanken wir sie der Kiesausbeute - die hiesigen Vorkommen sind nicht nur von hoher Qualität, sondern lassen sich auch relativ einfach abbauen. Kies wurde schon früh beispielsweise für den Straßenbau eingesetzt, wo dieses Material für den Unterbau benötigt wird.

Wenn man also aus der Luft auf die Oberrheinische Tiefebene schaut, dann reiht sich ein Baggersee an den anderen, mal mit mehr und mal mit weniger Abstand. Eine tolle Landschaft, die insgesamt gesehen ihren Eindruck hinterlässt. Und nur einen großen Steinwurf entfernt liegt Frankreich, besser kann man es kaum haben.

Lage
Schwanau, Ortsteil Ottenheim

Einkehren
Da Toni, Schwarzwaldstraße 5 in Schwanau, Ortsteil Ottenheim

Wolfgang Brucker
Seit 1999 Bürgermeister von Schwanau

Der Leuchtturm des Hotels „Bell Rock"

Im Blick die nachhaltigen Wege in die Zukunft

Der Leuchtturm des Hotels „Bell Rock" ist für mich ein symbolischer Ankerpunkt zwischen zwei Welten. Lässt man hier seinen Blick schweifen, kann man vom Schwarzwald bis zu den Vogesen blicken. Dazwischen liegt, im bescheidenen Fischerdorf Rust der Europa-Park. Auf einer Fläche von 95 Hektar erleben unsere internationalen Gäste über 100 Attraktionen und erholen sich in einem unserer sechs Erlebnishotels. Als Familienunternehmen haben wir Stein für Stein Deutschlands größten Freizeitpark gemeinsam aufgebaut und bieten heute in 15 europäischen Themenbereichen landestypische Architektur, Gastronomie und Vegetation an. Diese großartige Fläche von oben zu sehen, erfüllt mich immer wieder mit Stolz. Zumal ich mich an die Schlagzeilen der ersten Jahre „...der Pleitegeier schwebt über Rust" erinnere und froh bin, dass wir uns davon nicht haben abschrecken lassen. Wie oft ich schon hier oben stand, kann ich nicht mehr zählen. Obwohl ich den Europa-Park oft als Verlängerung meines Wohnzimmers definiere, fühle ich mich hier oben im Leuchtturm des 4-Sterne Superior Hotels „Bell Rock" seit der Eröffnung 2012 am wohlsten. Der atemberaubende Ausblick über die Ortenau verschlägt mir immer wieder den Atem. In unserer Region gibt es so viele Naturschätze die man oft gar nicht so deutlich wahrnimmt – von hier oben jedoch, hat man einen grandiosen Blick darauf. Direkt neben dem Europa-Park befindet sich mit dem Naturschutzgebiet Taubergießen ein magischer Ort der zum Verweilen einlädt. Zudem habe ich über den Dächern von Rust immer einen wunderbaren Überblick über das Geschehen, besonders die Entwicklung des kleinen Fischerdorfs war in den vergangenen sieben Jahren unglaublich spannend.

Den Blick nach Osten gewendet sieht man in den letzten Jahren ein neues Kapitel unserer Familiengeschichte heranwachsen. Zusammen mit meinen Kindern Ann-Kathrin, Thomas und Michael und meinem Bruder Jürgen sind wir seit über zwanzig Jahren dabei den Traum von „Rulantica – der neuen Wasserwelt des Europa-Park" in die Realität umzusetzen. Schon mein Vater, Franz Mack, hat davon geträumt das Angebot des Parks um eine Erlebniswelt zum Thema Wasser zu erweitern. Umso schöner, dass wir als Familie diesen Traum nun verwirklichen können. Vom rotweißen Aussichtsturm blicke ich gerne abends über die Baustelle, beobachte die Fortschritte und mache mir Gedanken über die Entwicklung. In unserem Familienunternehmen gilt der Grundsatz nicht in Quartalszahlen, sondern in Generationen zu denken. Der Leuchtturm ist daher für mich ein Sinnbild, welches dafürsteht, zusammen mit meiner Familie und der Region einen nachhaltigen Weg in die Zukunft zu finden.

Lage
Rust, im Europapark

Dr. Ing. h.c. Roland Mack
wurde am 12. Oktober 1949 in Freiburg im Breisgau geboren und wuchs im familieneigenen Fertigungsbetrieb für Karussell- und Fahrzeugbau Mack in Waldkirch auf. Nach seinem Maschinenbaustudium an der Universität Karlsruhe gründet er zusammen mit seinem Vater Franz Mack am 12. Juli 1975 den Europa-Park in Rust, indem er bis heute als geschäftsführender Gesellschafter tätig ist. Neben dem Bundesverdienstkreuz am Bande erhielt er eine Vielzahl an regionalen, nationalen und internationalen Auszeichnungen.

Mein Déjà-vu in den Elzwiesen

Wie unendliche Prärien des Wilden Westens

Das Bild mit dem Schäfer, seiner Herde und seinem Hund löste mit Macht eine Rückblende auf meine Kindheit, auf die Zeit vor über fünfzig Jahren aus. Auf Erlebnisse und Situationen, die seit mehr als einem halben Jahrhundert in der Muschel der Erinnerung eingeschlossen waren und nun unverhofft heraus drängten. Ich sehe mich als Buben mit dem Fahrrad den Schäfer besuchen, der im Herbst, vom Schwarzwald herabgekommen, mit seiner Herde auf den Elzwiesen lagerte. Mein nachmittäglicher Weg führte mich häufig zu dem wortkargen Mann und seinen beiden zotteligen Hunden. Auch deren Namen – Anka und Wanda – sind wieder da.

Überhaupt erwiesen sich die Ruster Elzwiesen mit dem angrenzenden Feindschießenwald als ein einzigartiger Spielplatz für uns Buben, ein Reich zwischen Elz und Grundelgraben, vor allem in den unendlich scheinenden Sommerferien. Die Wiesen waren die endlosen Prärien des Wilden Westens, über die wir als Cowboys und Indianer Mittage lang, bewaffnet mit Pfeil und Bogen oder selbstgemachten Holzgewehren auf imaginären Mustangs „galoppierten". Bevor wir am späten Nachmittag unsere Stahlrösser bestiegen, pflückten wir oft einen bunten Wiesenblumenstrauß für die Vase auf dem heimischen Küchentisch.

Gemeinsam freuten wir uns auf die Zeit der Wässerung im Sommer. Die Wiesen waren überflutet, so weit das Kinderauge blicken konnte. Wir versuchten die Störche zu zählen, die durchs Wasser stelzten und ihre langen Schnabelspieße Nahrung suchend hinein senkten. Über ihnen zogen Schwärme von Möwen ihre Kreise. Am schönsten aber war ein Bad in einem der Wässergräben, in denen wohlriechendes Heu trieb. Wir genossen also schon als Kinder Heublumenbäder, deren Zutaten man heute für teures Geld kauft. Sebastian Kneipp hätte seine helle Freude an uns gehabt.

Vor den Ufern der schnurgeraden, stark strömenden Elz hatten wir freilich einen gehörigen Respekt, fielen sie doch recht steil ab. Unsere Schwimmkünste reichten nämlich höchsten für die Wässergräben. Allenfalls saßen wir faul auf dem rostigen, eisernen Steg, der bis heute die Ufer verbindet und ließen die dunkelbraunen, nackten, Hornhaut bewehrten Füße über dem Flusslauf baumeln, in dem sich der flutende Hahnenfuß Schlangen ähnlich in der Strömung wiegte. Wir wurden umschwärmt von Libellen – glänzenden Broschen gleichend – Schmetterlingen und natürlich Schnaken, deren Stiche wir stoisch ertrugen. Manchmal ließ sich ein Bisam blicken, für uns ein furchtbares Raubtier, dem wir keinesfalls Auge in Auge gegenübertreten wollten.

Heute streift mein Blick vom selben Steg über eine renaturierte Elz, deren nun leicht mäandrierender Lauf die Phantasie unserer Kindheit sicher sehr bereichert hätte. Doch lieber jetzt als nie.

Lage

Die Elzwiesen, seit 1990 Naturschutzgebiet, erstrecken sich über eine Fläche von ca. 410 ha entlang der Elz zwischen Rust, Rheinhausen und Herbolzheim. Sie sind Futterquelle und Brutplatz von vielen, heute selten gewordenen Vogelarten. Mit ihren bereits im 19. JH angelegten Bewässerungsanlagen zeugen die Elzwiesen von der alten, traditionellen Wiesenwässerung, die auch heute noch aktiv genutzt wird und sich bodenfördernd auf die Natur auswirkt.

Einkehren

Gasthaus Adler, Rust

Karl-Heinz Debacher

promovierter Historiker und pensionierter Rektor. Veröffentlichungen zur Sozial- und Kulturgeschichte, zwei dt.-frz. Kinderbücher, ein Mundartbuch Ausgezeichnet: 1. Platz im Mundartwettbewerb (Muettersproch-Gsellschaft, BZ, SWR4), Ehrennadel RP (2014); lebt in Rust.

Foto: Thomas Kaiser

Willstätts schicke Mitte

Die alte Kinzig in neuem Glanz

Natürlich, charmant, lebendig - diese Wortmarken treffen für Willstätt und vor allem seine neue Ortsmitte zu, die klar zu meinen Lieblingsplätzen zählt. Die „Alte Kinzig" und die Plätze um das ehemalige Mühlengebäude (jetzt Rathaus) herum sind zu einem beliebten Treffpunkt für die Menschen aus nah und fern geworden.

An einem herrlichen Sommertag mit einem Eis vom nahegelegenen MühlenCafé in der Hand am Ufer der „Alten Kinzig" die Seele baumeln lassen – so genießt man das Leben! Oder am Bücherschrank neben dem Rathaus eine Lektüre ausleihen und auf einer Sitzbank oder im Flößergarten darin eintauchen – das entschleunigt. Oder einfach nur im Gras oder auf den Holzpodesten liegen und entspannen oder die Beine in die kühle Kinzig eintauchen – herrlich! Bei einem Spaziergang direkt am stillen oder rauschenden Wasser entlang ist man in einer anderen Welt und erlebt die „Alte Kinzig" auf eine andere, ganz besondere Weise. Und auch den schönsten Tag im Leben kann man im „grünen Trauzimmer" direkt an der Kinzig feiern.

Die alte Wehranlage des idyllischen Flößerhafens, das Ausstellungsfloß der Schiltacher Flößer oberhalb bei der Moscherosch-Schule, die von den „Willstätter He-xen" initiierte Skulptur des sagenumwobenen „Hoge-manns" und bald auch wieder ein Kinziglehrpfad geben Zeugnis vom früheren Leben und der Bedeutung des Flusses für Willstätt und die Region.

Schon Willstätts berühmtester Bürgersohn, der Barockautor und Satiriker Johann Michael Moscherosch (1601–1669), schwärmte in seinen Gedichten und Erzählungen von der Jugendzeit in seinem Geburtsort Willstätt und von der Kinzig. Moscherosch hat mittlerweile mit einer Dauerausstellung im Rathaus die verdiente Würdigung seines Schaffens erhalten.

Ebenso sind auch die „Alte Kinzig" sowie das danebenliegende imposante Mühlegebäuden aus ihrem „Dornröschenschlaf" erwacht und zu einem Wahrzeichen und beliebten Fotomotiv für Willstätt geworden. Durch den Neubau des Wasserkraftwerkes am neuen Kinziglauf außerhalb Willstätts wurde die ökologische Umgestaltung der „Alten Kinzig" sowie Umnutzung des Mühlengebäudes und somit die neue Ortsmitte erst möglich. In Sachen Hochwasserschutz, Durchgängigkeit für Wanderfische und Nutzung von Wasserkraft ist die Kinzig in Willstätt also für die Zukunft bestens vorbereitet. Bald soll auch ein lauschiger Weg entlang der Kinzig bis zum Pflegezentrum „Am Pfarrgarten" entstehen. Der Unterlauf bleibt aber auch zukünftig der Natur vorbehalten und soll ein heimeliges Refugium für zahlreiche Tierarten sein.

Lage
Die „Alte Kinzig" in Willstätt (zwischen Offenburg und Kehl/Strasbourg) führt mitten durch den von Fachwerkhäusern geprägten historischen Ortskern. Vor einigen Jahren wurde die „Alte Kinzig" umgestaltet und vor allem im Bereich des ehemaligen Mühlengebäudes für die Menschen zugänglich gemacht.

Einkehren
Kinzigbrücke, Sandgasse 1
Krone oder *Rössel*, Hauptstraße 82
MühlenCafé, Hauptstraße 50

Marco Steffens
Studium der Diplom-Verwaltungswissenschaften an der Universität Konstanz und Bath/England. Von 2007 bis 2018 Bürgermeister der Gemeinde Willstätt, seit 2018 Oberbürgermeister der Stadt Offenburg.

Foto: Günter Franz Müller

Ein bleierner Himmel
Der Künstler Oskar Schlemmer in Offenburg

Es gibt Gemälde, die schlummern jahrelang in Depots; andere hängen unerreichbar in Villen; wieder andere warten in Auktionshäusern auf einen Zuschlag.

Als ich am Heilig Abend 1963 mit meinem Vater unterwegs war, wusste ich von all dem noch nichts. Wir hatten mit dem Motorrad, einer *750er Windhoff* mit Beiwagen, in Durbach-Gebirg den Tannenbaum geholt; auf dem Rückweg machten wir Halt vor der Maschinenfabrik *MARTIN* am Holderstock in Offenburg. Ein Freund meines Vaters, dem seit dem Krieg ein Arm fehlte, war dort Pförtner. Wir hockten in seinem Kabuff, die beiden schwiegen, rauchten; ich wollte nach Hause.

Später, es dunkelte bereits, führte mich Paul der Pförtner in die Werkskantine. Mir war nicht wohl, umso größer die Überraschung, als er das Licht anknipste. An der Wand sah ich Bilder, die Oskar Schlemmer zwischen 1940 – 1941 auf den Putz gemalt hatte. Damit der von den Nazis verfemte Künstler arbeiten konnte, hatte der Direktor der Fabrik, Wilhelm Kauffmann, ihn abgeschirmt.

Ich verstand wenig, ahnte nur, dass ich mir diese Bilder einprägen musste. Zurück auf der Okenstraße, hatte ich nur noch drei im Gedächtnis: Da war ein Fuchs, der aus seinem Versteck spitzte, die Augen angstvoll geweitet. Dann ein Hang mit Felsbrocken, hinten stieg düster der Wald; mittendrin eine Baumwurzel, die einem menschlichen Torso ähnelte. Das dritte Bild war ein Panorama, vielleicht gesehen vom Ortenberger Schloss; unten floss die Kinzig, im Vordergrund Reben, talwärts handtuchschmale Felder, am Hang Wiesen. Hinten erhob sich ein Berg, das Silberköpfle, oder schon die Vogesen? Über allem ein bleierner Himmel. Menschen suchte man vergebens. Ich spürte, obwohl es das Wort *Heimat* für mich noch nicht gab, dass ich in diese Landschaft gehörte.

Im Frühjahr 2011 kam ich noch einmal in die Kunstkantine. Ein Freund fotografierte, ein anderer hatte uns Einlass verschafft. Die Bilder aus der Ortenau waren in tadellosem Zustand – und sie wirkten noch stärker auf mich. Der Schöpfer des Gemäldes *„Bauhaustreppe" (1932)* und des *„Triadischen Balletts"* (1922) musste dafür draußen skizziert haben. Hatten Arbeiter die Entstehung der Bilder in der Kantine verfolgt?

Oskar Schlemmer war 1940 aus Wuppertal gekommen, wo er für den Fabrikanten Herberts ein Lackkabinett plante. Die Kantine der Maschinenfabrik in Offenburg war kurzfristige Rettung, Unterschlupf. Der Künstler, seelisch zerrüttet, schwerkrank und fast mittellos, starb am 13. April 1943 in Baden-Baden.

Lage
In der Kantine der Firma Witzig und Frank (vormals Maschinenfabrik MARTIN) in Offenburg, Am Holderstock 2

Einkehren:
In der Kantine selbst oder in der Innenstadt

Karlheinz Kluge
Geb. 1951 in Offenburg. Besuchte nach einer Lehre als Elektromechaniker das Abendgymnasium in Berlin und studierte Germanistik, Philosophie und Geographie. Der Schriftsteller lebt in Rammersweier bei Offenburg. Zuletzt erschien „Auf der Walz, Unterwegs in Geschichten" bei Klöpfer & Meyer, 2017

Foto: Géza Csizmazia

Oskar Schlemmer, etwa 1940/41 – ohne Titel (Ausschnitt)

Oskar Schlemmer, etwa 1940/41 – ohne Titel (Ausschnitt)

Die Heimat im Herzen

Im Weinberg des Herrn

„Mit der Heimat im Herzen hinaus in die Welt." Die Aufgabenstellung meines Deutsch-Abituraufsatzes habe ich befolgt, real und digital. Das Wort Heimat stammt aus dem Germanischen und beschrieb ursprünglich ein Wohnrecht mit Schlafstelle im Haus. Das hatte ich in meinem Elternhaus in der Offenburger Schanzstraße. Die Gebrüder Grimm definierten Heimat in ihrem Deutschen Wörterbuch aus dem Jahr 1877 als „das Land oder auch nur der Landstrich, in dem man geboren ist oder bleibenden Aufenthalt hat". Und so nenne ich bis heute Baden und die Ortenau meine Heimat. In einem poetischen Sinn tauchte der Begriff Heimat erstmals während der Industrialisierung im Umfeld der romantischen Bewegung auf. Die Poesie des Ortes ist es, die meinen Vater, mich und auch meinen Sohn Felix mit Fessenbach verbindet: das Seebach'sche Schlösschen, hinter dem der Senator einen Weinberg anlegen ließ und vor dem ein Obstgarten mit Kieswegen, die zu einem Tempietto führen, an Felix erinnert. Die Sicht auf die Rebberge, Stadt und Dörfer, Schwarzwaldhöhen und die Vogesen ist fantastisch. „Hier verbringe ich die glücklichsten Stunden des Tages. Hier ist der Ort, an dem ich zu mir selbst finde", schrieb mein Vater. An einem goldenen Oktobertag fasste er einen Entschluss: „Man müsste den Winzern und dem Wein, dem schönsten Reichtum unserer Heimat, ein Denkmal setzen." 1984 wurde die Bacchus-Skulptur von Sandro Chia in Fessenbach enthüllt, und der Senator sprach: „Herr, beschütze unser Land, uns're Laub- und Tannenbäume, Menschen, Wald und Lebensräume, alles liegt in deiner Hand!" In diesem Satz wird die Spiritualität meines Vaters deutlich, seine Liebe zu Schöpfung und Natur, seine Zuneigung zu den Menschen, die unsere Kulturregion pflegen. Er bewunderte die Arbeit der Winzer ebenso wie die der großen Erfinder und Baumeister dies- und jenseits des Rheins. Er konnte aus dem Stand einen Vortrag über die Gotik am Oberrhein halten und sich vor den Kathedraltürmen, die sein verehrter Goethe als „Bäume Gottes" bezeichnet hatte, verbeugen.

Als Student der Kunstgeschichte offenbarte sich mir am Kaiserstuhl erstmals die Bedeutung von „connect the unexpected". In den Hochaltären von Meister HL in Breisach und Niederrotweil trafen Weinreben und spätgotisches Rankenwerk zusammen und symbolisierten aufs Vortrefflichste das Geheimnis der Eucharistie. Hier fand ich Antwort auf die Frage des mittelalterlichen Mystikers Heinrich Seuse, der am Oberrhein gewirkt hatte: „Wie kann man Bildloses im Bilde darstellen …, das über alle Sinne und über menschliche Vernunft ist?" Wann immer ich einen Weinberg sehe, kehren die Bilder zurück. Am meisten Magie aber besitzt für mich Fessenbach, die Heimat mit den in der Erde verwurzelten Rebstöcken und dem Blick auf das Straßburger Münster.

Ein Turm im Weinberg soll einen noch besseren Weitblick ermöglichen. Er möge den Menschen zum Gefallen sein und sie stets daran erinnern, welche großartigen Innovationen im Oberrheintal geschaffen wurden. Dass ich mich gemeinsam mit dem Mailänder Architekten Roberto Peregalli für ein Bauwerk im

Lage
Offenburg-Fessenbach, Senator-Burda-Straße

Einkehren
Durbach *Hotel Ritter – Ritter Stube*
Zell-Weierbach *Donna Selvatica – Pasquale*
Offenburg *Haus Zauberflöte*

gotischen Stil entschieden habe, ist eine Reminiszenz an die Baumeister der für mich schönsten Kirchen des Christentums: das Straßburger und das Freiburger Münster. Die Gotik war der erste Baustil, der eigenständig und völlig neu nördlich der Alpen entwickelt wurde. Der bleistiftartige, sich nach oben verjüngende gotische Turm führt den Blick nach oben in den Himmel. Der Fessenbacher Turm manifestiert reale und fiktive Geschichte, Baukunst und Mystik, und er gewährt Rückblick und Ausblick.

Mein Vater hat Anfang der 60er Jahre das Burda-Hochhaus in Offenburg gebaut, ein Büroturm, der seine Lebensleistung als Verleger, Drucker und eine der Gründerpersönlichkeiten der deutschen Nachkriegszeit symbolisiert. Ich habe sein Werk weitergeführt und widme ihm in Dankbarkeit und zur Erinnerung den „SenaTorre" an unserem Ort der Poesie.

Dr. Hubert Burda
Geb. 1940 in Heidelberg, studierte Kunstgeschichte, Archäologie und Soziologie. Ist Unternehmer, Chefredakteur, Verleger, Kunsthistoriker.
Übernahm 1987 den Offenburger Verlag seines Vaters. Mit der Gründung des Nachrichtenmagazins *Focus* schrieb er 1993 deutsche Publizistikgeschichte. Mit der Gründung von Focus Online 1995 richtete er sein Unternehmen konsequent auf den digitalen Wandel aus. Er war von 1997 bis 2016 Präsident des Verbandes Deutscher Zeitschriftenverleger (VDZ) und ist heute dessen Ehrenpräsident. Er initiierte den Petrarca-Preis für europäische Literatur. Zudem gründete er die Hubert Burda Stiftung. Mit der nach seinem verstorbenen Sohn benannten Felix-BurdaStiftung setzt er sich gemeinsam mit seiner ersten Frau Christa Maar für die Darmkrebsvorsorge und Früherkennung ein. Wurde mehrfach ausgezeichnet, u.a. mit dem Bundesverdienstkreuz und der Jakob-Fugger-Medaille.

Foto: Manuela Seiler

Kultur statt Kanonen

Der Platz der Verfassungsfreunde und das Kulturforum in der Offenburger Oststadt

Mit diesem Platz und gerade den dortigen ehemaligen Kasernengebäuden verbindet mich eine ganz persönliche aber auch berufliche Erfahrung auf die ich bis heute sehr gerne zurück blicke. Die Stadt Offenburg hat Anfang der 90er Jahre die Chance, die sich durch den Rückzug des französischen Militärs aus Offenburg ergab, ergriffen und das gesamte Kasernengelände gekauft. Nachdem ab 1992/ 93 das Gelände geräumt war und weitestgehend leer stand, war es ein Gebot der Stunde, möglichst schnell die Gebäude wieder zu nutzen, um Vandalismus und Zerfall zu verhindern. Die Idee des Kulturforums war zwar schon geboren, aber die bauliche Umsetzung sollte noch einige Jahre dauern.

Ich war damals Anfang der 90er Jahre Geschäftsführer der Musikschule Offenburg-Ortenau mit über 4.000 Schülerinnen und Schülern, davon über 2.000 alleine in Offenburg. Wir waren in verschiedenen Schulen untergebracht und auf einmal haben wir von der Stadt Offenburg die Chance erhalten, mehr oder weniger über Nacht, in eines der ehemaligen Kasernengebäude einzuziehen. In den Räumen roch es noch etwas nach Kasernen- und Stubenmief - trotzdem waren wir und viele unserer Lehrkräfte begeistert. Begeistert einmal davon, endlich die Chance auf eigene Räume zu bekommen und natürlich auch begeistert von diesem riesengroßen Gelände, das seit 1898 mehr oder weniger für die „normale" Bevölkerung nicht zugänglich war.

Mit einfachsten Mitteln und viel Enthusiasmus haben wir die Gebäude in unseren Besitz genommen und statt Soldaten und Gewehre haben nach kurzer Zeit schon Kinder, Jugendliche und Musik über die Kaserne bestimmt. Viele weitere Künstler und Kulturschaffende sind gefolgt.

Wir alle durften dann in den nächsten Jahren erleben, wie das gesamte Areal und gerade der ehemalige Exerzierplatz in eine wunderbare Grünanlage verwandelt wurden, die seither täglich viele Kinder und Familien zum Spielen und Erholen anzieht. Wir durften erfahren, wie aus einer Kaserne ein Platz der Kultur wurde. Aus einem „Provisorium" entstanden wunderbare Räume für neun kulturelle Einrichtungen; neben der Musikschule gibt es u.a. eine große Veranstaltungsstätte, die „Reithalle" aber auch die Stadtbibliothek, die Kunstschule und Volkshochschule, die Städtische Galerie und der Kunstverein haben hier ihre Heimat gefunden.

Für mich ist das ein himmlischer Platz, weil ich hier die Konversion „Kultur statt Kanonen" persönlich miterleben durfte und ab 1998 als Kämmerer der Stadt auch noch ein klein wenig mitgestalten konnte – übrigens damals noch aus meinem Büro direkt im Dachgeschoß der heutigen Volkshochschule mit Blick auf den Platz der Verfassungsfreunde.

Lage
Offenburg, Oststadt

Einkehren
Kulturcafé Borofsky's auf dem Platz der Verfassungsfreunde

Hans-Peter Kopp
Geb. 1964 in Lahr
1988 – 1991 Studium der Betriebswirtschaft an der VWA Freiburg (berufsbegleitend), 1992 – 1993 Verwaltungsleiter der Musikschule Offenburg/Ortenau GmbH, 1993-1998 Geschäftsführer dieser Musikschule
ab 10/1997 Leiter des Fachbereichs Finanzen und 2010 - 2011 auch kommissarischer Betriebsleiter Technische Betriebe Offenburg
Seit 2014 Bürgermeister der Stadt Offenburg für Finanzen, Kultur und Soziales

Foto: Ulrich Marx

Foto: David Becker

Die Treue zur Heimat

Der „Salmen" in Offenburg

Einen Ort wie diesen gibt es in Baden kein zweites Mal - so eng verbunden der demokratischen Tradition und zugleich ein idealer Resonanzraum für meine Musik. Dass er im Radius meiner Kindheit und Jugend liegt - 500 Meter von meinem Elternhaus entfernt, 250 Meter von meiner alten Grundschule, 100 Meter von meinem Gymnasium – macht mein Verhältnis zum „Salmen" noch enger. Zwar wohne ich seit 1991 nicht mehr in Offenburg und komme viel herum in der Welt, aber zu meiner badischen Heimat habe ich bis heute die Treue bewahrt.

Was mich hier hält? Vor allem wohl die Landschaft, aber auch die Erkenntnis: „Wer die Kleinstadt nicht ehrt, ist der Großstadt nicht wert" – was immer das bedeutet. Heute wohne ich in Freiburg und fahre seltener nach Offenburg, aber mein kultureller Lieblingsplatz bleibt dort der „Salmen". Nicht des neuen Bistros wegen, das die Geschichte des Traditionsgasthauses weiterführen könnte (in dem man jedoch bedauerlicherweise gar keinen regionalen Salm mehr bekommen kann, den noch mein Vater als Junge mit der Drahtschlinge aus der Kinzig fischte), sondern wegen des Biedermeiersaals. Dieser heute vom städtischen Kulturamt verwaltete Saal war schon ein halbes Dutzendmal meine Spielstätte.

Famose Akustik, keine Frage.

Dass ich unmittelbar beim Streichen und Zupfen meines Kontrabasses im ehemaligen Versammlungssaal aber an die „entschiedenen Verfassungsfreunde" von 1847 gedacht hätte, die hier die badische Revolution ausbrüteten, kann ich dann doch nicht behaupten. Wohl aber erfüllte mich schon als Jugendlicher ein gewisser Stolz, dass gerade hier der erste demokratische Grundgesetzentwurf auf der Basis der Menschenrechte in Deutschland verkündet wurde. Gern wäre ich dabei gewesen, am 12. September, als Friedrich Hecker die 13 „Forderungen des Volkes in Baden" vortrug: Bürgerrechte, soziale Sicherheit und Gleichheit – Werte, die damals erkämpft werden sollten und die immer wieder neu zur Disposition stehen. Zur Erinnerung feiert die Stadt alljährlich im September den „Freiheitstag". Am 13. Mai 1849 ging von diesem Haus die letzte Phase der Badischen Revolution aus, die zwei Monate später mit ihrer blutigen Niederschlagung endete. Musik ist, zum Glück, ein weitgehend politikfreier Raum. Gleichwohl ein Ort der Erfahrung maximaler Freiheit. Deshalb halte ich mich so gern darin auf!

Lage
Lange Straße, im SO der Innenstadt

Einkehren
Zahlreiche Restaurants in der Innenstadt

Dieter Ilg
Studierte an der Hochschule für Musik Freiburg klassischen Kontrabass; anschließend war er 1986 und 1987 Stipendiat an der Manhattan School of Music. Verfügt gemäß dem Jazz Rough Guide auch international über ein „enormes Renommée". EchoJazz 2016, 2014 und 2011: Bass / national, Reinhold-SchneiderPreisträger 2006, Jazzpott-Preisträger 2005, Stern des Jahres, Münchner Abendkurier 1998, BadenWürttembergischer Jazzpreis 1988
Aktuellen Tonträger „B-A-C-H" (ACT 9844)

Foto: Till Brönner

Ideen sprudeln hier wie die Quellen unserer Landschaft

Das Oleofactum – meine Ölmanufaktur

Verschieden sind sie und doch eins, der Himmel und die Ortenau, voller Reize und Reaktionen. Sie befruchten sich gegenseitig. Ideen und Kreativität entspringen hier wie die Quellen in einer Landschaft, die wachsen und keimen lässt, die einlädt und erdet. Es ist ein naturnahes Erleben des ständigen Wandels. Im Wandel anhalten, Station machen, hat meine Seele beflügelt und mein Gefühl wie eine Dampflok zu meinem heutigen Lieblingsplatz bewegt – der Ölmühle, meinem Oleofactum.

Dampf ist Energie, die bewegt. Seine Quelle sind Wasser und Feuer. Es ist der gleiche Ursprung aus dem die Pflanze via Photosynthese aus Wasser dank der Sonne Öl macht, der Rohstoff meiner Ölmüllerei! Die Seele fliegen zu lassen ist die Kunst, zwischen der inneren und der äußeren Welt im Austausch zu sein, zwischen dem Verstand und dem Bauchgefühl, dem Sprachgefühl und dem Verhalten, zwischen der Ästhetik und dem Zeitgeist der Vergänglichkeit, der so oft Kulturgeschichte entwürdigt.

In meiner Stadt Offenburg war mein Lieblingsort, das alte Ausbesserungswerk der Eisenbahn, eine blut- und schweißgetränkte Kathedrale der Arbeit. Es war ein einzigartiges Industrieensemble aus der Gründerzeit. Die Eisenbahn gab der Stadt die Geschichte der Freiheitsrechte und wurde durch sie ein Ort der badischen Revolution. 2004 wurde das geschichtsträchtige Industrieensemble abgerissen. Ich habe mit vielen Offenburgern um den Erhalt gekämpft. Mein Gefühls- und Seelenleben war aufgewühlt. Ich hängte in dieser Zeit meinen Lehrerberuf an den Nagel und gestaltete vor Ort, in Hofweier, einen Heil- und Gewürzkräutergarten. Hier installierte ich physikalische Phänomene, Skulpturen und experimentelle Objekte als Liebeserklärung an die kleinparzellierte Vorgebirgslandschaft unserer Ortenau. Hier fand ich wieder zu mir selbst. Es war aber auch eine Reminiszenz an das Ausbesserungswerk der Eisenbahn, an die Kulturgeschichte des Handwerks und der handwerklichen Landwirtschaft – mächtige Impulse, die mich zu meinem Altersprojekt, der Ölmüllerei, der Öle und ihrer Kulturgeschichte führten. Ich hatte mir über 40 Jahre Fachwissen aneignen können und die im 3. Reich asservierte Handwerksliteratur 1984 wieder entdeckt. Sie war bibliografisch nicht erfasst.

Auf dieser Grundlage – Öl und Wissen – habe ich mir meinen „paradiesischen Platz" erschaffen. Eine gläserne Ölmühle, ein Basar für Freunde des ursprünglichen Handwerks und seiner Produkte, für Kunden und beobachtende Teilnehmer. Ein Ort, der mit einem Werkbundlabel ausgezeichnet wurde für seine herausragende innovative und gestalterische Qualität. Und ein Ort für alle Sinne und der Muse, der bildenden Kunst, der Vorträge und Konzerte. Hier erlebe ich die Kraft einer inspirierenden Landschaft, in der ich wohne, in der ich ein altes Handwerk wiederbelebe und pflege, ganz im ursprünglichen Sinn des Begriffs „Kultur", lateinisch colere, wohnen, pflegen, den Acker bestellen.

Lage
Offenburg, Oststadt, in der Hildastraße 4

Einkehren
Restaurant Kachelofen, Hildastr.
Alte Pfalz Trattoria da Nico, Hauptstr. 102

Walter Bitzer
Geb. 1947 in Triberg
Ölmüller, Maschinenschlosser, Klimaschützer Sonderschullehrer, Diplompädagoge, Kulturanbieter, Slowfood- und Foodwatchverfechter
Ausgezeichnet mit dem Werkbundlabel
Lebt in Offenburg

Foto: Thomas Kaiser

Urig und ursprünglich

Der Offenburger Wochenmarkt –
ein paradiesischer Ort

Der Offenburger Wochenmarkt ist für mich ein wahrhaft paradiesischer Ort in unserer Stadt. Schon als Kind habe ich es geliebt, meine Mutter bei den Markteinkäufen zu begleiten. In der Früh gingen wir los, bevor die Buchhandlung geöffnet wurde, und daher erst wenige Menschen unterwegs waren. Ganz anders ist es später, wenn dichtes Gedränge herrscht und man sich fröhlich trifft und plaudert. Auch heute liebe ich es, früh morgens über den Markt zu gehen und mich an den sorgsam, ja liebevoll ausgelegten Waren zu erfreuen. Unser Markt ist tatsächlich noch ein regionaler Wochenmarkt: Neben den größeren Marktständen steht ein kleiner Campingtisch, auf dem selbst gesammelte Esskastanien liegen. Daneben ein kleiner Stand mit den ersten Blumen und Zweigen aus dem eigenen Garten. Auch größere Stände bieten Saisonales aus Garten und Feld an. Dazu oft noch eigenen Honig oder selbstgemachten Renchtäler Käse, geriebenen Meerrettich und – welch Freude – geputzten Feldsalat oder Wildkräuter. Alte Obst- und Gemüsesorten sind hier noch zu finden. Meine Marktfrau kann mir dazu Tipps und Kochanweisungen geben, auch bei den benötigten Mengen ist sie mir eine gute Beraterin. Wir sprechen über das Wetter, den Anbau und das Ernten der Früchte, über Obst- und Gemüsesorten.

Die Vielfalt unserer Region kann auf dem Offenburger Wochenmarkt entdeckt werden. Ich bewundere die Marktfrauen und -männer sehr, die sich in aller Herrgottsfrühe auf den Weg machen, bei Wind und Wetter ihren Stand aufstellen und ihre Waren anbieten. Spaziere ich über unseren Wochenmarkt, bin ich dankbar für all den Reichtum, den die Natur uns schenkt. Zuhause packe ich meine Markttasche aus und genieße die Lebensmittel, fühle mich meiner Heimat verbunden.

Der Wochenmarkt schenkt mir die Nähe zur Natur und die Verbundenheit zur Region. Was für Farben, Formen und Düfte werden hier dargeboten! Es ist fast, als könne man ein Stück Paradies erleben, ja sogar ernten und - zuhause verzehren.

Nicht nur für uns Offenburger ist der Wochenmarkt ein besonderes Erlebnis! Er zieht Menschen aus nah und fern an, oft ist Französisch oder Elsässisch zu hören. Er belebt unsere Stadt, ist urig und ursprünglich. Und er ist bestimmt der einzige Ort, an dem es zur Fastnacht das „Offenburger Hexeg'müs" gibt! Guten Appetit.

Lage
Offenburg Marktplatz

Einkehren
In den vielen Stadtcafés im Zentrum oder auf dem Marktplatz selbst die Köstlichkeiten ausprobieren

Barbara Roth
Buchhändlerin und Buchhandels-Fachwirtin. Nach verschiedenen Stationen im Buchhandel kehrte sie 1994 in die elterliche Buchhandlung zurück. Diese führt sie seit 1996 in vierter Generation der Familie Roth und ist stolz auf die Tradition und Unabhängigkeit ihrer Buchhandlung. Neben der Liebe zum Buch engagiert sie sich kulturell mit vielen Veranstaltungen. Zuletzt wurde die Buchhandlung Roth mit dem 6. Ortenauer Marketingpreis ausgezeichnet

Mein Lebensmittelpunkt für einen Nachmittag

Träumen im *Café mamaMaria*

Heute regnet es. Gerade deshalb steuere ich das mamaMaria an. Denn sobald das 4-stöckige, 1905 erbaute Eckhaus in Sichtweite kommt, lachen Seele und Schirm. Aus der einstigen gutbürgerlichen Kneipe „Gantereck" hat die neue Wirtin Maria Krämer eine Wohlfühloase geschaffen, der sie zum Glück keine seelenlose Moderne aufgezwungen hat. Im Eingangsbereich bleibt mein Blick an schönschriftgeschriebener Tafel hängen. „Lachen, erzählen, genießen" steht da inmitten floraler Gebinde. Gleich werde ich vom silberhellen Klang der kleinen Türglocke begrüßt.

Immer wieder staune ich, was die ideenreiche Besitzerin Maria Krämer aus der betagten Wirtschaft gemacht hat. Aus langen Gesprächen mit ihr weiß ich, wie sie das alles beherrschende Braun zugunsten einer nebelweißen Welt in ungezählten Familienarbeitsstunden eliminiert hat. Im November 2017 eröffnete sie diese Oase, deren wohnliches Flair sehr nah an die Intimität der eigenen vier Wände andockt. Und sich sehr schnell zu einer von Frauen bevorzugten Idylle entwickelte.

Mein Lieblingsplatz ist heute die rote Farbinsel. Von dort überblicke ich den hohen Gastraum, der etwa dreißig Genussmenschen Platz bietet. Versunken in ein Meer rotgestreifter Kissen fängt die Seele an zu baumeln. Erst recht, als der nach altem Rezept gebackene Apfelkuchen auf den Tisch kommt. Je nach Jahreszeit umgibt mich rotweißes Ostervieh oder rote Weihnachtsdekoration. Die alten, tragenden Säulen hat Maria Krämer besonders in Szene gesetzt. Nach aufwändigen Restaurierungen behaupten sie sich heute als silberne Zeitzeugen mit historischen Rosetten und anderen stilisierten Verzierungen.

Ausgebildet als Floristin ist die Wirtin aber noch viel mehr eine Frau, deren sprühender Ideenreichtum sich im Gestaltungskonzept widerspiegelt. Blumen und Café bilden ein Gesamtkunstwerk. Pastelltöne aller Nuancen ergänzen sich farbklimatisch und schwärmen als wunderbarer Ausgleich zur lauten Außenwelt vor sich hin. Mit Stehlampen in Fensternischen schafft Maria Krämer Lichtinseln, die die Behaglichkeit noch unterstreichen. Auf nostalgischen Metallgestellen verführen die geschmackvollen Dekorationen zum Kaufrausch. Mit natur belassenen Materialien und frischen Blumen sorgt sie inspirierend für hohen Qualitätsanspruch bei selbstgebundenen Türkränzen, Blumensträußen und aparten Pflanzenarrangements.

Ich genieße den Nachmittag im detailverliebten Dolce Vita, nehme später eine immergrüne Zimmerpflanze mit, bezahle am „Zahlbrett" und plane den nächsten Besuch zu meinem neuen Lebensmittelpunkt. Dann aber sicher mit Lieblingsmenschen, die diese feinnervige Oase, samt Hof-Café zur Sommerzeit, unbedingt erleben müssen. Beim Verabschieden vom mamaMaria lachen Seele und Schirm gutgelaunt.

Lage
Vom Offenburger Bahnhof aus gefühlte eineinhalb Gehminuten in Richtung Franz-Volk-Platz/Franz-Volk-Straße Nummer 16.
Öffnungszeiten und aktuelle Speisenangebote unter *www.mamamaria.de*

Susanne Vaternahm
geboren in Westfalen, seit 1969 in Gengenbach
Ausbildung zur Goldschmiedin in Essen und Pforzheim, Studium Lehramt (BK und Werken)
Ausbildung Journalistin/Autorin, private Malkurse, Preisträgerin verschiedener Schreibwettbewerbe
Schmuckausstellungen, Kreative Schreibwerkstatt, seit 2001 Pressearbeit, Textgestaltung, Wohlfühl- und Horrorgeschichten

Foto: Gerhard Vaternahm

Ein Fleckchen Erde in Ehren halten

Idylle und Superlative im Weingut Andreas Männle

Mein Name ist Ronny Loll ...und ich bin ein Neig-schmeckta..., was für mich anfangs nicht einfach war. Meine Bedenken, ja vielleicht sogar Sorgen, waren groß, aus der Weltstadt Hamburg in die beschauliche Ortenau zu ziehen. Aber was tut man nicht alles aus Liebe.

Als Koch brauche ich natürlich immer die besten Zutaten. Gern von kleinen Manufakturen, Bauern und Produzenten. Wie diese aber finden, wenn man noch fremd ist. Schnell war mir aber klar, du musst dich mit den Winzern gutstellen. Das sind Genussmenschen, die Familien sind tief verwurzelt und kennen jeden aus der Region, der gute Produkte herstellt. So ist es zu meiner Eventreihe *tafelVINE-Genuss im Weinberg* gekommen. Ich schrieb dynamische Winzer an, darunter das Weingut Andreas Männle aus Durbach, ob sie bei meinem Projekt mitmachen und etwa 120 Gäste am Wochenende mit perfektem Wein, gutem Essen und tollen Gesprächen verwöhnen möchten. Und das alles in den Reben. Ich rechnete mir keine großen Chancen aus. Das Weingut hat den besten Kellermeister Badens (Thomas Männle) in den eigenen Reihen und die Weine sind weit über die Grenzen hinaus bekannt. Zum Glück täuschte ich mich. Familie Männle hatte angebissen. Ich fuhr also freudestrahlend nach Durbach. Runter von der Autobahn, rein in dieses idyllische Örtchen, das Weinbau atmet, lebt und zelebriert, wieder raus und den Berg langsam hoch und es bot sich mir ein grandioses Panorama ordentlich angelegter und gepflegter Weinberge. Oben auf der Spitze thront das Schloss Staufenberg und schaut auf Durbach herunter und rechts schließt sich der Schwarzwald an. Zwischen Schloss und Wald sah ich dann endlich das 100-jährige Weingut Andreas Männle. Ein altes, gediegenes Fachwerkhaus und daneben schon eine fast futuristisch anmutende, mit ganz klaren Linien erbaute Vinothek. Familie Männle persönlich kennen zu lernen, war für mich eine große Ehre. Traditionsbewusst, tief in der Region verwurzelt, aber doch mit modernsten Ansichten. Nicht umsonst zählt das Weingut zu den besten Deutschlands.

Vor zwei Jahren übergab der Senior das Weingut an seinen Junior, im Rahmen von unserer Veranstaltung *tafelVINE*. Thomas und Maria führen das Weingut in die nächste Generation. Bitte bleibt so wie Ihr seid, haltet dieses Fleckchen Erde in Ehren und bereitet noch vielen Gästen so glückliche Momente wie mir. Danke, dass Ihr jedem Gast das Gefühl gebt, zur Familie zu gehören.

Diese Mischung aus bestem Wein, einer einzigartigen Natur und dieser Familie machen diesen Ort für mich einzigartig. Für mich ist jeder Besuch aufs Neue ein Kurzurlaub, eine Inspiration und ein Auftanken von Kräften gleichermaßen. Um mit Wolfgang Goethe abzuschließen: „Das Leben ist zu kurz, um schlechten Wein zu trinken". Hier, in der Ortenau, hätte er heute seine Freude gehabt.

Ihr Ronny Loll

Lage
Das Schwarzwaldweingut Andreas Männle liegt am östlichen Ortsausgang der Winzergemeinde Durbach.

Einkehren
Zur Weinprobe und zu bestimmten Weinevents direkt im Weingut. Hotel Ritter in Durbacher, eine der besten Adressen in der Ortenau Weinstube *Schloss Staufenberg*

Ronny Loll
Wahl-Baden-Badener Eventkoch, erhielt den Weintourismus-Preis Baden-Württemberg für sein Konzept tafelVine, bei dem er zusammen mit jeweils einem Winzer den Weinberg in ein Gourmetrestaurant verwandelt. Mehrere TV-Auftritte gemeinsam mit den Starköchen Johann Lafer, Sarah Wiener, Cornelia Poletto und Tim Mälzer. Er entwickelt eigene Produkte, schreibt Kochbücher, kocht auf Events und gibt sehr gefragte Kochkurse.

Foto: Volker Debus

Foto: Chris Rebok

Kinzigtalstraße 20 – Ortenberg

... auch eine Gewürzmanufaktur

Am 24. Dezember 1998 gegen Mittag war das Klo unserer Straßburger Wohnung so verstopft, dass nichts mehr ging. Da schon damals mein Vertrauen in die Disponibilität und Pünktlichkeit französischer Handwerker begrenzt war, rief ich einen befreundeten Offenburger Sanitärmann an in der Hoffnung, dass er kurz vor dem Fest der Feste diese etwas „ungustiöse" Aufgabe zufriedenstellend löse. Er sei bei Edy Ledig im Restaurant Glattfelder in Ortenberg in selbiger Problemstellung, beschied mir die Mailbox.

Als ich gleich darauf dort eintraf, öffnete der Wirt mit den Worten „Endlich! Auf Sie habe ich schon lange gewartet" durch das dunkle, weil feiertäglich geschlossene Restaurant. Unverzüglich hatte er aus der ansehnlichen Spirituosensammlung einen 73-er Armagnac herausgefischt und füllte dreifingerdick zwei Riedelgläser voll. Im Halbdunkel sah ich: Kunst allerorten an den Wänden.

Natürlich war ihm sein Ruf bereits vorausgeeilt, ich wusste, wo ich angekommen war. Und dass ich auf der Rückfahrt nach Straßburg sofort einen Tisch für den Geburtstag meiner Angebeteten reservierte, war nur die folgerichtige Konsequenz präziser Witterung. „Kunst geht nach Brot", sagt der Volksmund.

Wenn Letzteres aber begleitet ist von etwas Keule oder Meergetier, einem guten Cru und allerlei Hochprozentigem. Dann kann das kalte Künstlerherz schon etwas höherschlagen.

Dass aber eine Kneipe, ein Restaurant, eine Bar zum „Ort" werden kann, dazu gehört freilich mehr. Ein wichtiger Punkt hierzu ist die „Aufhebung der Sperrstunde". Erst wenn der letzte Gast die Segel streicht, können Wirt und Künstler der hohen und höchsten Philosophie frönen, ohne dabei den so wichtigen Dienst am Glase zu vernachlässigen. Unter Wittgenstein geht da gar nichts.

Was der Schreiber dieser Zeilen über seine diversen Lebensstationen beim Schnüffeln in den Kochtöpfen und Kleben an den Tischen an praktischer und theoretischer Ertüchtigung erfuhr, ist unbezahlbar. Koch und Künstler sind ja Laboranten, neugierig und zweifelnd. Als Edy Ledig mit seinen hochwertigen Gewürzen eine Manufaktur etablierte und die Auswirkungen auf seine Küche evident waren, wurde der Künstler bleich und nachdenklich. Stagnierte er selbst nicht schon seit Jahren, gefangen in der unappetitlichen Mehlschwitze der 50-er Jahre? Wie konnte er dem Zwischenspurt des dreisten Kochs begegnen? - Fragen über Fragen. Und keine Antwort. Kein Land in Sicht. Ein Künstlerschicksal. Für dies alles kann man dem „Ort" jedoch keinen Vorwurf machen. Der „Ort" tut so, als hätte er nichts gesehen, nichts gehört – nur manchmal scheint er sich zu wundern, warum im Verhalten seines Chefs dem Künstler gegenüber eine zunehmende Nachsicht und ein unangemessenes Wohlwollen festzustellen sind.

Lage
Am östlichen Ortsausgang von Ortenberg, das etwa 3 km östlich vom Offenburg gelegen ist.

Jan Peter Tripp
Geboren vermutlich am 15. 5. 1945 in Oberstdorf / Allgäu
Studierte wohl Anfang der 70-er Jahre des 20. Jahrhunderts Malerei in Wien. Es wird angenommen, dass er sich danach im Elsass niederließ. Auch soll er an allen möglichen und unmöglichen Orten seine Werke einem staunenden Publikum dargeboten haben. Doppelgänger gab es reich an der Zahl. Ihr Scheitern jedoch löst kein Erstaunen aus ...

»Der Fang« © J.P. Tripp, Acryl auf Holz, 2017, 50 x 70 cm

Ein Wahrzeichen der Ortenau
Schloss Ortenberg im Wandel meiner Zeit

Die Liebe zu Schloss Ortenberg wurde mir in die Wiege gelegt. Aufgewachsen bin ich in einem Elternhaus, das am Wege zum Schloss lag und ursprünglich von einer Schlossköchin und danach von einer früheren Hofdame bewohnt war. Schloss Ortenberg ist ein Teil meines Lebens und wird es immer bleiben.

Die Besetzung von Schloss Ortenberg im Jahre 1945 zählt zu meinen ältesten Kindheitserinnerungen. Durch meine Heimatforschung stellte ich fest, dass der Zeitgeist, in dem ich geboren wurde zur Vertreibung der letzten adligen Schlossbesitzer führte. An der dunklen Seite der Vergangenheit forsche ich immer noch. In der Nachkriegszeit konnte ich die Entwicklung auf Schloss Ortenberg aus nächster Nähe erleben. Mit anderen Kindern vom Schlossbergviertel bot ich an Sonntagen Liebespaaren und Besuchern auf dem Weg zum Schloss selbstgepflückte Sträußchen an und verdiente damit mein erstes Taschengeld. Der Schlosshof und der Schlosswald mit dem Hundefriedhof waren für uns Kinder vom Schlossberg die schönsten Spielplätze. Im Herbst sammelte ich Kastanien, die von den großen Bäumen im Schlosswald herunterfielen. in den Herbstferien half ich dem Gutsverwalter des adligen Rebhofes unterhalb vom Schloss bei der Traubenlese. Im Winter war der steile Burgweg eine Rodelbahn. Nach Eröffnung der Jugendherberge auf Schloss Ortenberg bin ich mit 14 Jahren Mitglied geworden. Den ersten JH-Ausweis und mein erstes Foto von Schloss Ortenberg sind kostbare Erinnerungstücke.

Die berufliche Laufbahn im Bankgewerbe entfernte mich für einige Jahre von der Stätte meiner unbeschwerten Jugendzeit. Nach Rückkehr in die alte Heimat, trat ich in den Heimat- und Kulturverein Ortenberg ein und unterstützte als Beiratsmitglied die Trägerschaft – Sanierung der gesperrten Oberburg mit dem berühmten Maler- und Schimmelturm. Im Rahmen dieser langjährigen Maßnahmen wurde das Standesamt der Gemeinde Ortenberg in den Malerturm verlegt und der öffentliche Zugang der Turmanlage ermöglicht.

Nach meiner Pensionierung bot mir die JH-Verwaltung 2007 die ehrenamtliche Schlossführertätigkeit an, die ich aus Dankbarkeit für die vielen Erlebnisse auf Schloss Ortenberg annahm. Mit Begeisterung führe ich die Besucher durch die historischen Räume und Türme und hole die Geschichte in die Gegenwart zurück. Auf dem Schimmelturm ist man dem Himmel ein Stück näher. Die Aussicht ins Kinzigtal und in die Schwarzwaldberge sowie der Blick in die Rheinebene bis hinüber in die Vogesen und das Straßburger Münster ist grandios.

Das Schloss ist mein Leben lang mein Zuhause, wie schon zu Kindheitszeit so auch am Lebensabend. Es ist meine Heimat.

Lage
Am Eingang des Kinzigtals, oberhalb von Ortenberg, 3 km östlich von Offenburg entfernt.

Einkehren
Edy's Hotel Restaurant im Glattfelder, Ortenberg, Kinzigtalstraße 20

Hermann Bürkle
Bankkaufmann i.R.
Heimatforscher und Mitglied des Historischen Vereins Mittelbaden e.V. Offenburg, Gründungsmitglied des Fördervereins historischer Waldbachfriedhof Offenburg
Teilnehmer am Ahnenstammtisch im Brünnele Offenburg
Mitglied des Münsterbauvereins Straßburg

Der geheimnisvolle Geisberg mit seinen Schätzen

Seit etwa 60 Jahren hat mich der in der Nähe von Schweighausen gelegene Geisberg wegen seiner vielfältigen Naturschätze bis heute in seinen Bann gezogen. Schon seit meinem 18. Lebensjahr nämlich habe ich diese Region aufgesucht, um nach dem Edelstein Achat und anderen Mineralien der Quarzgruppe zu suchen. Der Geisberg, der vulkanischen Ursprungs, ist und vor ca. 280 Mio. Jahren die Erdkruste durchbrach, zieht mich noch heute mit seinen mehr oder weniger versteckten Fundstellen an.

Zu Beginn meiner Sammeltätigkeit lag einer meiner Lieblingsplätze auf der Weißmoos im Bereich eines schmalen mit Gras bewachsenen Feldweges neben der freien Acker- und Wiesenfläche. Diese Stelle faszinierte mich deshalb, weil man von dort einen herrlichen freien Ausblick auf die weiter entfernten prägenden Landschaftsformationen wie den Hohen Geisberg im Osten und den Hünersedel im Süden sowie im Westen auf den hügeligen Rand des Rheingrabens mit den Vogesen hatte. Ich empfand stets ein tiefes Glücksgefühl, wenn meine Rast am Rand des Feldweges durch den jubilierenden Gesang der von den Äckern auffliegenden Feldlerchen belohnt wurde. Es schien mir stets, als wollten die Lerchen mich von ihren Künsten überzeugen, was ihnen auch gelang. Dieser besondere Genuss ist mir heute leider vergönnt, weil das dort errichtete Riesenwindrad – das hätte nie gebaut werden dürfen - die Feldlerchenko-

lonie längst von dort vertrieben hat. Es gibt nun im gesamten Schuttertal keine Feldlerchen mehr, aber das scheint niemand zu stören.

Zum Glück ermöglichte mir die Gem. Schuttertal auf Empfehlung des Denkmalpflegers Gerhard Finkbeiner (V 2009), den über den Hohen Geisberg führenden Achatweg mitzugestalten. Meine Aufgabe war es, die Geschichte des Achates und seiner Entstehung (Genese) im Bereich des Vulkaniten Geisberg auf 16 oder 17 Erläuterungstafeln anschaulich zu erläutern. Dies war nicht leicht, denn selbst für Fachleute ist der aus Kieselsäurekristallen (SiO2) bestehende Achat noch voller Geheimnisse. Dennoch übernahm ich die Aufgabe gerne und konnte sogar voller Begeisterung noch Sponsoren für 7 Tafeln gewinnen. Es dürfte verständlich sein, dass der nach meinen Vorstellungen illustrierte Achatweg nicht zuletzt aufgrund des positiven Echos zu meinen Lieblingsorten geworden ist.

Die intensive Arbeit an dem Achatweg (2007 - 2009) durch das Waldgelände in dem Naturschutzgebiet des Hohen Geisberg brachte es mit sich, dass sich das eindrucksvolle Wald- und Landschaftsgebiet tief in meiner Seele einprägte. In den Arbeitspausen auf dem Gelände kam es vor, dass ich mich auf die Wiese vor dem Gipfelschild niederlegte und glückselig den Himmel oder die vorüberziehenden Wolken betrachtete. Es war mir nur zu bewusst, dass ich auf einer Schatzkammer voller Achate lag, die nur darauf warteten, dass man sie ausgraben würde. Was kann es für einen leidenschaftlichen Sammler Schöneres geben?

Lage
Der Geisberg ist eine 727 m hohe Erhebung, die das Kinzigtal mit dem Elztal und dem Schuttertal verbindet. Von Lahr fährt man über Seelbach nach Schweighausen. Noch romantischer ist die Strecke von Ettenheim über Streitberg.

Einkehren
Lahrer Hütte, auf dem Geisberg, nur am Wochenende geöffnet

Ingo Stengler
geb. 30.6.1940, verheirateter Vater von 2 mittlerweile erwachsenen Söhnen Rechtsanwalt mit eigener Anwaltskanzlei in der Goethestraße in Lahr. Er ist leidenschaftlicher Sammler von Achaten und Mineralien. Sein Buch Sammlerglück – *Die Achatfundstelle Geisberg bei Schweighausen* und die Begleitbroschüre *Der Achatwanderweg auf dem Geisberg* ist bei dem Verlag Weissmoos in Lahr erhältlich.

Foto: Michael Sauer

Weil der Töpfer in so einem schönen Haus wohnt

Wenn Mama heute Nachmittag frei hat, soll sie mit mir zur Töpferei gehen. Der große Mann mit dem Bart ist nett, da darf ich im Garten *Edelsteine* suchen und sogar einen mitnehmen. Mama hat letztes Mal schon ihre Kaffeetasse da gekauft und meinen bunten Frühstücksteller und es gibt auch noch viele schöne Schüsselchen, aber Papa sagt, der Vincent schmeißt alles runter; wenn er größer ist. Mama würde auch gerne eins von den Hühnern für den Garten haben, die immer auf der Mauer am Bach beim Töpfer stehen. Das wünsche ich mir nächstes Jahr zum Geburtstag, sagt sie. Oma findet Hühner auch lustig, aber Opa hat gesagt, das kommt mir nicht ins Haus. Aber das Gesicht von der Kuh an der Wand hat ihm doch gefallen. Ich schaue immer ins Wasser, wo es zwischen die Steinmauern hinunter rauscht und das Moos nass spritzt. Papa sagt, es gibt da Fische, ich habe nur Enten gesehen. Die fliegen ein kleines Stückchen hoch und

strecken dann die Füße nach vorne ins Wasser, so wie Vincent auf der Rutsche im Schwimmbad. In der Töpferwerkstatt haben früher bestimmt Ziegen gewohnt, die Türe ist ja wie bei einem Stall, sagt Mama. Aber das war, als das Haus noch eine Mühle war. Am Weg zum Haus ist der Ententeich und manchmal kommt jemand, um sie zu füttern. Dann schauen wir zu, wie die Enten durcheinander schwimmen. Manche streiten wegen jedem Stück Brot und eine kleine, schwarze kriegt erst was, wenn alle anderen satt sind.

Die Edelsteine sind ganz glatt, es gibt rote, grüne, blaue und welche, wo der Boden durchscheint. Mama schaut sich dann die Töpfersachen an, oder die Blumen im Garten. Und ist ganz zufrieden, dass bei uns die Petersilie schon größer ist und kein so großer Baum dasteht; da wäre gar keine Sonne an unserem Haus und wir müssten Schubkarren mit Blättern wegräumen im Herbst, aber mir und Vincent würde das gefallen. Im Kindergarten helfe ich auch mit, wenn der Hof sauber gemacht wird. Ich komme ja auch schon bald in die Schule und kann schon Zahlen und meinen Namen schreiben. Trotzdem hat Mama diese Geschichte für mich aufgeschrieben, sie kann das natürlich besser. Das war, weil der Töpfer in so einem schönen Haus wohnt und die Leute auch kommen und es anschauen dürfen.

Die Autorin und *Edelstein*-Sucherin Emilia mit ihrer Mutter. Beide waren schon öfter da. Zu Hause können sie mit den Edelsteinen schon Muster legen.

Lage
Seelbach, Litschentalstr. 26

Einkehren
Höhengaststätte *zum Sternen*
Höhengaststätte *Sodhof*
Bei beiden Plätzen ist der schöne Weg das Ziel.

Georg Hach
Töpfert seit über 40 Jahren, zunächst als Lehrling in der Werkstatt von Horst Kerstan in Kandern, dann während einiger Auslandsaufenthalte. Nahm an internationalen Workshops in Japan teil. Seine kunsthandwerklichen Arbeiten sind 1996 mit dem Staatspreis Baden-Württemberg ausgezeichnet worden.

Naturparadies Langenhard
Der besondere Reichtum

Wie ich ihn liebe und schätze – meinen Langenhard. – Diese mittlerweile fest in mir verwurzelten Worte drücken ein Gefühl von Wertschätzung und Dankbarkeit für meinen besonderen Ort aus. Einem Ort, an dem ich dem Himmel und der Erde auf vielschichtige Weise ein Stückchen näher bin. Die Rede ist vom Lahrer bzw. korrekter gesagt Sulzer Hausberg Langenhard – einem kleinen Hochplateau in der Vorgebirgszone des mittleren Schwarzwaldes.

Lange Zeit dominierte hier auf dem oberen Langenhard das Militär. Ab 1898 exerzierten kaiserliche und dann später französische Truppen. In der zweiten Hälfte des 20. Jhs bis zu dessen Ende war dieser Truppenübungsplatz in der Hand des kanadischen Militärs. Nach Beendigung des „Kalten Krieges" verließ die militaristische Welt Lahr. Die Natur auf dem oberen Langenhard konnte wieder frei atmen. Und sie mauserte sich 2012 zum „Nationalen Naturerbe Deutschland" - mit integriertem Schutzbrief.

Von den Höhen des Langenhard hat man bei schönem Wetter eine wunderbare Weitsicht über die Rheinebene bis hinüber zu den Vogesen. Je nach Inversionslage blickt man tagsüber in ein Nebelmeer des Oberrheins oder des Nachts in ein faszinierendes Sternenfirmament.

Offenland trifft auf dem Langenhard auf unterschiedlichste Waldtypen, bis hin zum Bannwald. Die Natur hat die über lange Jahrzehnte militärische „verhunzte" Fläche längst schon wieder zurückerobert. Eine reiche, zum Teil seltene bis hin streng geschützte Tier- und Pflanzenwelt hat sich entwickelt. Mächtige Hainbuchen und Stileichen wurzeln ebenso in der Erde wie Schwarzerle, Bergahorn, Espe und die Stechpalmen. Keulhornbienen und Brombeerperlmutterfalter schwirren durch die Lüfte. Neuntöter, Schwarzspechte sowie der Rote Milan kreisen am Himmel. Gelbbauchunken, Berg- und Fadenmolch fühlen sich wohl in den Kleingewässern. Auf den Wiesen und Feldern grasen Kühe, Schafe und Ziegen – auch sie prägen das Landschaftsbild. Ja, hier in der heute wieder ungestörten Natur sagen sich Fuchs und Hase tatsächlich gute Nacht.

Bereits als Kind war dieses Naturparadies für mich mit seinen Fohlenweiden ein besonderes sonntägliches Familienausflugsziel, als Jugendlicher habe ich Sommerfreizeiten auf dem dortigen Freizeithof Langenhard verbracht. Später wurde mir der Lahrer Hausberg teilweise zum Arbeitsplatz. Dort durfte ich Ende der 1980iger Jahre meine Idee einer Ökologiestation realisieren. Und heute? Heute lebe ich hier gar auf einem Bauernhof. Ich genieße die Stille, schöpfe aus dem Naturparadies meine Energie und meine Inspirationen. Was so ein kleines Fleckchen Erde nicht alles sein kann. Der Langenhard ist für mich ein Ort mit besonderem Reichtum. Er ist reich an Natur, an Arten, an Genuss, an Aussichten. Und er bereichert meine Sinne, mein Sein, mein Leben.

Lage

Von Lahr östlich auf der B 415 Richtung Seelbach / Biberach. Beim MediClin-Herzzentrum rechts in den Hohbergweg einbiegen. Etwa 4,5 km diesen Weg folgen. Alternative Strecke von Lahr-Sulz aus.

Einkehren

Gasthaus Eiche auf dem Langenhard. Dort kann man im Garten sitzend den Tag ausklingen lassen und den schönen Blick ins Tal genießen – besonders in den Sommermonaten bei einem rustikalen Vesper oder einer ehrlichen badischen Küche.

Uwe Baumann

Jahrgang 1959, überzeugter Schwarzwälder, Kulturschaffender, Moderator, Autor und Leiter einer Ideenwerkstatt. Liebt die Welt des Genusses – und ganz besonders auch die vielfältig reich gesegnete Ortenau.

Foto: Sebastian Wehrle

Foto: Thomas Kaiser

Die Heimat im Herzen, Europa im Blick

Spaziergang auf dem Lahrer Schutterlindenberg

Jeder Spaziergang auf dem Schutterlindenberg ist einzigartig: Die Lichtverhältnisse ändern sich beständig, der Geist wird angeregt von einer Vielfalt der Farben und Formen. Tages- und Jahreszeiten sind hier deutlicher spürbar als beim Flanieren durch die belebten Straßen und Plätze, die sich am Fuße des Lahrer Hausbergs, im Tal und auf den gegenüberliegenden Hängen weit sichtbar entfalten. Die Schönheit Lahrs überwältigt mich immer wieder aufs Neue.

Unser Lahrer Hausberg ist nicht von Matterhorn-Dimensionen, aber für mich auf eine ganz persönliche Art von viel größerer Bedeutung.

Als Aussichtspunkt ist der Schutterlindenberg perfekt: Fast alles, was Lahr in landschaftlicher Hinsicht ausmacht, ist von hier oben zu sehen. Auf dem Schönberg die Burg Hohengeroldseck, mit der die Geschicke Lahrs über Jahrhunderte eng verknüpft waren (an den Einfluss der Herren von Geroldseck erinnert heute noch der Storchenturm als das Wahrzeichen der Lahrer Innenstadt schlechthin). Dann natürlich unser Naturerbe Langenhard, Landschaftsschutzgebiet, Ort der Erholung und wertvoller Lebensraum. Im Tal lässt sich der Fluss erahnen, der dem Schutterlindenberg seinen Namen gab – von Seelbach kommend, durchfließt die Schutter das Stadtgebiet und mäandert entlang des Rheins bis nach Kehl.

Ein weiter Blick – der Kopf wird frei, die Gedanken fokussieren sich. Überblick und Weitblick. Wo steht diese Stadt, deren Oberbürgermeister ich seit nicht ganz einem Jahr bin? Wohin wird der Weg in Zukunft gehen? Der Gang auf den Schutterlindenberg hilft mir, die Zielmarken im Auge zu behalten: Verkehrskonzepte, Tourismus, das enorme Potential des Flughafenareals, mit dessen Entwicklung mein Arbeitsleben in den letzten Jahren aufs Engste verknüpft war, die Bewahrung und Verbesserung eines guten Lebensumfelds für alle Lahrerinnen und Lahrer... die Liste ließe sich fortsetzen.

Jetzt lasse ich den Blick aber erst einmal weiterschweifen über die Rheinebene, sehe in der Ferne die Nachbargemeinden Lahrs, den Europapark, und das nahe Frankreich. Unsere Region liegt im Herzen, in der Mitte Europas, sie strahlt aus und zieht an. Als überzeugter Europäer bin ich mir bewusst, dass unsere Stärke im Dialog liegt. Die Entwicklung Lahrs macht nicht an den Stadtgrenzen halt, sie ist eng verbunden mit dem Erfolg der starken Nachbargemeinden und der französischen Nachbarn. Gemeinsam wollen wir Entscheidungen mit Weitblick treffen, die unsere grenzüberschreitende Region weiterbringen.

Und das führt mich zum Wesentlichen, was man von hier oben nicht sehen kann: Die eigentliche Seele Lahrs. Die vielen Menschen, die sich für ein nachhaltiges und zukunftssicheres Miteinander einsetzen. Gemeinsam gestalten wir die Zukunft unserer Stadt.

Lage
Der Lahrer Hausberg liegt am nördlichen Rand des Stadtzentrums. Mehrere Fußwege führen hinauf zum Aussichtspunkt (297 m üNN), dem Schubertpavillon.

Empfehlung zur Einkehr
Das Weingut Wöhrle und weitere Lahrer Winzer bauen am Schutterlindenberg in bester Hanglage herrliche Weine an, deren verantwortungsvollen Genuss ich sehr empfehle.

Markus Ibert
1967 in Ettenheim geboren, ist seit dem 1. November 2019 Oberbürgermeister der Stadt Lahr. Zuvor war der Diplom-Verwaltungswirt von 2005 bis 2019 Geschäftsführer der Industrie- und Gewerbezentrum (IGZ) Raum Lahr GmbH und Verbandsdirektor des interkommunalen Zweckverbands IGP. Er ist verheiratet und Vater von drei Kindern.

Die Stadtgeschichte in der Tonofenfabrik

Eine architektonische Auffrischung im historischen Zentrum von Lahr

„Alle menschliche Weisheit liegt in zwei Worten – Harren und Hoffen." Das Zitat von Alexandre Dumas d. Ä. zieht sich wie ein roter Faden durch eines seiner berühmtesten Werke „Der Graf von Monte Christo". 14 Jahre seines Lebens verbringt Edmond Dantès unverschuldet in einem Kerker, ehe sich sein Schicksal zum Guten wendet.

Der lange Weg zu einem neuen Museum inmitten von Lahr weist keinen direkten Zusammenhang zum Romanhelden auf, gleichwohl waren viele Jahre Harren und Hoffen angesagt. Bereits 1940, als das Heimatmuseum in der Villa Jamm noch neu war, gab es Überlegungen, einen besseren innerstädtischen Platz für die Lahrer Stadtgeschichte zu suchen. Zum einen standen schlichtweg die erforderlichen finanziellen Mittel nicht zur Verfügung; – weder Sanierung noch ein Neubau kamen in Frage. Zum anderen fehlte es an einer kulturaffinen Lobby, um sich im Reigen wünschenswerter oder notwendiger Projekte wie Kindergärten, Schulgebäuden, Straßensanierungen oder Sportanlagen durchsetzen zu können. Eine fast aussichtslos erscheinende Situation? Nein!

Im Zuge der im Jahr 2018 durchgeführten Landesgartenschau haben sich Möglichkeiten eröffnet, das Thema „stadtgeschichtliches Museum" neu zu denken Mich hat dieses Projekt von Anfang an beseelt und: Der Erfolg kann sich sehen lassen, die ehemalige Tonofenfabrik in der Kreuzstraße hat sich zu einem absoluten Hingucker gemausert! Das Gebäude ist ein typisches Beispiel Lahrer Industriearchitektur und steht unter Denkmalschutz. Es dokumentiert nun über drei Stockwerke die fast 800-jährige Stadtgeschichte bis zur Gegenwart in modernem Museumsinterieur. Im zweiten Obergeschoss rücken Wechselausstellungen in den Blickpunkt und das Dachgeschoss bietet Raum für Mitmach-Aktionen. Der moderne Anbau mit dem Treppenhaus ist für mich auf meinen Wegen durch die Innenstadt zum anmutenden Blickfang geworden. Es ist eine architektonische Auffrischung im historischen Zentrum von Lahr.

Der Gesamtprozess war und ist ein gelungenes Beispiel für einen stimmigen Dreiklang von Verwaltung, Gemeinderat und Bürgerschaft. Alle haben an einem Strang gezogen und Lahr kann sich seit Februar 2018 über ein modernes, innovatives wie auch zeitgemäßes Stadtmuseum freuen!

Die Lahrer Stadtverwaltung hat über Jahrzehnte hinweg die Hoffnung nicht aufgegeben und das war auch gut so! Alexandre Dumas d. Ä. lässt grüßen...

Lage
Im historischen Stadtkern von Lahr, in der Kreuzstraße

Einkehren
Zahlreiche Cafés und Restaurants im Zentrum von Lahr

Guido Schöneboom
wurde 1965 in Leipzig geboren. Nach einem Pädagogikstudium und der anschließenden Arbeit als Lehrer wechselte er 1990 in die Kreisverwaltung Leipzig, wo er in verschiedenen Ämtern arbeitete. Von 1998 bis 2010 ist er im Geschäftsbereich des Oberbürgermeisters von Leipzig in leitenden Funktionen tätig gewesen. Seit 2010 ist der zweifache Familienvater Erster Bürgermeister der Stadt Lahr.

Foto: Peter Wochnig

Samen oder Wurzel

Der Interkulturelle Garten in Lahr

Ein Ort, wo ich gerne und oft bin, wo ich einen Bezug habe und mich verbunden fühle, wo ich Neues kennenlernen wie auch Bewährtes bekräftigen darf, wo ich beim Vorbeigehen sagen kann: „Es ist mein Ort"! 2011 konnte es sich niemand vorstellen, wie interkulturelles Gärtnern funktioniert und warum es ausgerechnet auf dem Landesgartenschaugelände gezeigt werden soll? Auch ich wusste es nicht!

Dennoch ging ich mit einer tiefen Überzeugung daran, Lahr zu zeigen, was die Stadt hat, nämlich LahrerInnen mit unterschiedlichen Gesichtern, Herkünften und Biografien auf „Überzeugungstour". Ich bin neugierig gewesen, was man bewegen kann, wenn man ein für jeden zugängiges Konzept erstellt. Und ich stellte mir die Frage, ob wir Menschen erreichen können, die zurückhaltend sind, weil sie sich in einer Minderheit glauben.

Noch heute wundere ich mich, was daraus geworden ist:

„Ein Ort ohne Wertung, mit Respekt, Gesprächen, mit schönen Liedern, tollen Begegnungen, Bewunderungen (über unsere heimischen und exotischen Pflanzen), mit so viel Wärme oder Gegensätzen und unterschiedlichen Menschen.

Der Weg zu einem lebendigen Interkulturellen Garten war nicht leicht, aber ich hatte so viele Unterstützer und Begleiter, sei es von der Stadtverwaltung und unseren Beiräten, oder sei es von den begeisterten Gärtnern, die sich nach und nach zu einer wunderbaren Gruppe formiert haben. Den Zuspruch der Gäste, die wir während der Landesgartenschau genießen durften, war für alle eine Überraschung und hat uns bestätigt: Vielfalt und Unterschiede kommen an, Mitgestaltung macht Spaß, sich zu zeigen bringt Nähe. Jetzt, nach der LGS, fragen mich viele, ob es vorbei sei? Ab und an schleicht sich eine kleine Melancholie ein, gleichzeitig muss ich schmunzeln, nein, um ehrlich zu sein, lächle ich in mich hinein. Denn ich weiß, es wird weiter gehen! Das inspiriert mich und macht wieder auf´s Neue neugierig, was Lahr noch alles schafft.

Was ich mir wünsche? Natürlich, dass unser Projekt nicht vom Winde verweht wird, sondern dass der Interkulturelle Garten und alles darin Wurzeln schlagen, auf einem friedlichen, lauten, bunten und respektvollen Ort. Das ist für mich Zukunft und Gegenwart in Einem.

Lage
Auf dem Gelände der ehemaligen Landesgartenschau

Einkehren
Haus am See – im Seepark der ehemaligen Landesgartenschau

Thi Dai Trang Nguyen
Kam von Vietnam 1979 nach Bonn. Dort studierte sie Humanmedizin und arbeitete in der Kinderchirurgie. Seit dem Jahr 2000 lebt sie mit ihrer Familie in Lahr und betreibt eine Privatpraxis für Asiatische Medizin. Sie ist Sprecherin des Interkulturellen Beirats, Mitglied des Vorstands des Freundeskreises der Musikschule Lahr und beteiligt sich an verschiedenen Projekten. Dazu gehören unter anderem der Interkulturelle Stammtisch, der Flüchtlingsdialog oder das Fest der Kulturen.

Foto: Peter Wochnig

Schlossplatz ohne Schloss

Kreuzungspunkt vieler Wege

Ich kann mich noch ganz gut daran erinnern: In den neunziger Jahren war die Westseite des Schlossplatzes noch Parkplatz! Um die Jahrtausendwende wurden die Autos verbannt und der Platz erhielt sein heutiges Gesicht. Ein freundliches Gesicht, finde ich, weil der Platz genau die richtige Größe hat, dazu Bäume und Bänke, auf denen – sobald das Wetter es erlaubt – auch immer jemand sitzt. Und ein Gesicht, in dem viel von dem erhalten geblieben ist, was Philipp Brucker, der langjährige Lahrer Oberbürgermeister und Mundartdichter, in seiner Jugend Anfang des 20. Jahrhunderts gesehen hat. Das Haus des Großvaters stand am Schlossplatz, und Brucker beschreibt in seinen Erinnerungen die Läden und die Menschen, denen er dort begegnete, als seine „Schlossplatz-Idylle". Davon hat sich der Platz bis heute viel bewahrt.

Der Name Schlossplatz ist eigentlich irreführend. Es gab und gibt in Lahr gar kein Schloss, sondern Reste einer Tiefburg der Geroldsecker, von der als einziges sichtbares Zeugnis der nahegelegene Storchenturm stehengeblieben ist. An den Wassergraben, den die Tiefburg umgab, erinnert die Wasserfläche auf dem Schlossplatz, die im Sommer vor allem ein prima Plantschbecken für Kinder ist.

An die anfangs heftig umstrittene, gläserne und von innen leuchtende Würstelbude haben sich die Lahrer längst gewöhnt. Den früher mobilen Stand gibt es seit Beginn der 50er Jahre, und er ist für Lahr das, was für die Freiburger die Münsterwurst ist. Sogar im Regionalfernsehen war der Lahrer Würstchenwürfel schon.

Im Sommer stehen Tische vor dem Café, im Frühjahr und noch aufwändiger im Herbst zur Chrysanthema wird der Schlossplatz mit großen Blumenbeeten geschmückt, im Winter locken Glühweinstand und Karussell, und ganzjährig gibt es donnerstags einen kleinen Nachmittags-Markt. Der Schlossplatz ist der belebteste Platz in Lahr. Das liegt auch daran, dass er Kreuzungspunkt vieler Wege ist. Nicht nur die Marktstraße geht über den Platz hinweg, sondern es münden insgesamt fünf größere oder kleinere Wege auf den Schlossplatz. Die aus 18 Einzelfotos zu einem Panorama-Rundblick zusammengesetzte Aufnahme von Peter Wochnig betont diese Kreuzungsfunktion, auch wenn sie den Platz fast menschenleer zeigt. Sie lenkt den Blick nach oben auf schönes Fachwerk und schmucke Giebel, auf die Gründerzeit-Fassade des ehemaligen Möbelhauses Ferber, und auf den Himmel über Lahr.

Der Schlossplatz ist kein paradiesischer, sondern ein pragmatischer Platz. Ein unaufgeregt schöner Platz, der gut zu Lahr und seinen Bewohnern passt. Ich mag ihn, wie viele Lahrer. Zum Fahrrad abstellen. Einkaufen gehen. Was essen. Mit Kindern oder Enkeln am Wasser sitzen. Und ich finde, zur blauen Stunde, zwischen Sonnenuntergang und Nacht, macht er sogar ganz schön was her.

Lage
Der Schlossplatz liegt mitten in der Fußgängerzone von Lahr, in der Nähe des Storchenturms

Juliana Eiland-Jung
geb. 1961, hat nach dem Studium der Anglistik und Germanistik zunächst als Medienpädagogin gearbeitet. Seit vielen Jahren ist sie freie Journalistin und arbeitet unter anderem für die Badische Zeitung und das Festivalbüro der PuppenParade Ortenau.

Französisches Eck

Suchst du den Platz, an dem du dich ganz findest,
an dem die Sinne in die Weite geh'n,
an dem du dich an diese Heimat bindest,
an dem du Herrliches kannst seh'n,
steig in Münchwihr, wenn es dir passt
und du Lust auf Sinnentaumel hast
hinauf zum Waldrand an den Platz
– tu es gemächlich ohne Hatz, –
Den man nennt s'Französische Eck,
schau in die Runde, du bist hin und weg.
In's Elsass siehst du da hinüber,
in seiner ganzen Schönheit steht es da.
Der Höhenkamm zieht dort vorüber,
Hochkönigsburg kennst du ja.
Du siehst Odilienberg und Hoheneck
Und wenn du Glück hast geht die Sonne gleich weg.
Der Sonnenuntergang in schönsten Farben,
die Strahlen, die um Frieden warben,
vergiss du nicht, es wird dir klar,
dass Krieg hier schlimme Sünde war,
dass wir offen miteinander leben wollen
und unsere Heimat schätzen sollen.

Hansy Vogt / Helmut Rau

Lage
Ettenheim-Münchweier, Waldstraße bis
zum Waldrand hochfahren, besser noch
hochlaufen
Alternative: Von Münchweier aus in
Richtung Wallburg fahren. Nach etwa
1 Km erreicht man rechts schon im Wald
den Parkplatz am Brudergarten

Einkehren
Picknick oder eigenes Vesper

Hansy Vogt
Sänger und Mitbegründer der Musik-
gruppe „Feldberger", mehrere Goldene-
und Platin-Schallplatten, Solo-Tourneen
mit seiner Kult-Comedy-Figur „Frau
Wäber", Bauchrednershow mit Hase
Felix, Kucki Kuckuck und der kleinen
Schwarzwaldmarie, Kinderbuchautor,
Schwarzwaldbotschafter

Helmut Rau
Badischer Politiker mit schwäbischen
Wurzeln, u.a. Landtagsabgeordneter von
1992 – 2016, Staatssekretär im Kultusmi-
nisterium 2001 – 2005, Kultusminister
(BW) 2005 – 2010, Minister im Staatsmi-
nisterium 2010 – 2011

Elsass / Hochkönigsburg
Foto: Peter Wochnig

Wo die barocke Epoche Ettenheims wieder auflebt

Die wundersamen Verwandlungen des Prinzengartens

Als ich 1998 meinen Ruhestandswohnsitz auf Schloss Mahlberg, mit freiem Blick auf den Kaiserstuhl und in die geliebte Rheinebene gefunden hatte, geriet auch Ettenheim in mein Blickfeld. Der Charme des intakten, von außergewöhnlicher Stadtgeschichte geprägten Stadtbildes und seine gemütlichen Gaststätten spielten eine zunehmend bedeutendere Rolle im Alltag des Ruheständlers und schließlich ist es ja nicht verwunderlich, dass dem Gärtnerauge auch der verträumte Kopp'sche Garten mit dem herrlichen Rokoko-Pavillon auffiel.

Doch eines Tages fällt mir bei der Tageslektüre meiner Zeitung ein Plan zur Neugestaltung dieses Gartens auf, dessen Banalität meine Ruheständlerruhe in Aufruhr brachte. Tagelang kämpfte ich mit dem Gedanken, mich einzumischen, bis ich schließlich zum Hörer griff und Bruno Metz, den Bürgermeister, um ein Gespräch bat. Ich erläuterte ihm, dass ich an dem fraglichen Entwurf jeglichen Bezug zur Geschichte des Ortes vermisse. Das Ergebnis unseres Gesprächs war die Gründung des „Freundeskreis Prinzengarten Ettenheim e.v." am 17. September 2001. Erfahrung und Interesse am Gärtnern, an Gartenkunst und Naturschutz, an Architektur und Stadtgestaltung, an Stadtgeschichte, an Kunst und Kultur im Allgemeinen sammelte sich in unserem Verein. 2002 billigte der Gemeinderat unseren Entwurf und schon am 3. Juli 2004 luden wir zur Eröffnungsfeier. Wir schufen einen Garten, der an die barocke Epoche Ettenheimer Stadtgeschichte erinnert. Genießen Sie ein Konzert oder sommerliches Fest auf unserem „Tapis Vert", der Festwiese; erleben Sie die Apfelblüte in unserem „Verger", dem Obstgarten; lassen Sie im „Bois", im hochgelegenen Staudengarten, ihren Blick über die Stadt und das Rheintal schweifen. Denken Sie beim Spaziergang durch unseren Gemüsegarten, den „Potager", an den „Duc d'Enghien", den Bourbonenprinzen, der hier mit seiner Geliebten, der Prinzessin Charlotte Rohan-Rochefort, gärtnerte und an sein Schicksal, das unseren Garten zum Ort eines Moments europäischer Geschichte machte. Genießen Sie an einem Adventsabend ein Glas Glühwein an unserem zum „Knusperhaus" verwandelten Pavillon.

Wir „Prinzengärtner" wünschen Ihnen erinnernde Momente an den Ettenheimer „Prinzengarten".

Lage
Ettenheim, an der Ecke Bienlestraße und Freiburger Straße

Einkehren
Parkrestaurant Löffler, Mühlenweg 33
Restaurant Weber, Im Offental 1

Eckard Riedel
Der Gartenarchitekt wurde in Sachsen geboren. Nach dem Krieg zog die Familie in die badische Heimat seiner Mutter. Hier erlebte er die Freigabe Kehls, wo er nach dem Studium als Freier Gartenarchitekt tätig war. 1976 trat er in die Dienste der Stadt Lahr ein. Dort hinterließ er durch die Gestaltung des Rosengartens im bekannten Stadtpark und das jährliche Blumenfestival „Chrysanthema" seine Spuren. Seit 2017 verbringt er seinen Lebensabend in Oberbayern.

Die alte Zigarrenfabrik in Ettenheimmünster

Künstlerdomizil und Galerie

Seit 1984 beherbergt die über hundert Jahre alte ehemalige Zigarrenfabrik in Ettenheimmünster die Galerie von Linda Treiber. Der alten Zigarrenfabrik haben beide, Heinz und Linda Treiber, miteinander ihren Stempel aufgedrückt und aus der in Zwischennutzung als Wohnheim fungierenden Fabrik, Wohnen und Arbeiten zu einem Ganzen gemacht. Umgeben von der Steinmauer des alten Klostergartens aus dem 18. Jahrhundert betritt man das Haus, nachdem man an der Kuhglocke geläutet hat und steigt in den ersten Stock hinauf, wo sich die Galerie befindet.

Die Galeristin aus Bad Zwischenahn, die wohl die schwarze Erde und den nordischen böigen Wind vermisst, ist der Liebe wegen zu dem Künstler Heinz Treiber in die Zigarrenfabrik gezogen. Seine Werke kannte sie bereits aus einer Galerie in Bad Zwischenahn, wo sie nach einer Banklehre Einblicke in das Miteinander von Künstler, Galerist und Ausstellungsbesucher erhielt. Zwei Töchter kamen auf die Welt und gleichzeitig gründete Linda Treiber ihre eigene Galerie, die sie mit Eigensinn führt. Mut, Konsequenz, Träume und Ausdauer, so charakterisieren die Töchter ihre wichtigsten Eigenschaften.

Teilhabe ist das Hauptmotiv der Galeristin. Sie erzählt wunderbare Geschichten von Menschen, die durch das Anschauen von Kunst zu sich gefunden haben, von Menschen, die jedes Jahr wiederkommen, oder von einem Jungen, der in seinen Ferien immer die „Galeere" anschauen möchte.

Die Galeristin präsentiert in ihrem Programm vornehmlich Zeichnungen, denn, so sagt sie, die Linie stimmt oder sie stimmt nicht, immer ist sie ehrlich, doch auch Bildhauerei im weitesten Sinn. Im Gespräch über die Arbeiten von Künstlern wie Michael Peter Schiltsky, Harald Kröner, Sam Szembek, Dorothee Rocke und vielen anderen, mit denen sie über die Jahre und Jahrzehnte eng verbunden ist, kann der Besucher bei der durchaus streitbaren, selbstbewussten Frau sagen oder nicht sagen, was berührt. Das Persönliche, der faire Umgang mit den Künstlern in der Präsentation der Arbeiten wie im Geschäftlichen ist ihr wichtig. Die hohen Räume sind nach den Umbauten zur Galerie vielfältig geworden, es gibt kleinere Kabinette, einen großen Raum und den langen Flur, der sich dann zu einer Nische weitet. Das eröffnet Möglichkeiten für diverse Hängungen. Wie tun die Arbeiten miteinander? Wie vertragen sie sich? Größte Sorgfalt legt die Galeristin an den Tag.

Am Ende des langen Flures befindet sich der Salon, ein großer Raum mit Ofen. Früher beherbergte er ein Atelier von Heinz Treiber, bis sich die Umnutzung aufdrängte, sehr zum Vorteil für die Besucher. In diesem Raum finden Lesungen statt und Konzerte, meist von erlesener, experimenteller Musik. Er ist zugleich privat und öffentlich.

Susanne Ramm-Weber

Lage
Ettenheimmünster, Münstertalstraße 34

Einkehren
Weingut Isele in Münchweier
Restaurant Heckenrose in Ringsheim

Linda Treiber
Geb. 1962 in Bad Zwischenahn, Niedersachsen, gründete 1984 in den Räumen der einstigen Zigarrenfabrik eine vielbeachtete Kunstgalerie, die sich auf Zeichnungen und Bildhauerei im weitesten Sinn spezialisiert hat. Stellt Kunstwerke namhafter Künstler sowie auch junger Talente aus.

Fotos: Tilmann Krieg

Unsere Streuobstwiesen in Ettenheim – ein Lebenselixier

Auf meinen Streifzügen durch die Vorbergzone freue ich mich immer, wenn ich an einer Streuobstwiese vorbeikomme. Egal zu welcher Jahreszeit. Sei es das fröhliche Vogelgezwitscher im Frühjahr, die Schattenspende an heißen Sommertagen, im Herbst die reifen Äpfel alter, einst zahlloser Sorten oder die kahlen Obstbäume als Fotomotiv an einem nebligen Wintermorgen.

Besonders lohnenswert ist es aber, sich Zeit zu nehmen und in Ruhe das unermüdliche Leben zu beobachten. Je genauer ich schaue, desto mehr bekomme ich zu sehen… Unzählige umher schwirrende Schmetterlinge und Wildbienen auf sonnenbeschienenen bunten Wiesenblumen, seltene Käfer im morschen Holz, Spinnen und Ameisen samt den von ihnen angelockten Vögeln auf Nahrungssuche; darunter rar gewordene Höhlenbrüter wie Wendehals oder Gartenrotschwanz. Auch Mäuse, Eidechsen und Frösche finden hier Nahrung und Lebensraum. Beutegreifer wie Fuchs, Baummarder und Falke nehmen die Spitze der Nahrungspyramide ein. Ein vielfältiger Biotop mit tausenden von Tier- und Pflanzenarten, darunter hoch spezialisierte Spezies, die auf dieses Mosaik aus Kleinlebensräumen angewiesen sind. Dabei wurden diese Obstwiesen vom Menschen geschaffen.

Noch bis in die Mitte des 20. Jahrhunderts hinein waren Streuobstwiesen in der Ortenau landschaftsprägend.

Die Menschen haben sie auf ehemaligen Rebflächen und an den Ortsrändern angelegt, um sich selbst mit Früchten und ihr Vieh mit Gras und Heu zu versorgen. Die extensive Bewirtschaftung ohne Kunstdünger und Pestizide war mühevolle aber notwendige Handarbeit. Sie ließ dabei noch ausreichend Raum und Zeit für die Lebenszyklen der Streuobstwiesenbewohner oder bereitete ihnen gar die Voraussetzungen dafür. Mit dem Rückgang natürlicher Habitate fanden hier insbesondere ursprüngliche Wald- oder Wiesenbewohner einen Ersatzlebensraum. Mittlerweile bilden Streuobstwiesen oft die letzten Rückzugsmöglichkeiten für bedrohte Pflanzen- und Tierarten, z.B. für den Steinkauz. Zudem stellen diese halboffenen Landschaften wichtige Vernetzungsbiotope zwischen den verbliebenen Wald- und Offenlandschaften dar.

Entstanden aus wirtschaftlicher Notwendigkeit heraus, haben sich Streuobstwiesen – nebenbei – über Jahrzehnte und Jahrhunderte hinweg zu immer artenreicheren und komplexeren Ökosystemen entwickelt. Abgelöst durch neue Wirtschaftsformen, insbesondere mit dem Aufkommen von Obstplantagen und der rasant fortschreitenden Ausbreitung von Siedlungs- und Verkehrsflächen jedoch, verschwanden sie zusehends aus unserer nunmehr fast gänzlich ausgeräumten Kulturlandschaft. Indessen sind Streuobstwiesen mehr als nur die Relikte einer vergangenen Wirtschaftsweise. Sie sind wertvolles Kultur- und Naturerbe. Und solange wir dieses Erbe lebendig halten, halten wir unsere Landschaft und unsere eigene Geschichte lebendig.

Lage
Rund um Ettenheim sowie in den allermeisten Ortschaften in der Ortenau. Streuobstwiesen sind eine typische Landschaftsform dieser Region..

Einkehren
Adler, Friedrichstr. 44
Löffler's Parkrestaurant
Restaurant Weber,
Winzerhof im Offental 1
Café Bäckerei *Käufer*

Kathrin Opel
Geografin
Vorsitzende NABU-Ortsgruppe Ettenheim
Lebt in Ettenheim

Die Fischweiher im Filmersbach
Fischvermehrung im Einklang mit der Natur

Die tiefe Verbundenheit habe ich wahrscheinlich schon als kleiner Junge gefühlt, während ich mit Onkel und Vater viel Zeit bei den Teichen verbrachte. Es war im Winter 1969, ich lümmelte in der Heuraufe im Pferdestall. Die Haflinger fraßen gemütlich und ich lauschte dem gedämpften, stetigen Kauen. Schon damals war mir klar, dass ich immer im Filmersbach leben und arbeiten würde.

Die besondere landschaftliche Mischung, die Teiche, Streuobstwiesen und Felder im Tal bilden, bietet ideale Bedingungen für eine Artenvielzahl von Tieren und Pflanzen. Im Frühjahr tobt vielleicht grade eine übermütige Lämmer-Bande um die in den ersten warmen Sonnenstrahlen wiederkäuenden Mutterschafe herum. Die Frösche und Grillen veranstalten im Sommer unser ganz eigenes „Umsonst- und Draußen-Festival". Und wenn es heiß ist, schwimmen die großen Karpfen so nah an der Wasseroberfläche, dass man sie gut beobachten kann. Manchmal springt einer von den besonders dicken und es platscht in die Mittagsstille. Abends und nachts können ganz feine Ohren Fledermäuse hören. Im Spätsommer, wenn am frühen Morgen das Wasser noch wärmer ist als die Luft, dampfen unsre Teiche. Und dann verströmen der Schlamm und das trockene Gras ein besonderes Odeur. Bisamratten kreuzen sobald der Mais reif ist gerne den Pfad vom Wasser auf Feld, um sich an den Maiskolben für den Winter fett zu fressen. Der schöne Eisvogel fällt mit seinem türkis-orangen Federkleid immer auf.

Je länger unsre Gäste verweilen, desto mehr werden sie wahrnehmen. Oft sitzt jemand beim Haus am Teich und schaut und lauscht gedankenverloren. Da scheucht ein Teichhuhn seine Küken ins schützende Schilf oder es ist nur das Funkeln der Sonnenstrahlen auf der Teichoberfläche. In solchen Momenten ist das Tal wie eine Insel, wie ein abgeschlossener Raum, der zur Entspannung einlädt.

In den über 40 Jahren, in denen sich mein Leben und meine Arbeit nach den Jahreszeiten richtet, habe ich Demut gelernt. 1979 endlich habe ich mich entschlossen, die moderne Teichwirtschaft aufzubauen. Damit die Vermehrung und Brutaufzucht heimischer Fische, wie Hecht, Zander, Karpfen, Schleien, Moderlieschen, Rotaugen und Rotfedern dauerhaft gut funktioniert, muss man mit der Natur arbeiten – nicht gegen sie. Wir haben ein modernes Bruthaus mit ausgefeilter Technik, aber in den Teichen wachsen die Jungfische wie in natürlichen Gewässern heran. Es ist einfach eine Welt für sich.

Die Besucher fahren nach ihrem Ausflug, nach einer schönen Geburtstags- oder Hochzeitsfeier wieder heim, wieder in die andere Welt außerhalb des Filmersbach-Tals. Das ist es dann eben auch das, was für mich das Paradies hier ausmacht. Ich bin dann noch da. Ich darf bleiben.

Lage

A5, Ausfahrt Ettenheim. Das Filmersbachtal ist ein Seitental des Ettenbachs zwischen Ettenheim und Ettenheimmünster im Ortsteil Wallburg, wo auch das Naturschutzgebiet „Saure Matten" liegt. Hier befinden sich die 24 Teiche der Fischzucht und das „Haus am Teich". Entgegen der landläufigen Meinung gibt keine Hinweise, trotz intensiver Suche, dass diese Teiche in Verbindung mit dem Kloster in Ettenheimmünster standen.

Einkehren

„Haus am Teich" – feiern inmitten der Natur. Dieses Gasthaus steht für Hochzeiten, Geburtstagfeiern oder für Schulungen von Unternehmen zur Verfügung.

Georg Riegger
Tierarzt und Fischwirt

Foto: Martin Bildstein

Tabakanbau und -verarbeitung als regionales Kulturgut

Europas größtes Tabakmuseum

Der Tabak prägt die Ortenau nun schon seit über 300 Jahren. Heute sind die großen Zigarrenfabriken längst Geschichte und selbst die Badische Tabakmanufaktur, die in Lahr die Roth-Händle und Reval Zigaretten hergestellt hat, gibt es schon lange nicht mehr. Wer jedoch die Landschaft der Ortenau und ihre Orte betrachtet, findet sie noch, die Zeugen einer verblühten Tabakkultur. Die Holzlamellen an den Schöpfen der alten Fachwerkhäuser deuten darauf hin, dass hier früher der dunkle Geudertheimer Tabak luftgetrocknet wurde. Auch die alten Zigarrenfabriken sind als langgestreckte Baukörper mit ihren hohen, gleichförmigen Fenstern gut im Ortsbild zu erkennen und erinnern an vergangene Zeiten.

Nicht vergangen ist jedoch der Anblick der Tabakfelder mit ihren prägnant rosafarbenen Blütenständen. Rund 400 Hektar werden bei uns im Ortenaukreis noch jährlich angebaut.

Eine der Städte in dieser Region ist das beschauliche Mahlberg, das mit seinem Schloss schon von Weitem zu sehen ist. Als ich vor rund zehn Jahren mit meiner Familie in die Rheinebene umziehen wollte, besichtigten wir die zum Verkauf stehende alte Villa des ehemaligen Tabakfabrikanten Weinacker, ein Gründerzeitbau mit Remise und zugewuchertem Garten, der das dahinter liegende Tabakmuseum in der ehe-

maligen Zigarrenfabrik völlig verdeckte. Das Haus lag im Dornröschenschlaf und auch wir entschlossen uns zunächst dagegen, es zu erwecken. Wie das Schicksal so spielt, fanden wir am selben Tag ein anderes Haus in Mahlberg, noch etwas älter, noch etwas maroder. Diesem hauchten wir neues Leben ein. Doch die Fabrikantenvilla ließ uns nicht los.

Zwei Jahre später fragte mich der Gründer des Tabakmuseums, Josef Naudascher, ob ich nicht die Museumsleitung übernehmen würde. Die Museumsarbeit wurde 1981 durch eine Gruppe interessierter Bürger in Zusammenarbeit mit der Stadt Mahlberg gegründet, die offizielle Eröffnung fand 1992 statt. Mit viel Hingabe entstand Europas größtes Fachmuseum dieser Art. 2012 erwarb die Stadt Villa und Garten nun selbst, das Warten hatte ein Ende. Bäume und Büsche wichen einer offenen Rasenfläche, die jetzt, sonnenbeschienen, für gesellige Feste genutzt wird. Die Villa wurde behutsam restauriert und ich hatte die wundervolle Aufgabe, sie mit historischen Möbeln einzurichten. Für die Mahlberger ist es nun einfach die „Fabrikantenvilla", ein Ort der Begegnung und mit vielseitigen Veranstaltungen. Es ist ein wunderbares Gebäudeensemble: Museum, Villa, Remise und die offene Fläche in der Mitte, die inzwischen den Namen „Josef-Naudascher-Platz" erhielt. Museum und Villa atmen Geschichte, lassen in vergangene Zeiten eintauchen und sind gleichzeitig in der Gegenwart angekommen. Es ist für mich ein Ort des Verweilens, des Austauschs, ein Ort der Vergangenheit und der Zukunft.

Lage
Oberrheinisches Tabakmuseum Mahlberg, Kirchstraße 4, www.tabakmuseum-mahlberg.de
geöffnet: 1. Mai bis 1.Oktober, an Sonn- und Feiertagen, Gruppen auch an Wochentagen

Einkehren
Landgasthof Sonne – gutbürgerliche Küche; Mahlberg, Karl-Kromer-Str. 1
Fegers Grüner Baum – gehobene regionale Küche; Lahr, Burgheimerstr. 105

Patrick Benz
Studium der Pädagogik in Freiburg und an der Université de Perpignan. Während der Studienzeit regelmäßig Auftritte im Europapark sowie bei nationalen und internationalen Kleinkunstfestivals. Lehramtätigkeiten in Baden-Baden, Dornstetten und nun in Friesenheim. Dort für das schulische Zirkusprojekt mitverantwortlich. Seit 2012 Museumsleiter des Oberrheinischen Tabakmuseums.

Foto: Hubertus Kahl

Meine Lieblingsplätze zum Träumen

Zwischen der Coco Chanel-Suite in Paris und der Burg in Mahlberg

Es war reiner Zufall, der mich in die hoch elegante Coco Chanel-Suite im Hotel Ritz in Paris verschlug. Ein Ort zum Träumen. Ganz bestimmt ein Lieblingsplatz. Es war mir aber leider nicht vergönnt, und der Aufenthalt dort nur von ganz kurzer Dauer.

Vielleicht die Strandbar in der Normandie, direkt am Meer. Große Platten mit frischen Austern, dazu genügend passender Wein. Austern müssen schwimmen, sonst bekommen sie einem nicht, belehrte der Reiseleiter, der es wissen musste. Wind, Wellen, Möwen... das ganze Programm.

Oder die Bar in einem Hotel, ein Pianist spielt, wie nebenbei, leisen Jazz. Eiswürfel klirren, ab und zu ploppt der Champagner-Korken. Das Glas wird nachgefüllt, meine Stimmung ist im hier und jetzt.

Darf man verschiedene Lieblingsplätze haben? „Sei bescheiden, mein Kind", sagte meine Großmutter, wenn ich sie in ihrer Küche, meinem bevorzugten Raum, aufsuchte und nicht genug von ihrem Schokoladenpudding vertilgen konnte.

Ich wohne seit vielen Jahren in der Ortenau, in einem sehr alten Gemäuer, auch Burg genannt. Wenn man durch das Tor geht, ahnt man nicht, dass sich ein Sitzplatz in luftiger Höhe befindet mit einer Bank und Tisch, eine schmale Mauer, darauf Töpfe mit Lavendel und Rosmarin. Von dort hat man einen Blick in alle Himmelsrichtungen, weit in die Rheinebene, rüber zu den Vogesen und Weinbergen des Elsass, den Kaiserstuhl und den Weingärten der Ortenau, Felder und Wiesen. Der Europapark lockt mit seiner bunten Vielfalt in der Ferne. Die Sonnenauf- und untergänge sind oscarreif. Die Dämmerung naht und mit ihr erscheint manchmal ein riesiger Vollmond, schiebt sich langsam über die Tannen des Schwarzwaldes und rührt sich nicht von der Stelle, als wundere er sich selber über diesen unerwarteten Anblick.

Das ist der Moment, eine Flasche Gutedel zu öffnen, ein großes Stück von dem köstlichen, bereitgestellten Gugelhupf abzusäbeln. Später, der Mond ist weitergewandert, die Flasche fast leer. Eine Fledermaus huscht über die Köpfe. Die Eidechsen nehmen Kuchenkrümel als Betthupferl. Ich fühle: hier bin ich zu Hause und einen schöneren Platz gibt es nicht!

Lage
Schloss Mahlberg

Tipp
Den wunderbaren Gugelhupf gibt es bei *Café Burger* in Lahr - Die Genussmanufaktur (HYPERLINK „http://www.cafe-burger.de" www.cafe-burger.de)

Barbara Siebeck
Tochter der Kunsthändlerin Lotte Pinkus und des Kunstmalers Paul Ernst Wilcke, geboren und aufgewachsen im Worpsweder Künstlermilieu, Mutter dreier Söhne aus der Verbindung mit dem Fotografen Will McBride, von 1968 bis 1983 Galeristin in Starnberg und München. Seit 1969 verheiratet mit Wolfram Siebeck († 2017), mit dem sie seit 1985 auf Burg Mahlberg lebt.

Fotos: Thomas Kaiser

Grabmal für einen Unangepassten
Die Hansjakob-Kapelle in Hofstetten

Auf der Steinbank vor der Grabkapelle von Heinrich Hansjakob lese ich sein Buch „Mein Grab". Er macht sich Gedanken über die Steine, die hier verbaut werden. Jeden von ihnen sieht er als „einen Kameraden, der mit meinem toten Leib die Finsternis teilen wird". Viele Gedanken hat er sich um seine letzte Ruhestätte gemacht: „Queti ab inquieto" – von einem Unruhigen sei sie der Ruhe gewidmet.

Er war katholischer Geistlicher, oft verliebter Weiberfeind und mehrfacher Vater. Den Papst hielt er immer für fehlbar, Unternehmer und Weinhändler meist für Ausbeuter, weshalb er in Hagnau am Bodensee die erste badische Wintergenossenschaft gründete. Vierundsiebzig Bücher hat er geschrieben, die in Millionenauflage verkauft wurden.

Der aus Haslach stammende Heinrich Hansjakob (1837 bis 1916) war eine auffallende Erscheinung. Gut zwei Meter maß er mit seinem schwarzen Hut. Er war immer eher dagegen als dafür und polterte in Büchern und Predigten gegen Bischöfe und Beamte, Militärs und Juden, sowie gegen das „schweinsmäßig grunzende, Landschaft verhunzende" Automobil. Wegen aufrührerischer Reden und Beamtenbeleidigung musste er ins Gefängnis.

Und emanzipierte Frauen, die „Wibervölker", lagen ihm auch nicht. Andere liebte er mehr. Wie die sechzehnjährige Hermine, damals schon mit dem Haslacher Arzt Robert Wörner verheiratet, oder seine junge Küchenhilfe Maria Baumann. Den gemeinsamen Sohn ließ er zum Mediziner ausbilden. Es sei an der Zeit „die Frauen aus den Universitäten zurückzutreiben an die Waschzuber und in die Küchen". Alleine das heute zu zitieren schafft einem ja kaum neue Freundinnen.

Als Hansjakob sich seine sehr aristokratische Grabkapelle bauen ließ, war es eine andere seiner Damen, die bayerische Offiziersgattin Maria Hamminger, die diese mitfinanzierte. Die verbauten Goldmark – da gehörte auch der Haslacher Freihof dazu, inzwischen ein sehr besuchenswertes Museum – entsprächen heute einer Million Euro. Gebaut wurde die Kapelle vom Freiburger Architekten Max Meckel, dem Kirchenbauer seiner Zeit. Als arrogante Überheblichkeit werteten dies Hansjakobs Amtsbrüder aus der Freiburger Zentrale; allerdings hatte er die auch jahrelang ausgespäht und Interna des Erzbistums an die badische Regierung verraten.

„Queti ab inquieto". Ein unruhiger Geist war dieser Mann allemal. Auslesen konnte ich sein Buch allerdings nicht. Hier wird es schnell zu kühl, auf dieser immer schattigen Bank, die Hansjakob nach Nordosten, hin zu seiner Heimatstadt, ausrichten ließ.

Lage
Hofstetten. Parken am Gasthaus „Drei Schneeballen". (Hier Schlüssel zur Kapelle T. 07832-2815). Am Dorfbrunnen vorbei und schräg links den Waldweg hoch. Nach 600 m ist die Kapelle erreicht. Noch ein Tipp: Hansjakob-Museums in Haslach.

Einkehren
Natürlich im Gasthaus *Drei Schneeballen*, in dem Heinrich Hansjakob Dauergast war und nach dem er auch 3 seiner Bücher benannte. Zum Titel inspirierte ihn das Wirtshausschild, das die drei Schneeballen aus dem fürstenbergischen Wappen zeigt. Für Hansjakob war das Zimmer über dem Herrgottswinkel der Gaststube reserviert.

Manfred Hammes
Journalist, Autor und Filmemacher zu kulturhistorischen Themen; gerne auf beiden Seiten des Oberrheins, in der Eifel und in Südfrankreich unterwegs. Nachzulesen im Blog „Lust auf Provence". Sein jüngstes Buch erschien im renommierten Schweizer Nimbus Verlag: „Durch den Süden Frankreichs – Literatur, Kunst, Kulinarik".

Die Hofstetter Mühle

Ein neues Dasein für Getreidemühle und Fruchtspeicher

Wärmende Sonnenstrahlen funkeln über das saftige Grün des ehemaligen Mühlenplatzes mitten im Herzen von Hofstetten und schimmern zurückhaltend auf der Wasseroberfläche des renaturierten Dorfbachs, ehe sie sich am gusseisernen Wasserrad der Mühle, das rastlos seine Runden dreht, brechen. Rot-weiß blühende Geranien am Balkon der Vorderseite schmücken von Frühjahr bis zum Spätherbst das altehrwürdige Bauwerk und laden nicht nur Naturfreunde und Historiker zum Verweilen ein. Eltern erfrischen mit dem Nachwuchs nicht selten die Beine im kühlen Nass, gönnen sich auf den grauen Natursteinplatten eine Pause auf dem Weg ins Solar-Schwimmbad oder zum Waldsee. Auch mich zieht es gelegentlich dorthin, um mir eine kurze Auszeit zu gönnen. Die dunklen Holztreppen der Mühle knarzen leicht und ins Innere gelangt man nur mit einem überdimensionierten Schlüssel von der Größe eines mittleren Vorschlaghammers. Verliebte Paare, auch aus den Nachbargemeinden, lassen sich hier für ihre Hochzeitserinnerungen auf dem Hofstetter Erholungsgelände in Szene setzen.

In der Ferne, kaum wahrnehmbar, ruckelt ein roter Traktor in eines der sich schier endlos windenden Seitentäler, die an den Ortskern angebunden sind. Das idyllische Dorf Hofstetten wurde über Jahrhunderte von der Landwirtschaft geprägt. Ein Ort, an dem Feriengäste und Tagestouristen in einem der schönsten Dörfer im Land nicht nur Weite, Aussicht und intakte Natur, sondern auch die überregional bekannten kulinarischen Köstlichkeiten der ortsansässigen Restaurationen schätzen. Für die Gäste ein ruhiges Zuhause auf Zeit. Für ein Erinnerungsfoto trifft man sich dort, wo es für viele am schönsten ist: an der Hofstetter Mühle, ein liebevolles Kleinod im Herzen des Kinzigtals.

So war 1979 die Entscheidung von Ehrenbürger Franz-Josef Krämer eine um 1828 erbaute Getreidemühle vom Heizmannshof und einen im Jahr 1824 errichteten und denkmalgeschützten Fruchtspeicher vom Kaiserhof zu erwerben, abzutragen und in der Naherholungsanlage wieder aufzubauen wegweisend. Der Altbürgermeister wollte die vom Zerfall bedrohten Einrichtungen für die Nachwelt erhalten. Die Mühle liegt unweit des Rathauses und ist durch eine Holzbrücke leicht fußläufig zu erreichen. Aufgewertet wird die Örtlichkeit selbst durch seinen davorliegenden Platz, der 2018 in Henry-Heller-Platz umbenannt wurde. Der Amtsnachfolger von Krämer ließ ein in sich stimmiges Ensemble gestalten, um der Hofstetter Mühle mehr Geltung zu verschaffen. Von selbiger erreicht man in wenigen Minuten auch eine weitere bemerkenswerte Sehenswürdigkeit: Die Grabkapelle und Ruhestätte von Heinrich Hansjakob. Der Schriftsteller, Politiker und Pfarrer war eine der prägenden Persönlichkeiten Badens. Und so ist es weniger Klischee, wenn an der Mühle die Vögel in der Stille beginnen ihre Lieder zu zwitschern, vielmehr ein wohliger Moment um die Seele baumeln zu lassen.

Lage
Hofstetten. Die Mühle liegt nur wenige Schritte vom Rathaus entfernt und ist durch eine Holzbrücke leicht zu Fuß zu erreichen.

Einkehren
Drei Schneeballen
Dorfcafé Kaltenbach
Gasthaus Linde

Martin Aßmuth
Der überzeugte Kinzigtäler absolvierte sein Master-Studium u.a. in Berlin und Österreich. Nach Stationen als Führungskraft in Lörrach und Stuttgart wurde er 2018 mit 98% der Stimmen zum Bürgermeister von Hofstetten gewählt. Er liest und schreibt gern in seiner Freizeit. Seine beiden Kriminalromane haben es als Ebooks in die Top10 Downloadcharts von Amazon schafften.

Foto: Hermann Schmider

Das Hornberger Schloss

Blicke auf meine Heimat

Das Schloss hat für mich eine besondere Bedeutung, weil ich in Hornberg meine Kindheit verbracht habe, hier aufgewachsen bin. Das Schloss liegt praktisch mitten in der Stadt und auch nicht sehr hoch. Trotzdem hat man einen wunderbaren Blick in alle Richtungen, auf die Stadt mit ihren verschiedenen Teilen, über das Gutachtal und damit auf meine Heimat. Hornberg liegt zwar im Ortenaukreis, aber am Rande, und gehört landschaftlich eigentlich nicht mehr ganz dazu, sondern mehr zum Mittleren Schwarzwald – und der ist sehr schön.

Der Weg zum Schloss ist von Hornberg aus nicht sehr weit, in zehn Minuten ist man oben, etwa 100 Meter über der Altstadt. Als Kinder und als Jugendliche sind wir da oft gewesen. Bei Schnee fuhren wir an einem Hang Ski. In einer einfachen Halle, die sich früher auf dem Schlossgelände befand, hatten wir im Winter Fußballtraining. In der Nachkriegszeit, in der ich als Kind aufwuchs, waren darin Flüchtlinge aus dem Osten Deutschlands untergebracht. Ich erinnere mich, dass sie nicht willkommener waren als manche der Flüchtlinge, die in den letzten Jahren aus anderen Teilen der Welt zu uns gekommen sind. Der Grund dafür war, dass es nach dem Weltkrieg und in den Nöten der Nachkriegszeit den Einheimischen selbst noch nicht gut ging, vor allem der Wohnraum knapp war.

Das ursprüngliche Schloss mit seiner wechselhaften Geschichte wurde im 12. Jh. erbaut – als Festung für Raubritter, die die zunehmend wichtiger werdende Handelsstraße im engen Gutachtal kontrollierten und von den Durchreisenden Zölle erpressten. Davon ist nur noch der 17 Meter hohe Bergfried erhalten, der heute als Aussichtsturm genutzt wird.

Seit 1896 befindet sich auf dem Burgfelsen ein Hotel mit Restaurant, in dem wir zu Lebzeiten meiner Eltern immer mal wieder Familienfeiern abhielten. Das ist für mich mit vielen schönen Erinnerungen verbunden. Das Schloss war für uns früher außerdem Ausgangspunkt für Wanderungen, etwa zum wunderschönen Westweg von Basel nach Pforzheim, der ganz in der Nähe vorbeiführt.

Wenn ich heute auf dem Schloss bin – was nur noch alle paar Jahre vorkommt, um mich mit den wenigen lebenden Verwandten zu treffen – dann kann ich hinunter auf den Friedhof schauen und ungefähr sehen, wo das Grab meiner Eltern liegt.

Die gesamte Schlossanlage ist im Laufe der Jahrzehnte sehr schön freigelegt und hergerichtet worden, auch einen Kinderspielplatz gibt es. Ein herrlicher Ort für Ausflüge, der im Sommer viele Besucher anzieht. Und dann hat das Schloss auch mit der Geschichte vom Hornberger Schießen zu tun: Von dort oben kann man jedenfalls die Bühne sehen, in der im Sommer immer das Freilichtspiel aufgeführt wird. Beim Hornberger Schießen geht es nicht nur um ein geflügeltes Wort für eine lautstark angekündigte Sache, die ohne Ergebnis endet. Die Geschichte ist auch deswegen so schön, weil sie die erste Abrüstungsinitiative der Welt darstellt. Denn wenn alle Menschen – wie die Horn-

Lage
Hornberg

Einkehren
Hotel Schloss Hornberg,
Auf dem Schlossberg

Dr. Wolfgang Schäuble
1942 in Freiburg geboren. Studierte Rechts- und Wirtschaftswissenschaften, promovierte 1971. Ist seit 1972 Mitglied des Deutschen Bundestages, von 1981 bis 1984 Parlamentarischer Geschäftsführer der CDU/CSU-Bundestagsfraktion. Anschließend Bundesminister für besondere Aufgaben und Chef des Bundeskanzleramtes. Von 1989 bis 1991 Bundesminister des Innern. Von 1991 bis 2000 Vorsitzender der CDU/CSU-Bundestagsfraktion, ab 1998 zudem Bundesvorsitzender der CDU. Seither ist er Mitglied im Präsidium der CDU Deutschlands. Ab 2002 stellvertretender Vorsitzender der CDU/CSU-Bundestagsfraktion für Außen-, Sicherheits- und Europapolitik. 2005 erneut Bundesminister des Innern. Von 2009 bis 2017 Bundesminister der Finanzen. Seit dem 24.10.2017 Präsident des Deutschen Bundestages.

Apfelfelsen, Blick auf Hornberg
Foto: Hermann Schmider

berger, denen das Pulver ausgegangen war – anstatt zu schießen immer nur „piff paff" gerufen hätten, wäre die Zahl der Kriege und darin umgekommenen Menschen sehr gering.

Lage
Die Burg Hohengeroldseck liegt zwischen Biberach und Lahr-Reichenbach. Mein Weg allerdings startet in Steinach und führt auf unterschiedlichen Wanderwegen quer durch das Gelände.

Ein Zauber, der nicht alle Tage in uns wohnt

Auf dem Collier um Hohengeroldseck

… nicht der höchste Punkt der Umgebung, aber sehr erhaben stehen die Reste der Burg Hohengeroldseck wie eine zerbröselte Krone auf dem Berghaupt.

Vom Bergsattel zwischen Lahr und Biberach an der Ludwigsäule stehe ich wie im Collier und gehe die Halskette, die als Weg über die Schulter des Berges gelegt ist, wieder und wieder gerne entlang. Neben meinem Ofenfeuer und den Umarmungen sind es die inspirierendsten Momente auf der Umlaufbahn um die Burg. Die Burgruine sehe ich dabei gerne aus der Distanz und begehe sie selten. Es ist das bewegte Schauen in die Weite, was mir in konzentrierten und in zerfahrenen Stunden den „missing Link" gibt. In Gelassenheit und in den Stürmen innerhalb und außerhalb des Herzens.

Dieser Weg, ob mitten in der Nacht oder im Morgentau, in der schönsten Sonnenstunde, im dichten Nebel oder strömenden Regen, ist für mich wie ein Einkreisen, wie ein in der Höhe Vertiefen.
Auch wie eine Gedankenkette erlebe ich dieses Ritornell. Und in Tagen wie ein Tanz beim Blick hinab über die schrägen Matten und die im Blau gestaffelten Waldberge – und ihre seelig verzaubernde Stofflichkeit, die nicht alle Tage in uns wohnt.

Dann bin ich ganz im Hier und Jetzt. … ORTE now …

Michael Steigerwald
Holzbildhauer
1955 geboren
1978 BFS Holzbildhauer bei Helmut Lutz in Breisach
1987 Meisterprüfung,
seit 1987 eigene Werkstätten in Bischoffingen, später Haslach und heute in Steinach
zahlreiche Arbeiten im öffentlichen Raum
Altar- und Chorraumgestaltungen
Lebt in Steinach im Kinzigtal

Foto: Thomas Kaiser

Bühne für große Auftritte

Gengenbachs Marktplatz und der Adventskalender

Jedes Theater braucht eine Bühne. Vorhang auf! Das magische Spiel kann beginnen. Manchmal bin ich neidisch als Maler: Bilder mit eingebautem Vorhang sind selten. Manches Mal schon ging ich selbst auf die Bühne, gestaltete Kostüme und Kulissen. Eine der schönsten Bühnen, die ich kenne: Gengenbachs Marktplatz. Im Herzen der Stadt werden Stücke gespielt, die Mitten ins Herz der Menschen treffen. Der Spielplan wechselt, jahreszeitlich bedingt. Im Januar, etwa, ein Stück für Kenner und Frühaufsteher: Halb acht, es hat geschneit über Nacht. Wir sitzen oben in der Loge des Hauses Löwenberg. Der Platz ist mit einem weißen Tuch ausgelegt. Ganz fein schimmern die Linien des Pflasters darunter hervor, ein edler Stoff mit feiner Zeichnung. Dann der Auftritt: Vom Kinzigtor her schiebt ein Mantelverpackter sein Fahrrad über den Platz so als würde er das Rathaus meiden wollen. Oder zieht es ihn zum Ritter auf dem eisegewordenen Brunnen? Nein, der Platz ist nur Übergang. Wohin? Auf dem Tuch des Platzes bleiben zwei Spuren. Die der Reifen, ein fast genialer Schwung eines Künstlers auf dem Zeichenblatt; die Fußstapfen des Mannes setzen die Punkte hinzu. Ein Kunstwerk, das ich gerne für mich in Anspruch nähme. Im Februar oder März stellen die Narren das Ensemble. Auf dem

Rathausbalkon nimmt der Schalk Huldigungen entgegen. Der Bürgermeister erweist sich als klug und weicht. Nein, noch klüger, er spielt mit, wenn auch nur in einer Nebenrolle. Narrenbaum und der geschmückte Feuerhaken als Zeichen närrischer Macht werden aufgepflanzt. Es folgt ein tagelanges Spiel, – auch nächtens! – mit ständig wechselnden Akteuren und einer grandiosen Schlussszene. Sie schwankt zwischen Tragödie des Fasent- Schlusses und Happy End einer „glückseligen Fasent", wo es ohnehin bald wieder „degege geht". Spätestens ab April ist sonntags „Jedermanns-Theater".

Wahrlich ein prall gefüllter Spielplan: Jeden Mittwoch und Samstag der Umtrieb des Marktes, im Sommer Parade der Bürgergardisten und der Kräuterbüschel, später der Trubel beim Martinimarkt. Dann folgen erstaunliche Veränderungen am Bühnenbild: Das klassizistische Rathaus wird zur rankenschmückten blaugoldenen „Schatztruhe der Fantasie", Marktstände füllen die Straßen. Am Museum Haus Löwenberg versprechen großformatige Bilder reichliches „Schauen und Staunen". Advent ist in Gengenbach zuhause und hat hier seinen großen Auftritt. Jeden Abend um 18.00 Uhr das feierliche Ritual des Fensteröffnens, 24 mal das freudige Warten von Tausenden auf ein neues strahlendes Fenster. Mir war es eine große Freude, der erste Kalenderkünstler zu sein. Viele große Kollegen folgten und werden weiter folgen. Wer lässt sich solche Auftritte schon entgehen?

Lage
Gengenbach Marktplatz

Otmar Alt
Maler, Grafiker, Designer und Bildhauer. Lebt bei Norddinker (bei Hamm). Er wurde vielfach geehrt, u.a.: Kulturpreis der Deutschen Freimaurer, Bürger des Ruhrgebiets, Bundesverdienstkreuz am Bande, Steiger Award der Stadt Bochum, Kulturpreis der Stadt Wernigerode, Ehrenring der Stadt Hamm

Foto: Hubert Grimmig

Mein Paradiesgarten in Gengenbach
Rund um die einstige Reichsabtei der Benediktiner

Vielleicht ist das Unvorhergesehene vorbestimmt. Nie hätte ich mir träumen lassen, eines Tages hier zu wohnen, im Haus meiner Vorfahren, vor 200 Jahren erbaut. Magisch zieht mich der Garten der früheren Benediktinerabtei an. Der Frühling beginnt mit einem Vogelkonzert im rosa Magnolienrausch. Im Sommer schweben um Marienbrunnen, Prälatenturm und Kräutergärtchen Duftwolken aus Rosen, Lavendel und Rosmarin mit Bienengesumm. Im Abendlicht tanzen Zitronenfalter.

Alles begann mit dem Missionar Pirmin, der mit seinen Getreuen, auf beiden Seiten des südlichen Rheins, mehrere Klöster gründete. Um 725 organisierte er auch das Kloster Gengenbach nach der Regel des heiligen Benedikt: Ora et labora et lege. Bete und arbeite und lies. Die Mönche hatten die Bibel und die Schatztruhe des antiken Wissens im Gepäck. Sie brachten Bildung und Kultur in die Region.

Wenige Schritte sind es vom Marktplatz zur bezaubernden Oase mit der einstigen Abtei. Ihr Garten war für die Benediktiner Luftraum, Muße, Inspiration, dazu Experimentierfeld für Küche und Apotheke. Im Dreißigjährigen Krieg gab es vielfach Zerstörung und Plünderung. 1689 wurden Kloster und Stadt erneut verbrannt. Die Gemeinschaft erlitt den Niedergang durch eigenes Versagen und die Reformation. Stets gelang ein Neustart.

Das nach 1700 barock angelegte Areal verströmt Energie und Harmonie. Vom Kirchturm St. Marien erklingt viertelstündlich die Glocke, wie ein Herzschlag. Die Äbte und Mönche wurden in und um die Kirche bestattet. Gräber und eine Gruft entdeckte man an der Klostermauer.

Den erhabenen Bezirk der Reichsabtei betrat im Herbst 1781 der Naturforscher Heinrich Sander. Er lobte den Abt und notierte: „Er studiert noch immer sehr fleißig, lebt sehr mäßig und hält seine Religiosen streng in der Ordnung. Die Geistlichen sind zugleich alle Pfarrer in der Stadt und in den Thälern. Die Patres spielen beim Hochamt die Orgel und die Violin. Beim Essen im Convent wird die Bibel, das Ius Canonicum und wirklich die französische Geschichte vorgelesen". Der protestantische Theologe bestaunte Mirabellen-, Feigen- und Orangenbäume, einen Wasserfall, Gewächshaus, Bienenzucht und die Schmetterlings-Sammlung. Er sah die Bibliothek, 4 Weinkeller, Ställe mit 18 Pferden, 18 Ochsen und 18 Kühen, Schweine, Tauben. Das Kloster war ein Kraftzentrum und bis 1807 wichtiger Arbeitgeber. Dann mussten die Benediktiner auf staatlichen Befehl Gengenbach verlassen.

Ihr Schöpfungswerk lebt weiter, in Kultur und Wissenschaft, im Naturschutz, Weinbau, nachhaltiger Land- und Forstwirtschaft, in der Treue zum christlichen Glauben. Mit Liebe gepflegt wird der Garten. Die Erde dort birgt noch viele Geheimnisse.

Lage
Benedikt-von-Nursia-Straße / Klosterhof, im Zentrum der Stadt Gengenbach

Einkehren
Mindestens vier Kugeln himmlisches Schokoladen- und Zitroneneis im *Eiscafé Dolomiti* am Klosterhof.
Hier befand sich einst das Pförtner- und Hofmeisterhaus mit Kutscher-Remise der Reichsabtei der Benediktiner.

Ellen Dietrich
studierte an der Ludwig-Maximilians-Universität in München Geschichte, Zeitungs- und Kommunikationswissenschaften. Stipendiatin der Katholischen Journalistenschule in München.
12 Jahre Redakteurin und Ressortleiterin Foto bei der Wochenzeitung Rheinischer Merkur/Christ und Welt in Bonn.
20 Jahre Fotochefin der Wochenzeitung DIE ZEIT in Hamburg. Referentin für Bildjournalismus in Deutschland, Österreich und der Schweiz. Lebt seit 2017 in Gengenbach als freie Redakteurin. Mitglied des Historischen Vereins.

Die „Berglekapelle" von Gengenbach

Ein Kleinod, ein Kraftort, ein himmlischer Platz

Es ist wahrlich nur ein „Bergle", vom dem die Jakobuskapelle schon von weitem grüßt. Eine schlichte kleine Kapelle und doch so erhaben, so stolz, so wachsam wie sie über Gengenbach thront. Ein Ort, der gefangen nimmt, obwohl die Kapelle nur eine von vielen Wahrzeichen der ehemals freien Reichsstadt ist. Sobald ein Gengenbacher von weitem das „Bergle" sieht, weiß er, dass er zuhause angekommen ist.

„Berglekapelle" nennen die Gengenbacher liebevoll die alte Kapelle, die zu Ehren des Apostels Jakobus gebaut wurde. 1681 wurde sie bereits errichtet. Angesichts dieser exponierten Lage wundert es einen nicht, dass die Römer hier schon ihre Götter verehrt haben und das Bergle sozusagen eine römische Kultstätte war.

Auch heute hat die Kapelle für die Gengenbacher und die Menschen aus der Umgebung eine magische Anziehungskraft. Es ist ein Ort der Stille, auch für die Pilger am Kinzigtäler Jakobusweg. Im Mittelalter ebenso wie heute. Zum Innehalten, zum Krafttanken und vielleicht auch, weil sie fast etwas Mythisches hat, und das nicht nur im Herbst, wenn Nebelschwaden die kleine Kapelle einhüllen.

Es ist die Einfachheit, die bei der „Berglekapelle" mit seiner steinernen Außenkanzel und der benachbarten Heiliggrabkapelle besticht. Ihre schlichte Schönheit, die jeden in ihren Bann zieht. Und natürlich, da bin ich mir sicher, ist es der fantastische Rundblick, der einem geschenkt wird, wenn man oben am Berg angekommen ist. Der Blick folgt unweigerlich dem Lauf der Kinzig und der Schwarzwaldbahn ins Kinzigtal, rüber in die Rheinebene und zu den Freunden ins Elsaß. Vor mir liegt die historische Altstadt Gengenbachs mit ihren wehrhaften Türmen und der prächtigen Klosteranlage. Dieser Perspektivwechsel, dieser Blick von oben auf unser städtisches Leben verhilft zu klaren Gedanken. Schon der Weg ist ein Ankommen. Schritt für Schritt bei mir selbst, um den Kopf frei zu bekommen. Von der täglichen Arbeit, von der Hektik des Alltags.

Schritt für Schritt, weg von allem. Tief durchatmen. Den Blick in die Ferne schweifen lassen.

Das Kruzifix und das Wappenschild des Abtes Placidus Thalmann im Chorbogen beeindrucken mich immer wieder von Neuem. Zusammen bilden vier kleine Statuen an der Chorbogenwand und im Altarraum, die noch aus dem 17. Jahrhundert erhalten geblieben sind, kostbare Raritäten, die die Jakobuskapelle von Gengenbach zu einem Kleinod werden lassen. Zu einem Kraftort, einem wahrlich himmlischen Ort!

Lage
Etwa 30 Minuten dauert der Spaziergang von der Gengenbacher Innenstadt mit zahlreichen Restaurants und Cafés hinauf zum weithin sichtbaren Wahrzeichen der Stadt – aufs „Bergle".

Thorsten Erny
Bürgermeister der Stadt Gengenbach studierte Wirtschaftswissenschaften an der Albert-Ludwigs-Universität in Freiburg mit dem Abschluss Diplom-Volkswirt, in Rust aufgewachsen. Nach seinem Amtsantritt als Bürgermeister im Jahr 2011 wurde Gengenbach zur neuen Heimat von ihm und seiner Familie.

Foto: Manuela Seiler

Ein Ort für das gute Miteinander

Seit über 40 Jahren gilt dem Museum im Haus Löwenberg in Gengenbach Reinhard Ends ganze Leidenschaft.

Es ist ein kleines Paradies, das Museum Haus Löwenberg, direkt am Marktplatz in Gengenbach gelegen. Ein Treffpunkt für solche, die Kunst lieben, ein Ort der Begegnung. Bei Ausstellungen zu zeitgenössischer Kunst ebenso wie bei denen, die weniger spektakulär sind. Kleine Retrospektiven, die den eigenen Blick zurücklenken. Das Museum Haus Löwenberg ist Reinhard Ends kleines Paradies. Das ehemalige Patrizierhaus, das über die Jahrhunderte Geschichte geschrieben hat und wo bis heute viele Geschichten erzählt werden. Wo große Kunst sich ein Stelldichein mit kleinen, feinen Ausstellungen gibt. Mit Blick auf gestern, auf das heute und auch auf Morgen, für Reinhard End elementar, denn „als Historiker bin ich ein rückwärts blickender Arbeiter im Jetzt und für das Morgen."

Ein Ort, wo Bewährtes spürbar eine Liaison mit dem Heute eingeht, und immer ein Stück weit mit dem Neubeginn. Viel mehr als „nur" Schauen, Staunen oder gar Mitmachen. Für viele Besucher eine beglückende Begegnung, für Museumsleiter End ein Haus voller Atmosphäre mit einer ganz besonderen Aura. Eine kleine Oase für Austausch, impulsgebende Inspirationen. Für das gute Miteinander, für Momente des Innehaltens, sich selber Findens. Für Momente tiefen Glücks.

„Ein Platz mit großer Strahlkraft, in die Stadt hinein und weit über die Stadt hinaus", sei das Museum im Haus Löwenberg, so Reinhard End. Seit über 40 Jahren arbeitet er dort engagiert im Ehrenamt. Aus Überzeugung und mit viel Leidenschaft für die Stadt, ihre Geschichte, die schönen Künste. Dabei war der Start wenig spektakulär, im Stadtarchiv, dort „wo Geschichte greifbar ist". Für End, der als 14jähriger nach Gengenbach kam und schon als Schüler ein großes historisches Interesse hatte, eine Fundgrube. Schon damals wollte der spätere Lehrer Geschichte greifbar machen. Für seine Stadt, seine Schüler, für jeden.

Inspiriert wurde er dabei von einem, der vor ihm mit großem Engagement für die Erhaltung des historischen Stadtbilds von Gengenbach gekämpft und dem kulturellen Leben der Stadt nach dem Krieg starke Impulse gegeben hat: Otto Ernst Sutter. „Ein Glücksfall für die Stadt, eine Gengenbacher Persönlichkeit", so Reinhard End im Rückblick und sieht sich dabei auch ein Stück weit in seiner Nachfolge. Die Idee, eine kleine Sammlung zu einem Museum auszubauen, hatte dagegen ein anderer: Rudi Frisch. Einer der Stillen in der Stadt, aber einer der anpackte. Einer, dem das Leben wenig geschenkt hatte, dessen Leben beruflich wie gesundheitlich vom Krieg gezeichnet war. „Um bewundernswerter sein Einsatz, die Klugheit seines Herzens. Ein bescheidener Mann mit Größe, mein Mentor". End macht keinen Hehl daraus, Rudi Frisch gilt seine volle Bewunderung. 1980, zur 750er Jahrfeier in Gengenbach, organisiert der damals junge Lehrer zusammen mit dem Historischen Verein eine Ausstellung im Museum. Mit 30 Zeichnungen des badischen Architektur- und Landschaftsmaler Karl

Lage
Museum Haus Löwenberg
Gengenbach, Marktplatz

Einkehren
Zahlreiche Restaurants und Cafés in der Stadt

Reinhard End
studierte Germanistik, Geschichte und Politik, Vermittler in Schule und Erwachsenenbildung
Künstlerischer Leiter des Museum Haus Löwenberg Gengenbach und des Gengenbacher Adventskalenders, Vorsitzender des Fördervereins Haus Löwenberg e. V.
Lebt in Gengenbach

Museum Haus Löwenberg
Foto: Wilfried Beege

Weysser, der in seinen zahlreichen Zeichnungen auch Gengenbach verewigt hat.

Seitdem lebt Reinhard End fürs Museum, „sein zweites Wohnzimmer" wie manche in der Stadt mit Augenzwinkern meinen. Für End Reiz und Herausforderung in einem („auch über Gengenbach und dem Haus Löwenberg ist der Himmel nicht immer nur tiefblau"). Es sei denn, es gelingt, was er und seine Mitstreiter sich zum Ziel gesetzt haben. Dass die Latte dabei sehr hoch liegt, beweisen die Ausstellungen in Kombination mit dem weltgrößten Adventskalenderhaus. Wenn die Rathausfenster zu Adventskalendertüren werden und Motive großer Künstler leuchten. Wie vom Elsässer Schriftsteller und Illustrator Tomi Ungerer, von Paul Maar und seinem Sams aus der gleichnamigen Kinderbuchreihe, Repliken des exzentrischen Künstlers Andy Warhol, bedeutendster Vertreter des amerikanischen Pop Art, oder Illustrationen von Saint-Exupérys „Kleinem Prinz". Immer thematisch begleitet von Ausstellungen im Museum Haus Löwenberg, die umfangreiches, detailliertes Hintergrundwissen liefern. „Siamesische Zwillinge" nennt Kurator End den jährlichen Kalender-Event und das Museum, „weil einer nicht ohne den anderen kann."

Ob Museum oder seit über 20 Jahren auch der Kalender, Reinhard End ist der kreative Kopf, untrennbar verknüpft mit dem pädagogischen Engagement sei-

ner Frau Barbara. Die Ideen scheinen dem Netzwerker Reinhard End nicht auszugehen („habe mindestens noch für 15 Jahre Ideen fürs Adventskalenderhaus"), einer der das Metier schon lange bevor man vom „networking" sprach, beherrschte. Er ist gut vernetzt in der Kunstszene. Das macht vieles möglich, allerdings nicht grenzenlos, denn Ideen sind das eine, die Machbarkeit, die finanziellen Möglichkeiten, das andere. So gehört auch Sponsoren finden „zum Geschäft". End ist ein Macher, einer der nie müde zu werden scheint, der alles gibt. Getrieben von der Erfüllung und dem Ziel, der ihm eigenen Melange aus Herausforderung und Verantwortung.

Verantwortung dafür, dass das Museum als ein Platz erhalten bleibt, wo man Menschen mit herzlicher Zuwendung begegnet. Wo Wissen fast spielerisch und für jeden vermittelt wird. Wo man sich gerne trifft und auch immer etwas mitnimmt, hinausträgt in die Stadt, was man gesehen, was man erlebt hat. Das Museum im Haus Löwenberg als ein Ort, wo Glück erlebbar ist – für jeden, der kommt. Andere teilhaben lassen, das ist so ganz im Sinne von Museumsleiter Reinhard End. Dem leidenschaftlichen Vermittler, der sich so gar nicht vorstellen kann, dass er eines Tages nichts mehr mitzuteilen hat...

Gudrun Schillack

Wanderer, kommst Du nach H.

Ich *ist* ein Nomade. Selbst im Sesshaften bloße Wanderschaft. Seine Gezeiten sind Sprünge. Aus Ziffern und Zeiger. An ihnen nähren sich Ankunft und Abschied. Im Unsichtbaren sichtbar. Oder umgekehrt. Bisweilen beides. Eine Art Abschiedsankunft. Aber lassen Sie mich ausholen und die scheinbaren Widersprüche, die mir das Leben deuten, an-nicht ab-klären.

Einer der Orte in Hausach, zu dem es mich immer wieder hin verlangt, ist die Dorfkirche. Auf dem alten Friedhof im Westen der Stadt. Ein Gotteshaus, das bis 1894 als Pfarrkirche diente und dessen heutiges Aussehen von einem Umbau Anfang des 16. Jh. geprägt wird. Aus der ursprünglichen Gebetsstätte, einem Holzkonstrukt, so kann man in den Chroniken nachlesen, wurde im 11. Jh. ein romanisches und nach 1515 ein spätgotisches Bauwerk. Netzgewölbe und Spitzbogenfenster verdrängten bis auf ein kleines Tympanon die meisten Spuren früherer Architekturleistungen.

Es wäre mir als Kind mitnichten in den Sinn gekommen, freiwillig das Innere der Kirche aufzusuchen. Die ahnungsschwere Dunkelheit im leiddurchzogenen Gedächtnis ihrer schattenverwahrenden Bildergeheimnisse, all der Büsten, Statuen und Skulpturen, roch so unheimlich nach furchterregenden Toten wie die zuweilen angsteinflößende Litanei letzter Rosenkränze. Es roch nach düsteren Farben der Verwitterung, nach imaginierten Gebeinen und dämonischen Legenden. Allesamt wahrscheinlich hervorgegangen aus dem urmenschlichen Drang, der absoluten Wahrheit näherzukommen. Der Geruch rätselhafter Nachtskizzen und undefinierbaren Silhouetten verstörte. Bizarre Jenseitsdarstellungen, die Augen ins Diesseits zu haben schienen. Blicke ins verwaist Schaurige. Ein Fresko der Verdammten, beispielsweise. Hilflose menschliche Wesen, die am Jüngsten Tag in den alles verschlingenden Rachen eines Monsterfisches gestoßen wurden. Fratzenhaft. Makaber. Grauenvoll. Zumindest für mich als Kind.

Gottseidank war es vor der alten Kirche um mein Gemüt heller bestellt. Da regte sich eine wohltuende Leichtigkeit, die Beistand bedeutete. Zuflucht ins Offene. Schwebend und massiv zugleich. Schutz und Schirm. Sie waren, so glaube ich, einzig und allein dem Hünen auf der Außenfassade des Längsschiffes geschuldet. Ein Heiliger Christophorus. Eine monumentale Zeichnung gleich neben dem Tympanon über dem Segenstürchen. Der Anblick des Nothelfers beruhigte. Er schenkte mir jene Gefühle der Geborgenheit, die mich schon damals wärmten und die es bis heute noch tun: ein Zuhause auf Pilgerschaft. Ein Aufgehoben-Sein im Aufbruch. Eine Art Heimat des Augenblicks im Unterwegssein. Unbeirrt im Credo, dass wir nur Gast auf Erden sind.

Ob Fabelwesen oder nicht, ich vertraute dem Märtyrer. Auch dann noch, als ich in späteren Jahren erfuhr, dass es ihn womöglich niemals gegeben und er aus dem Reich der Kynokephalen gestammt haben soll. Ein Angehöriger hundsköpfiger Kreaturen am

Lage
Die Dorfkirche Hausach ist in der Hauserbachstraße in Hausach

Einkehren
In Hausach *Gasthaus Zur Eiche* und *Gasthaus Zur Blume*

Rande der Ökumene. Ein gottesfürchtiges Geschöpf zwischen Fiktion und Wirklichkeit. Gibt es etwas Schöneres als Wahrheiten zwischen Fiktion und Wirklichkeit(en). Wohl kaum. Sie sind ja eines der Geheimnisse guter Literatur.

Als Kind verweilte ich oft in seiner unmittelbaren Nähe. Fast täglich saß ich am Dorfbächle. Ein Rinnsal, das am Gotteshaus vorbeifloss. Meistens gemächlich, manchmal auch wilder. Dort sinnierte ich mitunter stundenlang und stellte mir vor, wie es wohl wäre, wenn der Riese auch mich heil über die Wasser dieser Welt schulterte. Wenn der Christusträger auch für mich seinen Diensten als braver Fährmann nachginge, so meine traumgeschnürten Gedanken. Dann wäre jedes Hindernis zu bewältigen. Der Heilige war m:ein Fürsprecher. Ein Komplize, der ansporte und ins Abenteuer aufwühlte. Ich muss damals schon, als Zehn- oder Elfjähriger, ein Reisender gewesen sein. Auch in Poesie.

Sie müssen wissen, ich bin mit dem Tod aufgewachsen. Er war in unserer Familie nie tabuisiert worden. Der Tod war etwas Natürliches und gehörte zum Leben. Vor dem Tod hatte ich nicht Angst, nur vor den Schauergeschichten rund um ihn. Die Zuversicht, die mich seinerzeit erfüllte, lag deshalb nicht nur an den Gräbern, die rund um das Gotteshaus ein eigenes Verw:erden mahnten. Ein Faszinosum. Deren eingravierte Jahreszahlen fixierten die Zeit so unbegreiflich ins Nahe und Ferne zugleich.

Leider sind nur noch wenige der letzten Ruhestätten aus jenen Tagen vorhanden. Die Tatsache, dass es sie nicht mehr gibt, kündet deshalb umso dringlicher vom ungeheuerlichsten aller Memento Mori. Nicht nur für mich (und für uns). Es ist durch das Vergessen dem Tod selber ins Stammbuch geschrieben. „Tod, sei auch du dir bewusst, dass du sterblich bist!" Verrückt, oder? Es ist, als riefe der Tod sich selber zu: „Carpe diem!" Eine Ermahnung angesichts der Einebnung unzähliger Gräber derjenigen, die hier in Hausach einst gelebt hatten und an die eine überschaubare Zeit lang gedacht worden war. Die alles entscheidenden Kalendertage in unmittelbarer Folge. Das Leben als Zweizeiler, Geburt und Tod.

Wer die ehemalige Kirche der Bergleute betritt, kommt nicht umhin, ein Mosaik der Überbleibsel zu bestaunen: restaurierte Fresken oder das, was von ihnen noch gerettet werden konnte, und Heiligenkonstellationen; eine barock erhabene Kanzel, schiere Seelengemälde an den Seitenaltären und ein nacktes, alles in den Schatten stellendes solitäres Kreuz im Lichteinfall der Chorfenster. Stilrichtungen verblasster Epochen. Ins Kontemplative versammelt. Eine Einladung, in dem zu verweilen, was trotz aller Präsenz vergeht. Immer. Man reist auch weiter, wenn man einkehrt und rastet. Unweigerlich. Hier nicht nur in die Anfänge des Gotteshauses aus dem 9. Jh. Ich mag diesen Ort der Stille, die beredter nicht sein könnte. Getragen vom Heiligen Christophorus und der Kraft unserer Vorstellung. Fiktion? Wirklichkeit? Die Imagination ist ein Teil unserer Wahrheiten. Davon bin ich überzeugt.

José F. A. Oliver
andalusischer Herkunft, 1961 in Hausach geboren, wo er auch lebt. Ausgezeichnet u.a. mit dem Adelbert-von-Chamisso-Preis (1997), dem Kulturpreis des Landes Baden-Württemberg (2007), dem Basler Lyrikpreis (2015) und der Liliencron-Dozentur (2019). Publikationen: „Fahrtenschreiber". Gedichte. Suhrkamp (2010); „Fremdenzimmer". Essays. weissbooks.w (2015); „sorpresa, unverhofft" – Lorca, 13 Einschreibungen. hochroth. (2015); „21 Gedichte aus Istanbul, 4 Briefe und 10 Fotow:orte". Matthes & Seitz (2016) und „wundgewähr". Gedichte. ebda. (2018); „sandscript". Selected Poetry (USA,1987); White Pine Press. Buffalo (2018). Hat mit dem Literaturhaus Stuttgart Schreibwerkstätten für Schulen entwickelt und hierzu die Publikation „Lyrisches Schreiben im Unterricht – Vom Wort in die Verdichtung" veröffentlicht. (Klett / Kallmeyer-Friedrich-Verlag, 2013). Ist Kurator / Initiator des Literaturfestivals Hausacher *LeseLenz*

Dorfkirche in Hausach
Foto: Tilmann Krieg

Auf dem Mountainbike entlang meiner Lieblingsplätze

Was, bitte schön, macht einen Lieblingsplatz in einer Region aus, deren Attraktivität aus vielen Facetten gespeist wird und die deshalb in ihrer Gesamtheit so fasziniert. Leben in der Ortenau – in einer genauso beeindruckenden wie abwechslungsreichen Landschaft am Oberrhein im Dreiländereck Deutschland, Schweiz und Frankreich ist ein einmaliges Qualitätsmerkmal, das der Autor immer wieder gern aufs Neue erfährt: Der Schwarzwald lädt zu ausgedehnten Touren mit dem Fahrrad ein, die Vorbergzone mit ihren hübschen Städten und Dörfern steht für die kulturelle Vielfalt und eine abwechslungsreiche Geschichte.

Mit anderen Worten: Lieblingsplätze in der Ortenau gibt es für den Autor reichlich, und das zeitweise Kommen und Gehen von gefühlten Favoriten leidet immer etwas unter der weniger nachhaltigen Perspektive einer Momentaufnahme. Soweit die Theorie, bleibt die Frage nach dem ultimativen Platz aus einer völlig subjektiven Liste. Grundsätzlich gilt, dass Plätze immer dann als Liebling empfunden werden, wenn besonders angenehme Erlebnisse, Erholung, Freizeit, Kultur oder einfach nur nette Leute damit verbunden sind. Wenn man bereit ist, dieser These zu folgen, richtet sich der Blick unter Einbeziehung der hohen Affinität des Autors zum Mountainbike zwangsläufig gen Berge. Damit wäre zwar die Umgebung festgelegt, was als notwendig – mit Blick auf den konkreten Platz –, aber noch nicht als hinreichend erachtet

werden kann. Auf der Suche nach einer eindeutigen Lösung hat der Autor deshalb seine Lieblingsstrecke – vom Moosturm in das schöne heimatliche Ohlsbach gleich mehrfach befahren mit folgendem genauso einfachem wie unstrittigem Ergebnis: Der Weg ist das Ziel beziehungsweise der Liebling und nicht der Platz (Konfuzius/Lieber).

Kurzum, der Weg beginnt – die Mühen des Aufstiegs sind bereits getrocknet – am Moosturm mit einem fantastischen Ausblick über den Mittleren Schwarzwald bis hin in die Vogesen, der die ganze Schönheit der Gegend wiedergibt. Vorbei am Grimmelshausen-Denkmal, das an den „Abentheuerlichen Simplicissimus Teutsch" erinnert, geht es unterhalb des Lothar-Denkmals den Berg hinab bis zur ersten größeren Weggabelung. Gilt es keinen größeren Flüssigkeitsverlust auszugleichen, wird von einem Besuch der Kornebene abgesehen und scharf rechts Richtung Späneplatz abgebogen. Bis dahin erfreut ein Höhenweg mit einem atemberaubenden Ausblick ins Kinzigtal den Biker. Davon unbeeindruckt werden zwei Senken mit Schwung durchfahren, denn schließlich gilt es, das Gesetz zu Erhaltung der Energie möglichst nutzbringend für sich einzusetzen. Derart motiviert, wird 5 Kilometer nach Passieren des Späneplatzes der Höhengasthof „Brandeck-Lindle" erreicht. Meistens ist da Schluss, denn angenehme Erlebnisse, Erholung, Freizeit, Kultur oder einfach nur nette Leute sind dort mein Lieblingsprogramm.

Na, geht doch…

Lage
Die Moos ist ein Gebirgszug zwischen dem Kinzigtal im Süden und dem Renchtal im Norden. Es ist der Hausberg von Gengenbach und Oppenau gleichermaßen. Ihre höchste Erhebung, der Sedigkopf, (871 m über NN) liegt in der gedachten Linie zwischen Gengenbach und Oppenau. Dort steht auch das Lothar-Denkmal.

Einkehren
Höhengasthof Brandeck-Lindle, etwa 5 km nordöstlich von Ohlsbach

Winfried Lieber
Studierte Elektrotechnik an der Universität Kaiserslautern, wo er auch zum Dr.-Ing. promovierte. Es ist heute Professor für die Lehrgebiete Kommunikationsnetze und Optische Nachrichtentechnik an der Hochschule Offenburg, die er als Rektor seit 1997 leitet.

Lothar-Denkmal
Foto: Manuela Seiler

Samstagscafé typgerecht für alle Sinne

Ayurveda-Anwendungen in Designerschreinerei

Wie beschreibt man ein Familienunternehmen, in dem vier Familienmitglieder in einem Gebäude eine Schreinerei, ein Café, ein Ayurveda-Studio sowie ein ganz besonderes Einrichtungsstudio betreiben? - Ich beginne mit der Schreinerei von Vater Helmut Jilg. Was mich begeistert ist, mit welcher Freude er nach über 40 Berufsjahren noch immer seiner Berufung nachgeht und dass seine Faszination für den Werkstoff Holz unverändert da ist. Seine Ehefrau Anneliese hat sich dem Ayurveda verschrieben. Nachdem sie diese alte indische Gesundheitslehre vor Jahren kennenlernte, war sie so fasziniert davon, dass sie die Ausbildung zur Ayurvedaberaterin und das Grundstudium Ayurvedamedizin absolvierte und sich danach selbstständig machte. In ihren Räumlichkeiten bietet sie mit großem Enthusiasmus Ayurveda-Anwendungen, Ernährungsberatung und Kochkurse an.

Die ältere Tochter Stefanie, die nach der Ausbildung im Fünfsternehotel „Dollenberg" BWL studierte, betreibt ein besonderes gastronomisches Konzept: das „Samstagscafé". Nachdem man das Café betreten und die besondere Magie der Räumlichkeiten in sich aufgenommen hat, fällt die Last der vergangenen Woche in kürzester Zeit ab. Und wenn man erst von den unglaublich leckeren, in Handarbeit hergestellten, ve-

ganen bzw. vegetarischen Leckereien in Bio-Qualität gekostet hat, ist man ein anderer Mensch.

Kathrin, die jüngere Tochter, ist studierte Produktdesignerin. Auch sie hat im Jilg´schen Gebäudekomplex ihre eigenen Kreativräume. In diesen bietet sie ausgesuchte Einrichtungsgegenstände (Möbel, Beleuchtung...) an und berät ihre Kunden dabei, ihre Wohnoder Geschäftsräume, neben der gegenständlichen Einrichtung, auch energetisch positiv zu gestalten. Dabei arbeitet sie nach der altindischen Vastu-Philosophie. Wer Beispiele ihrer kreativen und stilsicheren Raumgestaltung begutachten möchte, dem sei die „Burger-Marie" in Offenburg oder das Zimmer „Buchstabensalat" im Hotel Rebstock in Kehl empfohlen.

Nun möchte ich noch auf das Phänomen zu sprechen kommen, das mir bei meinen Besuchen im Hause Jilg immer wieder auffiel und das diesen Platz für mich zu einem ganz besonderen macht:

Es ist dieser schwer zu beschreibende Zauber, der davon ausgeht, wenn eine Gruppe von Menschen mit großer Selbstverständlichkeit harmonisch zusammenarbeitet und ihrer Tätigkeit mit sichtbarer Begeisterung nachgeht. Sei es, dass Stefanie und Anneliese Jilg unter der Woche das Büro der Schreinerei managen. Oder dass beim Samstagscafé viele Mitglieder der Großfamilie, von groß bis klein, mithelfen - und das mit einer solchen Gelassenheit und so viel Spaß, dass es das reine Vergnügen ist, dabei zuzuschauen. Ein Bild, das in der heutigen Zeit fast schon unwirklich erscheint.

Lage
Berghaupten im Kinzigtal,
Untere Gewerbestraße 15

Siegfried Sorg
studierte Wirtschaftsingenieurwesen an der technischen Universität Karlsruhe. Er arbeitet als Geschäftsführer bei der Offenburger Printus-Gruppe, Deutschlands viertgrößtem Online-Händler. Lebt in Gengenbach.

Der Kreuzbühl bei Steinach

Ein magischer Ort für viele

Wenn ich frei habe und Zeit in der Natur verbringen möchte, besuche ich gerne den Steinacher Hausberg - den Kreuzbühl, einem meiner Lieblingsplätze in der Ortenau. Der markante Bergrücken, auf dem ein kleiner hölzerner Pavillon steht, lädt zum Entspannen ein. Und von hier oben kann ich wunderbar das ganze Tal überblicken, während im Hintergrund die Wälder hoch aufragen.

Es fasziniert mich, dass man von diesem Ort aus praktisch so Vieles im Blick hat – sowohl bei Tag wie auch bei Nacht.

Als ich 2017 mein Studium bei der Landespolizei Baden-Württemberg begonnen habe und im April 2018 mein Praktikum im Haslacher Polizeirevier absolvieren durfte, habe ich eine besondere Bindung zu dem Ort aufgebaut. Dieser Ort steht für mich symbolisch für mein erstes und erfolgreich bestandenes halbes Jahr im Streifendienst, welches mich in meiner Berufswahl bestärkt hat.

Der Kreuzbühl ist besonders im Frühling schön, wenn man die blühenden Obstbäume auf den umliegenden Wiesen stehen sehen kann. Während auf dem weiten, langgezogenen Bergrücken Schafe weiden und sich an den Hängen dichter Mischwald im zarten Grün emporrangt, wagen sich gelegentlich auch Gleitschirmflieger, vom Bergrücken auf einer Höhe von 280 Metern in die Lüfte zu steigen. Am Horizont im Westen drehen ein paar Windräder, still und weit.

Dieser kleine Bergrücken ist auch der Ausgangspunkt für viele Wanderungen z. Bsp. nach Welschsteinach, das mit seinen schönen Bauernhöfen noch sehr unberührt aussieht.

Nur sollten die Wanderfreunde gut zu Fuß sein, denn auch wenn der Bahnhof unten im Tal recht nah am Kreuzbühl liegt, gilt es zunächst über eine steile, lange Treppe den Hang zu erklimmen.

Unter den vielen Wander-Möglichkeiten ist der 11 Kilometer lange Panoramaweg ums Untertal, die sogenannte „Steinacher Hausstrecke", mit stetiger Vogelperspektive ein echter Geheimtipp.

Immer am 1. Mai gibt sich der Musikverein hier oben am Pavillon ein Stelldichein und spielt sein beliebtes Maiständchen.

Genau an diesem Punkt beginnt auch immer Anfang Oktober die kulinarische Mostwanderung.

Mystisch wird es vor allem an Fasnacht, wenn die Kreuzbühl-Hexen hier oben ihren Hexenbesen aufstellen.

Es ist für mich und viele andere einfach ein magischer Platz im Kinzigtal – zu allen Jahreszeiten.

Lage
Ein Bergrücken, der sich bei Steinach von Westen her ins Kinzigtal schiebt.

Einkehren
In Welschsteinach in der *Schirrmaier-hütte* in den Sommermonaten

Laura Brucker
wurde im Jahr 2017 im Hotel Dollenberg zur Miss Schwarzwald gewählt.
Im gleichen Jahr begann sie nach ihrem Abitur ein Studium bei der Landespolizei in Baden Württemberrg. Es war schon in jungen Jahren ihr Wunsch, zur Polizei zu gehen und als sie ein halbes Jahr im Streifendienst war, wurde sie noch darin bestärkt, diesen Berufsweg einzuschlagen.

Foto: Thomas Kaiser

Alles Käse auf dem Romanhof – bester Käse

Ein Hort für Schwarzwälder Genüsse und Erholung

Es war ein milder, sonniger Wintertag, als ich beschloss, mit 18 Schulkameraden von der St. Mauritius-Kirche in Prinzbach zum 3 km entfernten Romanhof den geschlängelten, asphaltierten Weg hinauf ins Obertal 22 auf 400 m ü.d.M. zu wandern, um einen geselligen Vesperabend zu verbringen. Unmittelbar nach einer Anhöhe in einer leichten Rechtskurve erblickt man linker Hand den über 200 Jahre alten, prächtigen Bauernhof mit Scheunenanbau und Brennerei UND die 2017 aus Tannenholz errichtete Hofkapelle, deren Glöcklein aus der nahen Ferne zu Ehren der Muttergottes zum Angelusgebet ertönt.

Romantische Abendstimmung kommt auf, als das Licht der vier Fenster des aus Fichtenholz neu erbauten Vesperhäusle erstrahlt und drinnen Heimeligkeit verspricht. Angekommen begrüßt uns der Hofbauer Frank Ams und lässt uns einen Blick in den Stall werfen, wo der 15-jährige Sohn Florian Kühe und Kälber gerade mit Heu versorgt. 160 l Milch geben die 18 Milchkühe täglich her, welche in der Hofkäserei zu 11 verschiedenen Käsespezialitäten veredelt werden. Familie Ams bewirtschaftet den Hof mit einer Fläche von 25 ha, inklusive Wald, zusammen mit ihren vier Kindern und einer fest angestellten Kraft seit 12 Jahren. Sie hat das Anwesen vom inzwischen verstorbenen Ludwig Krämer 2007 auf Rentenpacht erworben, weil dieser ledig war und händeringend einen Nachfolger suchte.

Die Ams sind herzliche, engagierte Leute, die auch gerne mal beim Gast verweilen und Auskunft geben zur Historie, der Wirtschaftlichkeit des Hofes oder zur Herstellung des Käses im ehemaligen Mostkeller. Der kleine, aber feine Hofladen bietet freitagnachmittags Schwarzwälder Köstlichkeiten aller Art und natürlich Käse zu Hauf. Im Reiferaum entdeckten wir ca. 50 bis zu 10 Wochen lang gelagerte Käselaibe. Drinnen in der Stube vor loderndem Kamin erwartet uns erwärmende Schwarzwälder Gemütlichkeit mit Speckbrettle, Wurst- und Käseplatten sowie Most und das ofenfrische, selbstgebackene, knusprige Brot von Veronika Ams. Der Herrgottswinkel und zwei Gnadenbildern vermitteln Gottgläubigkeit, die die Familie bestärkt und ihr Zufriedenheit schenkt an ihrem harten und langen Arbeitsalltag.

Wir, die von weither angereisten ehemaligen Klassenkameraden, genossen das köstliche Mahl sogar bei Musik und Gesang und schließlich die Fackelwanderung hinab ins Tal - physisch gestärkt und psychisch beglückt.

Der idyllische Romanhof gilt als Geheimtipp auch für Menschen mit Lust auf entlegene Vereinsausflüge, romantische Geburtstagsfeiern in friedlicher Natur („wo der Himmel die Erde berührt") oder einfach nur zum Kontemplieren!

Lage
Biberach, Ortsteil Prinzach
Obertal 22, ganz am Ende des Tales

Einkehren
Auf dem Romanhof selbst

Wolfgang A. Stunder
promov. Hausarzt u. Psychotherapeut in Zell am Harmersbach engagiert sich im Lionsclub Kinzigtal, im Medizinischen Qualitätsnetz und der „Gesundes Kinzigtal" GmbH

Die Fischerbacher Gedächtniskapelle

Wo die Beständigkeit unserer Demokratie im hintersten Tal hinterfragt wird

Heutzutage komme ich nur noch einmal im Jahr an dieser Kapelle vorbei, die am 9. Oktober 1949 oberhalb Fischerbachs errichtet wurde: Zum Volkstrauertag laufen wir nach dem Gottesdienst mit der Pfarrgemeinde aus dem Dorf über die Straße ganz hoch bis zu dem Mahnmal. Hier gedenken wir dann der in den beiden Weltkriegen Gefallenen. Meine Schwiegermutter zum Beispiel hatte zwei Brüder, die im Zweiten Weltkrieg sehr jung gefallen sind – daher ist bei ihr die Verbindung wesentlich näher noch als bei mir. Aber auch mir ist das Thema noch präsent. Deshalb ist ein Besuch dieser Gedächtniskapelle für mich auch immer ein Stück weit mit dem dankbaren Erinnern daran verbunden, dass wir in Deutschland momentan in einer guten Zeit leben dürfen und dass das nicht selbstverständlich ist. Denn angesichts des Wirkens einiger heutiger Staatspräsidenten ist einem selbst im hintersten Fischerbach relativ schnell bewusst geworden, dass die Demokratie auf wackligen Beinen steht und nicht so in Stein gemeißelt ist, wie man es bislang angenommen hat. So ging es auf jeden Fall mir.

Doch auch wegen ihrer Lage ist die Kapelle ein sehr beeindruckender Platz – wenngleich nicht mein Lieblingsplatz, denn das ist ganz sicher der über 400 Jahre alte Bergbauernhof, in den ich eingeheiratet habe und auf dem ich seit 25 Jahren mit meiner Familie lebe. Sowohl im Sinne des Erhaltens als auch im Sinne des traditionellen Schwarzwaldstils haben wir in dieser Zeit intensiv am Umbauen, Renovieren und Restaurieren des gesamten Gebäude-Ensembles gearbeitet und haben auf dem Hof inzwischen eine Atmosphäre, die ich unendlich liebe.

Ich bin aber auch gerne mit dem Fahrrad unterwegs. Und wenn man mit dem Fahrrad von unserem Hof aus in das Tal hinausfährt oder über den Berg herunterkommt, dann endet ein Weg zum Beispiel am Bergeckhof und man gelangt zu dieser kleinen Kapelle - dann hat man das erste Mal den großen Blick hinunter ins Tal. Ein erhebender Blick von da oben ist das: Man hat Fischerbach zu Füßen, man sieht nach Haslach hinunter, das Kinzigtal hinaus. Und man sieht in Richtung Wolfach, nach Hausach hoch. Früher war ich mit meinen Freundinnen regelmäßig bei der einmal jährlich vom SWR veranstalteten Tour de Ländle dabei. Für die haben wir natürlich trainiert, damit wir konditionell fit waren. Dazu trafen wir uns jeden Dienstagabend zum Mountainbiken und kamen sehr oft an diesem wunderschönen Platz vorbei.

An Silvester hat man hier außerdem einen genialen Ausblick auf das Feuerwerk zum Jahreswechsel. Von Haslach her nach Fischerbach hineinkommend fährt man über den Berg – die „Klinge" sagt man zu ihm – aus dem Ort hinaus und auf dem Bergrücken nach links. Auf dem letzten Kamm vor den Bergeckhöfen findet man die Kapelle.

Lage
Fischerbach im Kinzigtal
Gleich nach dem östlichen Ortsausgang Richtung Hausach führt die steile Stichstraße Vordertal zur Kapelle hinauf.

Einkehren
Gasthaus Ochsen in Fischerbach

Brigitte Müller
Die Familie backt täglich frisches Holzofenbrot, diverse Dinkelprodukte, Laugenteile etc., brennt eigene Destillate, beherbergt Feriengäste, erzeugt Strom mit Holzhackschnitzeln und hält Rinder für die Direktvermarktung sowie 1-2 Schweine, eine Ziege und Hühner für den Eigenbedarf. Sie engagiert sich seit vielen Jahren in der Trachten- und Volkstanzgruppe Hausach-Einbach. 2011 hat sie mit ihrem Mann Ulrich die Marktscheune in Berghaupten aufgebaut, ein Bauernmarkt mit Café, in dem sie eigene Produkte und regionale Erzeugnisse von Bauern der Umgebung verkaufen. 2013 und 2016 bewirtete sie auf dem Hof Ihre Gäste in der SWR-Serie Lecker aufs Land.

Foto: Thomas Kaiser

Ein Kräuterhof mit Charme

Hier bin ich willkommen

Ein Jahr lang fuhr ich regelmäßig von Freiburg nach Berghaupten im Kinzigtal. Wenn ich durch die Wiesen in dem stillen Seitental zu Armbrusters Hof hinauffuhr, sah ich schon von weitem den Kräutergarten und den Rosenpavillon vorm Haus. Gleich am Eingang befinden sich der Hofladen, ein Teich, Sitzplätze mit Blumenarrangements und kleinen Schiefertafeln, auf denen ein Gedicht oder ein Spruch geschrieben steht. Ich spürte: Hier bin ich willkommen.

Ich traf Ulrike Armbruster zu Arbeitsbesprechungen, wir schrieben zusammen ein Buch über Wildkräuter. Kennengelernt haben wir uns im Verein „Bauerngarten- und Wildkräuterland Baden", einem Netzwerk von Landfrauen und Kräuterpädagoginnen, die nicht nur im Stillen wirken wollen, sondern ihr Wissen und ihre Kompetenzen in die Öffentlichkeit bringen und vermarkten. Manche Bäuerin konnte sich damit ein zusätzliches Standbein erwirtschaften. So Ulrike Armbruster. Die Meisterin der ländlichen Hauswirtschaft kennt sich mit heimischen Wildkräutern bestens aus. Sie weiß nicht nur, für was sie gut sind, sondern auch wie man sie geschmackvoll auf den Tisch bringt. Spitzwegerich-Süppchen, Brennnessel-Kaviar, Knöpfle mit Gutem Heinrich, Giersch-Limonade – einiges durfte ich bei unseren Treffen genießen. Kräuter sind gefragt. Ulrikes Führungen, Seminare, Verkostungen und Kräuter-Menüs werden gut besucht und sind oft im Voraus ausgebucht.

Ulrike und ihr Mann Werner Armbruster bieten auf ihrem Hof aber noch mehr. Mich beeindruckt, wie die beiden den ehemaligen Milchbauernhof in einen modernen Betrieb mit Direktvermarktung umgewandelt haben. Sie bieten Fleisch und Wurstwaren aus artgerechter Tierhaltung, Produkte aus der Kräutermanufaktur, Steinofenbrot, Edelbrände und Liköre an. Außerdem Events und Bildungsveranstaltungen. Im Dezember sind Weihnachtsbäume der Renner. Dafür kommen Kunden sogar aus Freiburg oder Karlsruhe hierher. Eine Nordmanntanne aus einer naturnah bewirtschafteten Anlage, wo Schafe weiden – da hat man beim Kauf ein gutes Gefühl. Als regionale Erzeuger haben sich die Armbrusters der Qualitätsmarke „Echt Schwarzwald" angeschlossen, die traditionelles Handwerk fortführen und die Kulturlandschaft im Schwarzwald mit ihren Wiesen und Weiden bewahren möchte.

Ich habe mich gerne auf Armbrusters Hof aufgehalten. Vieles war mir aus meiner Zeit in der Ökostation vertraut. Im Rahmen meiner fast 30-jährigen vielfältigen Arbeit im Leitungsteam hielt ich Vorträge, gab Kurse zum Umweltschutz und führte Kinder an die Natur heran. Daher weiß ich: Um wirklich etwas zu verändern, braucht man positive Beispiele und Menschen, die mit Tatkraft und frischen Ideen ein Stück Nachhaltigkeit leben. So wie die Armbrusters.

Lage
Berghaupten bei Gengenbach. Nach dem Dorf in die Talstraße und dann in der Obertalstraße den Schildern zum Hof folgen.

Angebot
Schwarzwälder Natur- und Kräuterschule, Spezialitätenbrennerei, Kräutermanufaktur, Hofladen, Events
Geöffnet siehe unter:
www.armbruster-berghaupten.de

Heide Bergmann
ist Lehrerin, Gärtnerin und Autorin und lebt in Freiburg. Sie war Mitbegründerin und langjährige Verantwortliche im Leitungsteam der Ökostation Freiburg, einem Umweltbildungszentrum des BUND. 2007 wurde sie mit dem Umweltpreis „Trophée de Femmes" der Fondation Yves Rocher ausgezeichnet. Sie hat zahlreiche Gartenbücher veröffentlicht.

Heide Bergmann / Ulrike Armbruster

Ihr gemeinsames Buch
„Wildkräuter aus Topf und Garten"
Ulmer Verlag

Foto: Werner Armbruster

Frei wie der Himmel über mir

Auf dem Urenkopf-Turm sich von der Bodenständigkeit lösen

Der Haslacher Urenkopf-Turm ist einer meiner Lieblingsplätze in der Hansjakob-Stadt, auch wenn es den Aussichtsturm noch gar nicht allzu lange gibt. Von meinem drei Kilometer entfernten Schreib-Balkon aus habe ich die obere Hälfte des Turms im Blick und wenn es die Zeit zulässt, mache ich mich auf den Weg dorthin: um aus dem Alltagstrubel auszusteigen, um den Kopf für Neues frei zu bekommen und um bei mir selbst anzukommen.

Und so steht das Ziel für mich fest, weiß ich, wo ich am Ende sein möchte. Es gibt verschiedene Wege hinauf an die Spitze, und nicht immer muss der direkteste Weg auch der Beste sein. Also wähle ich mit Bedacht, wer mich auf meinem Weg begleiten soll und welche Marschroute die richtige ist. Wenn es die Zeit zulässt, lohnt sich der längere Aufstieg durch Haslachs Wälder. Er kostet weniger Kraft, nur etwas mehr Ausdauer, lässt Raum für inspirierende Eindrücke und ist erholsamer Ausgleich zum computerdominierten Alltag. Andererseits gilt es manchmal, das Ziel einfach nur schnell zu erreichen. Dann bleibt nichts anderes übrig, als den steilen Anstieg Schritt für Schritt zu meistern und sich nicht beirren zu lassen. Es gilt, die ganze Aufmerksamkeit auf den Weg zu richten und das Ziel im Innern zu fokussieren. Schnell stolpert es

sich sonst über Steine, die im Weg liegen oder werden Gräben übersehen, die – verdeckt – erst beim Hineintreten spürbar werden. Am Fuße des Urenkopf-Turms angekommen, sind 183 Treppenstufen emporzusteigen und sich mit jedem Schritt weiter von der Bodenständigkeit zu lösen. Auf der sechsten Wendeplattform ist die Höhe der Baumwipfel erreicht, der erste Blick ins Haslacher Städtle wird frei. Ein Stück weiter sehe ich auch mein Heimat-Dorf, das der Pfarrer und Volksschriftsteller Dr. Heinrich Hansjakob einst sein Paradies nannte. Und dann stehe ich auf der Aussichtsplattform. Das mittlere Kinzigtal liegt in seiner ganzen Schönheit vor mir: Die Landschaft ist geprägt von Hügeln und der Kinzig, die ihren vorbestimmten Weg durchs Tal fließt, von Häusern, die winzig klein aussehen und von Menschen, die von hier oben nicht mehr zu erkennen sind. Weit reicht der Blick in die Ferne, ist die Stille greifbar und der Vogelflug zu beobachten. Hier oben fühle ich mich frei. Meine Gedanken haben sich an keine vorgegebenen Strukturen mehr zu halten, wabern wie die fernen Nebelbänke und wandern durch den Bleistift eilig in mein Notizbuch. Graphit schreibt auf Steinpapier, während mir die Sonne ins Gesicht scheint und der Wind den Kopf frei bläst. Frei, wie der Himmel über mir, der in seinem strahlenden Blau grenzenlos scheint. Grenzenlos wie meine Vision. Und ist das Ziel erst erreicht, hat sich jede Anstrengung gelohnt!

Lage

Am südlichen Ortsausgang von Haslach in Richtung Mühlenbach startet eine 2 1/2-stündige Tour beginnend am Restaurant Waldsee-Terrasse. Der Rundweg führt über die KZ-Gedenkstätte zum Aussichtsturm auf den Urenkopf. Zurück geht"s dann über Sandhaasenhütte, Heiliger Brunnen, Stationenweg und Rotkreuz wieder zurück zum Restaurant Waldsee-Terrasse.

Einkehren

Waldsee-Terrasse

Christine Störr

Autorin – Journalistin
Studium „Literarisches Schreiben" an der Cornelia Goehte Akademie in Frankfurt
Buchveröffentlichungen: Roman „Hüter des Lebens"
Kinderbuch „Hademar im Wichtelwald"
Kinderbuch „Hademar im Märchenwald"
Bildband „Hofstetten - es war einmal... Höfe, Handwerk, Federvieh"
Lebt in Hofstetten

Foto:: Hermann Schmider

Foto: Hermann Schmider

Die Gürtenau

Das Paradies von Mühlenbach

Den ursprünglichen Schwarzwald kann man noch in Mühlenbach erleben. Die Gemeinde Mühlenbach hat viele verzweigte Täler zu bieten, jedes davon hat dabei seinen eigenen Charme. Man findet hier noch viele schöne Bauernhöfe, die Tiere halten und die Traditionen ihrer Vorfahren leben und erhalten. Als Bürgermeisterin der Gemeinde ist es für mich eine große Freude, die vielen kleinen Wege in Mühlenbach in meiner Freizeit zu erwandern. Es ist immer wieder schön, die traumhaften Ausblicke, die mir dann geboten werden, zu genießen. Hier kann ich viel Energie tanken und meinen Gedanken freien Lauf lassen.

Ein besonders himmlischer Ort ist für mich die Gürtenau. Im Tal verzweigen sich die Wege in weitere Täler. Hier verläuft auch ein Teil des Panoramaweges, wo man den Blick über die Streuobstwiesen wandern lassen kann. Jede Jahreszeit hat ihren eigenen Reiz. Im Frühjahr blühen die Obstbäume und der Löwenzahn. Im Sommer hängen die Bäume voll mit Früchten, viele Blumen blühen auf den grünen Wiesen und immer wieder taucht ein Bauernhof im Blickfeld auf. Schön ist auch die Herbststimmung mit Nebelfeldern im Tal. Beim Blick auf die schönen Bauernhöfe erinnere ich mich gern an die vielen Geschichten, die mir die Landwirte erzählen. Das Wissen über die Vergangenheit ist sehr wichtig, um die Zukunft der Gemeinde

gut zu gestalten. Über die Landwirte des Ortes mehr zu erfahren, ist wie eine Zeitreise. Auch in Stefanie Schnurrs Buch *Schwarzwälder Kindheitsgeschichten* sind viele Geschichten nachzulesen. Hier lebten und leben besondere Menschen. Sie sind sehr freundlich, arbeitsam und haben wunderbare Ideen. Da hier viele steile Hänge bewirtschaftet werden müssen, ließen sich die Landwirte etwas einfallen. Die Schwarzwälder überlegten sich schon früher, wie sie die schwere Arbeit besser meistern können und erfanden manches Arbeitsgerät. Die meisten Höfe in der Gürtenau sind Vollerwerbshöfe. Ich fühle mich sehr wohl in Mühlenbach mit seiner schönen Natur und freue mich, wenn ich mit den Menschen in Kontakt komme und wenn ich von ihnen erfahren kann, was sie bewegt. Vor allem die Zukunft der Landwirte ist entscheidend für die Offenhaltung der Kulturlandschaft. Ohne die Landschaftspflege der Landwirte und die Haltung der Tiere, die die großen Wiesenflächen beweiden, wird der Wald immer mehr ins Tal vorrücken. Das gilt es zu verhindern. Es bedarf auch in den heutigen Zeiten wieder der Kreativität und des Durchhaltevermögens der Schwarzwälder Bauern. Ich werde sie dabei nach Kräften unterstützen, denn die Menschen in Mühlenbach und auch die vielen Touristen lieben genau diesen Wechsel aus Wald, Wiesen und kleinen Bächen. Es ist eine attraktive Gemeinde und das nicht nur für die Urlauber. Es ist meine neue Heimat, die ich sehr liebe.

Lage
Von der Bundesstraße B 294 kommend zwischen Haslach und Elzach, südlich von Mühlen in Richtung Dietental und Stein abbiegen und etwa 1,5 km in das Tal hineinfahren.

Einkehren
Restaurant Waldseeterrasse

Helga Wössner
Bürgermeisterin in Mühlenbach
Die Politikerin studierte Rechtswissenschaft in Freiburg und arbeitete als Rechtsanwältin, Verwaltungsjuristin und Dozentin an verschiedenen Hochschulen. In Mühlenbach liebt und genießt sie das Leben auf dem Land.

Eine Landschaft, wie für Maler bestimmt

„Das Thal, in welchem die Gutach fleußt, ist ein Elysium"

Dieser begeisterte Satz über das Gutachtal stammt von einem mutigen Wanderer, der 1786 den Schwarzwald erkundete. Hundert Jahre später schrieb J. Hardtmeyer unter der Überschrift „Rechts und links der Schwarzwaldbahn": „Das Gutachtal ist eine der schönsten Landschaften im weiten Tälergewirr des Schwarzwaldes. Die Wiesen haben hier ein besonders saftiges Grün, die Obstbäume scheinen üppiger zu sein als unten im Tal, die Bauernhöfe kommen uns vor, als sei bei ihrer Anlage auf malerische Anordnung Rücksicht genommen worden. Was Wunder, dass dieses Tal sich einen ganz besonderen Ruf bei der edlen Zunft der Landschaftsmaler erworben hat." Darunter wurden Wilhelm Hasemann und Curt Liebich, die sich beide in Gutach niederließen, zu den bedeutendsten Schwarzwaldmaler ihrer Zeit. Zu den immer wiederkehrenden Motiven zählen die markanten Bauernhöfe und die Mädchen mit den roten Bollenhüten.

Von Curt Liebich stammt auch das Bild „An der Halde". Es zeigt den „kleinen Bruder" des Gutachtäler Hauses. Solche Taglöhnerhäuser wurden im 18. und 19. Jahrhundert an Stellen erbaut, die für die landwirtschaftliche Nutzung nicht geeignet waren, an felsigen Plätzen oder - wie hier im Bild - an steilen Halden.

Das Haus „An der Halde" liegt hundert Meter über dem Tal mit einem herrlichen Blick über das Dorf mit der Peterskirche bis hinauf zum Hornberger Schloss. Es ist unter den Bauernhöfen des Schwarzwaldes ein besonders malerisches, aber auch architektonisch sehr gelungen. Der Wohnteil liegt nach vorne, dem Licht zu und fängt damit die wärmende Sonne ein. Die Hocheinfahrt auf der Rückseite ist sehr praktisch, weil die beladenen Wagen direkt auf die Heu- und Getreidebühne einfahren können.

Der Maler Curt Liebich wurde 1868 in Wesel am Niederrhein geboren und starb 1937 in Gutach. In besonderer Weise lebt sein Schaffen in Gutach im 1923 eigeweihten Kriegerdenkmal fort, das mit der trauernden Frau in einheimischer Tracht auch heute noch wegen seiner künstlerisch und zeitgeschichtlich wertvollen Aussage viele Betrachter und Bewunderer findet.
Curt Liebich war ein Universalgenie: Maler, Zeichner, Graphiker und Bildhauer. Für Gutach sind seine Werke nicht nur beachtenswerte Kunstobjekte, sondern vor allem auch historische Quellen, die das Bild der Vergangenheit vermitteln.

Lage
Gutach, Kinzigtal

Einkehren
Hirschen in Gutach-Turm
Krone – italienisches Restaurant

Ansgar Barth
Schulamtsdirektor i.R.
lebt seit 1961 in Gutach, hat viel über die Geschichte der 1275 erstmals erwähnte Gemeinde geschrieben und die Entstehung und Entwicklung der berühmten Tracht mit dem Bollenhut erforscht.

Gemälde (1911) „An der Halde" – Curt Liebich

Der Vogtsbauernhof

Ein Museum, mit dem ich mich persönlich verbunden fühle

Vor über 30 Jahren bin ich auch wegen der vielen schönen Plätze nach Südbaden gekommen. Die Nennung der „schönsten" Plätze fällt mir deshalb nicht leicht, zumal gerade auch der Ortenaukreis mit einer ganzen Reihe an attraktiven Orten aufwartet und durch seine Vielfalt besticht: Rheinebene, Vorbergzone und Schwarzwald, Weingut und Holzschnitzerwerkstatt, Familienbetrieb und Weltfirma, Innovation und Tradition.

Einer unserer besonders schönen Plätze ist aber sicherlich das Schwarzwälder Freilichtmuseum Vogtsbauernhof in Gutach, der bereits auf stolze 400 Jahre zurückblickt. Seit 1612 steht er an seinem angestammten Platz im Gutachtal und hat seit seiner Umwandlung in ein Museumsgebäude Millionen von Menschen aus aller Welt fasziniert. Er ist viel mehr als nur ein Hof. Einerseits ist er Ausgangspunkt eines höchst attraktiven Museumsgeländes mit einer Reihe von herausragenden Baudenkmalen, auf der anderen Seite ist er schon seit Jahrzehnten ein Inbegriff der Schwarzwälder Kultur. Das Faszinierende ist nicht nur sein imposantes Erscheinungsbild und die harmonische Konstruktion, sondern auch seine bewegte und bewegende Geschichte sowie die vielen geheimnisvollen Details, die sich bei genauerer Betrachtung finden. Der Vogtsbauerhof ist ein Monument der bäuerlichländlichen Kultur vergangener Jahrhunderte. Er

erinnert uns daran, wie früher im Schwarzwald gelebt und gearbeitet wurde und zeigt uns zugleich, was wir daraus für die Zukunft lernen können.

Bei aller Tradition hat sich das Freilichtmuseum in den letzten Jahren zu einem modernen, lebendigen Museum entwickelt, das zugleich eine wichtige Bildungseinrichtung ist, die Kultur erhält und Inhalte vermittelt. Mit rund 220.000 Gästen jährlich ist es das besucherstärkste Freilichtmuseum in Baden-Württemberg, das mit seinem umfassenden Veranstaltungsprogramm in der ersten Liga der Kultur- und Freizeiteinrichtungen im Land spielt und ein touristisches Aushängeschild für unsere Region ist. Im Frühjahr 2018 hat das Museum selbst Geschichte geschrieben: Mit der Versetzung des „Effringer Schlössle" aus Wildberg im Nordschwarzwald und der Geländeerweiterung nach Norden. Denn das 600 Jahre alte „Schlössle" ist nicht nur das älteste Gebäude auf dem Museumsgelände in Gutach, sondern auch das älteste Gebäude in einem baden-württembergischen Freilichtmuseum.

Als Landrat des Ortenaukreises bin ich natürlich regelmäßiger Gast im kreiseigenen Freilichtmuseum, doch erlebe ich auch mit meiner Familie immer wieder wunderschöne und interessante Momente in der außergewöhnlichen Atmosphäre des Museumsgeländes. Und ich habe noch eine ganz besondere, persönliche Verbindung zum Vogtsbauernhof: Meine Frau und ich haben in dem altehrwürdigen Gebäude geheiratet!

Lage
Im Kinzigtal. Das Museum liegt direkt an der B33 zwischen Hausach und Gutach.

Einkehren
Museumsrestaurant *Hofengel*

Frank Scherer
Landrat des Ortenaukreises seit 2008
1963 in Remscheid geboren, studierte Rechtswissenschaften in Marburg, Dijon und Freiburg

Meine Heimat – meine Welt

Die „Katzenhalde" in Oberharmersbach regt vieles an

Oberharmersbach liegt im mittleren Schwarzwald im Tal des Harmersbachs, der sich in Zell am Harmersbach mit der Nordrach zum Erlenbach vereinigt und bei Biberach in die Kinzig mündet.

Mit seinen ca. 2500 Einwohnern ist es ein kleines beschauliches Schwarzwalddorf, in dem ich geboren und aufgewachsen und an dem ich sehr hänge. Meine Heimat eben.

Unendlich viel verbindet mich mit einem bewaldeten Hang, der bei uns „Katzenhalde" genannt wird.

Schon als kleines Kind gehörte es für mich mit zum sonntäglichen Ritual, den Rundweg zu laufen und oben am Pavillon dann kurz inne zu halten, um einen Blick hinab auf unsere Ortsmitte zu werfen.

Heute genieße ich es sehr, dieses Waldstück direkt vor unserer Haustür zu haben. Am Bachwegli zu dessen Füßen haben unsere Kinder das Wasser gestaut und so manches Indianer- und Piratenabenteuer erlebt. Hier haben wir gemeinsam Kastanien gesammelt und nach Zwergen Ausschau gehalten, die zwischen Wurzeln leben. Auf der Bank am Bach habe ich schon viele nette Gespräche mit anderen Ruhesuchenden geführt, im Pavillon für einen Freund den Heiratsan-trag an seine Liebste gestaltet. An der Katzenhalde finde ich die Brennnesseln, die ich für den Brennnesselfrischkäse für meine Hexenwanderungen benötige. Auf der Wiese davor die Gänseblümchen für die dazugehörige Suppe.

Außerdem verläuft ein Teil des Hademar Waldwichtel Naturerlebnispfades die Katzenhalde entlang - bis zu unserem Haus klingt in den Sommermonaten das Klappern der wasserbetriebenen Hammerschmiede, die zum Pfad gehört.

Im Winter führt das „Märchen durch die Weihnachtszeit" über den Rundweg an der Katzenhalde bis ins schmale Jedensbachtal auf der anderen Hangseite. Auf diesem Rundweg führt auch ein Franziskusweg mit Besinnungsstationen des Sonnengesangs entlang, von einer Privatperson initiiert und liebevoll gepflegt.

Kraft tanken, innehalten, zur Ruhe kommen - zu jeder Jahreszeit genieße ich den Ausblick vom Pavillon auf unser Dorf. Wenn die Sonne untergeht und die gegenüberliegende Talseite - das „Häldeli" - in ein ganz besonderes Licht taucht. Unbeschreiblich schön! Und im Herbst durch das Laub laufen. Nach einem Regen die frische Erde riechen. Das Bachgeplätscher, das Rascheln der Bäume, Vogelgezwitscher. Und Erinnerungen an besondere Augenblicke, kleine wie große. Heimat eben.

Lage

Ortseingang Oberharmersbach rechts. Den Rundweg an der Katzenhalde erreicht man am besten vom Parkplatz der Reichstalhalle aus. Von dort folgt man einfach Hademars Fußspuren auf dem Asphalt. Nach einem kurzen Fußmarsch ist man in dem Waldstück angekommen.

Einkehren

Verschiedene gute Restaurants in der Ortsmitte

Michaela Neuberger

Märchen- und Sagenerzählerin
Mit ihrer Firma „Michas Welt" unterhält sie seit 2004 ihre Gäste auf Zeitreisen, Sagenführungen, Nachtwanderungen an ausgesuchten und gebuchten Orten mit phantasievollen Geschichten. Spricht Liedtexte bekannter Songs bei Hitradio Ohr im badischen Dialekt in der Sendung „auf gut badisch"
www.michas-welt-oberharmersbach.com

Die Heidenkirche – Sehnsuchtsort unterm Schwarzwaldhimmel

„Tritt hinaus in das Licht der Dinge. Lass die Natur dein Lehrer sein."
William Wordsworth

Unterhalb der großen Bundsandsteinerhebung „Moos" schieben und rutschen die farbigen Gesteinsschichten langsam, aber dann plötzlich mit Ach und Krach nach unten und brechen dabei in große Blöcke. Solche Buntsandsteinblöcke sind nicht selten an den Berghängen in dieser Region, allerdings in kleineren Formaten. Die Geologen sprechen bei den Buntsandsteinblöcken der Heidenkirche von einer Geröllsandstein-Formation des Mittleren Buntsandsteins. Solche beeindruckenden Gesteinsansammlungen sind im mittleren Schwarzwald nicht selten, genauso ihre mystischen Betrachtungsweisen.

Wir bereisen die Welt und vergessen dabei manchmal die magischen Orte vor unserer Haustür. Mein Lieblingsplatz in der Ortenau, der in der Nähe des Löcherberges liegt, ist für mich *der* verwunschene Kraftort in meiner Heimat. Der Platz wird Heidenkirche genannt und assoziiert sofort den Bezug zu einem sakralen Ort. Für unsere Vorfahren muss es solch ein Ort gewesen sein. Es empfängt uns keine Kirche im konfessionellen Sinn sondern ein Sandsteinmeer, das an eine Kultstätte aus früherer Zeit erinnert. Ein Platz, an dem die Zeit stillzusehen scheint, an dem die Naturgeister Hochzeit feiern. Die Magie, die von diesem Ort ausgeht, zieht mich in ihren Bann, verbindet mich mit der Mystik des Seins und der Erinnerung daran, dass alles mit allem verbunden ist. Die Heidenkirch ist ein Ort, der zur Einkehr und zum Dialog mit sich selbst und der Natur einlädt. Es wird spürbar, dass wir ein Teil dieser Natur sind und nicht „nur" deren Betrachter. Wenn wir begreifen, dass die Natur ein Raum ist, in dem wir nicht bewertet werden, stellt sich ein Wohlgefühl ein, was unsere Seele stärkt und uns wieder aufatmen lässt. Unsere heutige Zeit stellt so viele Anforderungen an uns, denen wir oft nicht gewachsen sind. In meinen Naturseminaren möchte ich dazu anregen, die Menschen wieder mit ihrem Inneren und der Natur zu verbinden. Die Heidenkirche bietet hierzu eine unvergleichliche Naturkulisse. In der Stille dieses Platzes, der sich über eine sehr große Fläche ausbreitet, finden sich vielfältige, verwunschene Ecken, an denen wir uns zurückziehen können. Ganz im Moment sein mit sich und der Natur. Nach einer Weile verschmelzen die Grenzen und wir fühlen uns eins mit der Natur und uns selbst. Eine Erfahrung, zu der ich jeden einladen möchte. Probieren Sie es aus, legen Sie ihre Uhren und Handys weg. Öffnen Sie alle Sinne, setzten Sie sich nieder, direkt auf den Waldboden... Ganz bewusst. Sie werden erstaunt sein, welch neue Perspektiven sich Ihnen bieten, wie eindrucksvoll die Melodie des Waldes klingt, wie gut der Wald riecht... Be-Greifen Sie ihre Umgebung... Wann haben Sie zuletzt eine Handvoll Walderde in die Hand genommen, sie gefühlt und gar daran gerochen? Es steigen Kindheitserinnerungen auf...

Lage
Oberharmersbach – Richtung Löcherberg / Bad Peterstal-Griesbach nach ca. 10 km über der L94 nach einer Haarnadelkurve, etwa 3,5 km vor Löcherberg,

Einkehren
In Löcherberg

Simone Kasper
Schwarzwaldguide und Landschaftstherapeutin 2012 zertifiziert als Bachblüten-Practitioner vom BachCentre England Arbeitet heute u.a. als Bachblütenberaterin in Hausach-Neuenbach. Gründete 2012 mit zwei Kolleginnen die „Naturfühlungen". In Outdoor-Seminaren bietet sie Landschaftstherapie, Kneipp-Anwendungen, Bachblütenwissen und Waldbaden an. So auch einen Workshop „Achtsamkeit in der Natur" bei der Heidenkirche.
www.naturfühlungen.de

Neue Horizonte entdecken

Es gibt Dinge, die möchten immer wieder neu entdeckt werden: Die Natur im Wechsel der Jahreszeiten, ein feines Essen, der weite Blick ins Tal, zünftige Blasmusik, die neuesten Nachrichten in der Lokalzeitung. Und schon sind wir auf der Spur von unseren Lieblingsplätzen, kehren dort ein, wo es uns schmeckt, lassen die Gedanken in die Ferne schweifen, singen frohgelaunt mit, wenn unsere Lieblingslieder erklingen, und gehen ungeduldig zum Briefkasten, um dort erwartungsfroh „meine" Zeitung herauszuholen.

Hoch über dem Harmersbachtal, ganz in der Nähe des Harkhofes in Oberharmersbach, erwartet den Passanten einer jener Lieblingsplätze in der Ortenau, der all diese Wünsche vereint. Die Natur hinterlässt dort fast täglich ihre Handschrift. Aber auch kreative Menschen haben ihre Spuren hinterlassen. Der Harmersbacher Vesperweg führt hier vorbei sowie der Westweg Pforzheim – Basel. Drei überdimensionale Holzstühle laden ein zum Hochklettern, Hinsitzen und zum Schauen. Neue Horizonte entdecken – im wahrsten Sinne des Wortes. Ganz nah, oder ganz weit weg.

Im Frühling verzaubern blühende Kirschbäume die Landschaft oberhalb des Harkhofs, hellgrünes Buchenlaub sorgt zwischen dunkelgrünen Schwarzwaldtannen für Lichtpunkte. Im Sommer ist es dort auf über 700 Metern Höhe noch angenehm frisch, wenn es unten im Tal schon sengend heiß ist. Im Herbst wandert der Blick über das Nebelmeer im Kinzig- und Rheintal. Unten ist es grau, oben lacht die Herbstsonne. Herrlich ist es später, durch den tief verschneiten Winterwald vom nahen Kreuzsattel über die Höhen zu stapfen. Schon früh wird es hier oben dunkel und klirrend kalt. Zum Glück ist die gute Stube des Harkhofs mit seinem Kachelofen nicht weit.

Dort, in der Vesperstube Harkhof – und in den anderen Wirtsstuben von Oberharmersbach und dem Harmersbachtal – lassen sich die Jahreszeiten ebenfalls entdecken. Im Frühling eine würzige Bärlauchsuppe, im Sommer ein kühler Bibiliskäs, im Herbst herzhafte Schlachtplatten und im Winter ein feines Stück Linzertorte. Obendrein ein Schwarzwälder Kirschwasser. Heute ist Samstagnachmittag. Die Wochenend-Ausgabe des „Zeller Blättles", wie die Zeitung von der Talbevölkerung liebevoll genannt wird, wurde längst von den Lesern entdeckt. Rund 15 Kilometer Wegstrecke mit dem Mountainbike liegen hinter mir. Jetzt sitze ich auf einem der drei Hochstühle, lasse die Beine baumeln, blicke gen Westen zur fernen Geroldseck, lasse die Gedanken schweifen und genieße die Heimat. Zu allen Jahreszeiten kehre ich gerne an diesen Lieblingsplatz zurück, um ihn und auch neue Horizonte in dieser herrlichen Schwarzwaldlandschaft zu entdecken. Das herzhafte Vesper im nahen Harkhof inklusive. Zum Glück gibt es die feine Linzertorte bei der Familie Hug nicht nur zur Weihnachtszeit.

Lage
Südöstlich von Oberharmersbach im Gewann Hark

Einkehren
Vesperstube Harkhof und weitere Wirtshäuser im Tal

Hanspeter Schwendemann
Schriftsetzer und Industriemeister Druck. Zeitungsmacher aus Leidenschaft. Seit 2001 Inhaber der Druckerei Fuchs und des Verlags *Schwarzwälder Post* in Zell am Harmersbach in zweiter Familiengeneration. Selbständige Lokalzeitung seit 1897.
Besonderheit: Sanierung des denkmalgeschützten Fachwerkhauses im Pfarrhofgraben 2 im 100. Jahr der Firmengeschichte. Einrichtung einer „Buchdruckerei im Gewölbe" im Pfarrhofgraben 4 im Jahr 2007

Foto: Anne-Kathrin Heizmann/
Schwarzwälder Post

Ein Platz der persönlichen Freiheit und der schöpferischen Kraft

Kunst in Zwiesprache mit der Natur

Der fünf Kilometer lange Weg zu meinem Atelier, meinem Arbeitsplatz, führt mich von Zell am Harmesbach, meinem Wohnort, entlang des Talbachs nach Nordrach, vorbei am Ortsteil Allmend ins Gewerbegebiet Grafenberg. Ein Stück Land, ausgewiesen als damals nicht sonderlich schönes Mischgebiet von Industrie und Wohnen, das ich Anfang der 90er Jahre erwerben konnte. Heute umzäunen Obstbäume, Kastanien und Weiden das Gelände und die Westseite begrenzt die Nordrach, ein Bachlauf in dem sich stets reges Leben zeigt. Hier sind alle Jahreszeiten unmittelbar spürbar. Alles lebt und verändert sich mit ihnen, auch meine Kunst, die hier entsteht und sich in Zwiesprache mit der Natur befindet. Am schönsten aber ist es für mich von Mai bis Oktober, dann wenn sich die Vegetation in seiner Pracht entfaltet und die wärmende Sonne das Arbeiten im Freien begünstigt.

Auf dem Grundstück dominiert ein modernes Industriegebäude, umsäumt von gelagerten Stämmen, vorgeschnitten Holzelementen und vor allem von Holzskulpturen. Schwarz gefasste Stelen, mit der Kettensäge in Form gebracht, teils mit einer Eisenhaut ummantelt ragen bis zu acht Meter gen Himmel und zeigen, dass es hier um Kunst geht, um die Umformung des Materials zu archaischen, mit Bedacht geformten Gebilden, die zum Innehalten auffordern. Was hier die Spannung erzeugt ist zum einen der Gegensatz von idyllischer Natur und zu abstrakt inszenierten Skulpturen, die in Farbe und Form einen Kontrast und damit auch einen Dialog zur Umgebung auslösen.

Im Innern des Gebäudes folgt eine Fortsetzung des äußeren Eindrucks nur in kleineren Dimensionen. Holzreste, Sägemehl, halbfertige und vollendete Skulpturen mischen sich mit Arbeitsgeräten, Skizzen und Farbresten. Der Geruch von Holz gepaart mit Ölen und Farben erzeugt eine eigenartige Melange von Düften.

Ein Refugium ohne Regulierung von außen, ein sehr persönliches Chaos, in dem der Besitzer König ist und tun und lassen kann, was er will. Ein kreatives Biotop für alle Sinne, ein Platz der schöpferischen Kraft und der kleinen Freiheiten. Für mich sind es ideale Bedingungen, um inne zu halten, Ideen zu kreieren, und diese dann auch zu vollenden.

Und manchmal kommt auch ein interessierter oder neugieriger Besucher vorbei, den ich dann gerne an meiner Freude teilnehmen lasse.

Wenn einem Künstler das Glück widerfährt, leben zu dürfen, um zu arbeiten - also seinen Beruf als Lieblingsbeschäftigung zu betrachten - und so sogar einen Platz gefunden hat, an dem er dies alles uneingeschränkt tun kann, dieser Ort auch alles bietet, was er zur künstlerischen Arbeit benötigt, dann hat er seinen Lieblingsplatz gefunden.

Lage
Das Atelier ist in Nordrach im Industriegebiet

Einkehren
Gasthaus Vogt auf Mühlstein – Nordrach
Mühlenstüble Vesperstube – Nordrach, Allmend 2

Armin Göhringer
Bildhauer und Maler
Geb. 1954 in Nordrach
1976 bis 1982 Studium an der Hochschule für Gestaltung in Offenbach a.M. Seine Holzskulpturen werden regelmäßig auf den Kunstmessen in Köln, Zürich, Karlsruhe, Amsterdam, Düsseldorf und Brüssel präsentiert. Er erhielt zahlreiche Aufträge für Kunst-am-Bau-Projekte und Werke im öffentlichen Raum. Lebt in Zell am Harmersbach.

Fotos: Tilmann Krieg

Des Kunstsammlers Lieblingsplatz

Museum Villa Haiss – Weltelite der zeitgenössischen Kunst

Sich ein privates Museum zu leisten ist ein Privileg. Als der erfolgreiche Architekt Walter Bischoff mit seiner Frau Dr. Uta Klein-Bischoff den bröseligen Charme der 1815 erbauten, denkmalgeschützten Villa erkannte, war der Wunsch zum Greifen nah, hier seine über Jahrzehnte gesammelte Kunst zu beheimaten und sie der Öffentlichkeit zugänglich zu machen. Nach kurzer Überlegung erwarb sie das baufällige Anwesen, dessen Vorbesitzer die Fabrikantenfamilie Haiss der berühmten Zeller Hahn und Henne-Keramik war. Nach einer 2-jährigen Renovierungsphase stellte die neue Eigentümerin die Villa als Museum für die Sammlung zur Verfügung. Neben Skulpturen, Grafik und Fotokunst nimmt die Malerei den größten Teil ein.

Bereits als Architekt mit eigenem Architekturbüro im Großraum Stuttgart begann Walter Bischoff mit dem Sammeln von Kunst mit Schwerpunkt abstrakte Malerei ab 1945. Als private Gründe ihn 1981 nach Zell führten, löste er nach mehr als 20 auftragsreichen Jahren sein Stuttgarter Büro auf und wagte den Schritt, seine Leidenschaft zum Beruf zu machen und fortan professionell Kunst zu vermarkten und auszustellen. Es entwickelte sich eine weltumspannende Tätigkeit mit Signalwirkung, „um einen kulturellen Beitrag für die Region und darüber hinaus zu leisten", wie es 1997 in der Eröffnungsschrift über die Villa Haiss hieß. Kenntnisreich und umsichtig stieg er in den internationalen Kunstbetrieb ein und eröffnete ab 1983 seine

Galerien in Chicago, München, Stuttgart und Berlin. Zum wichtigsten Standbein wurden seit 1986 die Beteiligungen an den weltweit bedeutendsten Kunstmessen. Währenddessen wuchs die Sammlung auch thematisch, so dass sie heute viele Facetten zeitgenössischer Kunst mit höchsten Ansprüchen widerspiegelt. Er legt größten Wert auf persönliche Kontakte zu Künstlern und vergibt auch Stipendienaufenthalte an junge Künstler auf seinem Anwesen in Kalifornien.

In den oberen Museumsetagen ist ein Querschnitt der repräsentativen Sammlung sowie einige Leihgaben befreundeter Sammler und Künstler beheimatet. Hier grüßen auf Augenhöhe u. a. Werke von Joseph Beuys, Christo und Jeanne-Claude, Heinz Mack, Andy Warhol, Jürgen Brodwolf und die aus Zell stammenden Künstler Armin Göhringer und Thomas Ruff, die beide internationale Anerkennung genießen. Im EG bietet Walter Bischoff jährlich 3 bis 4 Sonderausstellungen. Im gegenüberliegenden Skulpturenpark stehen Arbeiten u. a. von Lluis Cera und Riccardo Cordero sowie als ständiges Mahnmal ein von Walter Bischoff erworbenes 5-teiliges Stück der Berliner Mauer mit einem zusammenhängenden Originalgraffito.

Dem in internationalen Kennerkreisen hoch geschätzten Galeristen und Sammler ist die Villa nicht nur Arbeits- sondern auch Lieblingsplatz geworden. Wünschte er sich manchmal sein Museum in eine Großstadt zu versetzen? „Nein," sagt der Experte, „hier ist der richtige Platz für mein Lebenswerk – in meiner Wahlheimat unter dem Ortenauer Himmel."

Susanne Vaternahm

Lage

In der ehemaligen Freien Reichsstadt Zell am Harmersbach direkt am Stadtpark gelegen. Weitere Informationen sowie Aktuelles aus dem Museum auf www.artbischoff.com

Walter Bischoff

1934 in Stuttgart geboren
Architekturstudium in Stuttgart
1959 bis 1983 eigenes Architekturbüro in Stuttgart
In dieser Zeit Beginn bzw. Aufbau der Kunstsammlung
Ab 1981 Tätigkeitsschwerpunkt Kunst
1983-88 erste eigene Galerie in Chicago
Ab 1988 folgten Galerien in Stuttgart, Grünwald bei München und in Berlin
1997 Eröffnung der Villa Haiss
1999 Kauf von 5 Teilen der Berliner Mauer
Seit 1986 über 120 Beteiligungen an den weltweit wichtigsten Kunstmessen
Über 260 Ausstellungen, davon mehr als 60 im Museum Villa Haiss

Fotos: Tilmann Krieg

Auf den Geschmack gekommen

Die Chocolaterie im „Blaue Hus"

Es mag ungefähr vier Jahre her sein, als ich anlässlich des 4. Obstbrennertages nach Nordrach eingeladen wurde. Ich erinnere mich bestens des herzlichen Empfanges, der freudigen Stimmung der Nordracher und Gäste und an die rundum gelungenen Aktionen. U.a. begeisterten mich zwei Alphornbläser und ich wurde eingeladen höchstpersönlich der legendären Moospfaffkugel die Pistaziensplitter beizufügen, um sie anschließend unter dem Publikum zu verteilen.

Ich verkostete die regionalen Produkte, insbesondere die delikaten Brände und Destillate und wurde beschenkt mit Heinrich Hansjakob's Buch „Der Vogt auf Mühlstein". Dieses verschlang ich so genussvoll wie später die Pralinen von Choco-L. Es war klar, da muss ich baldmöglichst wieder hin, mir die Orte dieser tragischen Liebesgeschichte näher anzuschauen.

Als mir dann von Egbert Laifer eine Einladung zu einer Pralinenverkostung ins Haus flatterte, war es um mich geschehen. Mit Süßem bin ich leicht zu locken und wenn es die Qualität von Choco-L hat erst recht. Egbert machte mich mit den Höfen und ihren Bewohnern bekannt, speziell jenen, denen er jeweils eine seiner Pralinen widmete. Ich lernte den schönsten Teil des Obstbrennerweges kennen und kann jedem, der auch nur ein bisschen Freude am Wandern, an der Natur und an köstlichen Obstbränden hat empfehlen, diesen einmal zu gehen.

Was mich fasziniert an der Art wie Egbert Laifer sein „Geschäft" aufzieht ist die Einbeziehung der ganzen Region und ihrer Menschen. Als das Internet aufkam wurde damit geworben, dass die Arbeitsplätze nun für viele frei wählbar werden. Ob ich mit meinem Laptop am Meer, in irgendeinem Naturpark, auf einer Bergspitze oder an einem Flusslauf sitzen würde, wenn nur die Netzverbindung vorhanden ist, keine Rolle mehr spielen. Viele Menschen arbeiten heute größtenteils am PC, doch die allerwenigsten außerhalb von Städten. Jedem von uns ist klar, wie wichtig die Natur für unseren Körper und dessen Gesundheit ist, dennoch halten wir uns zu selten in ihr auf.

Die Pralinen von Choco-L schmecken frisch am besten und man sollte sie nicht zu lange aufbewahren. Für Nachschub muss man sich nach Nordrach bewegen und das finde ich so hervorragend wie die Pralinen selbst.

In Kürze wird es über dieser kleinen Manufaktur, in welcher die Pralinen noch von Hand hergestellt werden und wo auch Verkauf und die Verkostungen stattfinden ein kleines Café geben. Für mich ein ganz gewichtiger Grund, dem reizenden Ort Nordrach öfter einen Besuch abzustatten.

Ich bin sehr gespannt wie sich das „Blaue Hus" entwickelt. Und ich bin sicher, man wird noch viel von ihm hören.

Lage
Nordrach, Im Dorf 13

Peter Schell
Aufgewachsen in den Kantonen Aargau und Zürich.
Nach seiner Ausbildung zum Primarschullehrer in der Schweiz, besuchte er die Schauspielschule am Konservatorium in Bern. Wichtigster Szenischer Lehrer: Hans Gaugler.
Danach 7 Lehr- und Wanderjahre in und durch die damalige DDR. Engagements in Quedlinburg, Karl-Marx-Stadt (Chemnitz) und Ankam; nach der Wende: Nürnberg, Essen, Nordhausen
Seit 1994 verkörpert er den Bauer Karl bei den Fallers. Er tritt auch immer wieder mit heiteren Solo Abenden in Erscheinung.
Nebenbei ist er Tulayoga und Hara-Awareness Massage Praktiker. Er liebt die Natur, gute Bücher, inspirierende Unterhaltung, Schokolade, Kaffee und guten Wein.

Foto: Lehmann-Archiv

Der Nordracher Obstbrennerweg

Schnapsidee und Idylle in Pralinen geschmolzen

Ich kann mich noch sehr wohl an jenen Pfingstmontag des Jahres 2013 erinnern, als ich zum ersten Mal auf dem Nordracher Obstbrennerweg gewandert bin.

Als gebürtiger Nordracher war es längst überfällig, endlich einmal die heimischen Destillate und Liköre der 15 örtlichen Obstbrennerhöfe kennen zu lernen. Wie werden mich die „Tröpfchen" wohl überraschen? Die außergewöhnliche Qualität auf jedem der einzelnen Höfe hat mich nicht nur begeistert, sondern vielmehr fasziniert: Schwarzwälder Kirsch, Williams, Bohnapfel, Mirabellenbrand, Quitte und wie sie alle ihre Namen tragen.

Der Spruch: „Warum denn in die Ferne schweifen, sieh das Gute liegt so nah" fand an diesem Tag in mir besonderes Echo. Denn als ich mir diese Köstlichkeiten auf der Zunge munden ließ, kam mir die Idee, diese heimischen Tröpfchen mit Schokolade zu kombinieren. So entstand an diesem Tag die Idee, den Nordracher Obstbrennerweg in Pralinenform zu kreieren: Trüffel wie die Kirschwassertrüffel, Williams-Marzipan-Spitze, Apfelkrokant, Mirabellenspitze und die flüssige Quittenlikör.

Während ich wanderte, genoss ich die wunderschö-nen Impressionen dieses einzigartigen Wanderweges. Und als sich mir die Gelegenheit bot, schaute ich neugierig in eine der urigen Brennstuben hinein. Da blinkte mir der polierte Kupferkessel geheimnisvoll entgegen. Ich war erstaunt zu erfahren, dass jedes Jahr neue Rezepturen ausprobiert werden. Noch nie hatte ich zuvor von Mädesüß gehört, geschweige denn davon, dass man Rote Beete zu einem Destillat verarbeiten kann.

Naturliebhaber und begeisterte Wanderer kommen auf diesem Weg voll auf ihre Kosten: man wandert von Hof zu Hof, die ein Brennrecht haben und ihr eigenes Obst zu Destillaten verarbeiten, durch Streuobstwiesen und dichte Waldstücke. Und man tritt auf Anhöhen in weite Lichtungen, wo sich ein einmaliger Blick in die wunderschönen typische Schwarzwaldtäler mit ihren bewaldeten Bergketten öffnet.

Das Recht, Obst zu destillieren, ist auf den meisten Höfen ein altes und sehr begehrtes Privileg, das von Generation zu Generation übertragen wird. Nur selten werden Lizenzen frei, die dann aber ihren Preis haben. Was einst ein Zubrot für die Landwirte war, ist heute eine archaische Tradition und zugleich eine erwünschte Pflege unserer Natur- und Kulturlandschaft. Die Obstbrenner tragen erheblich zum Erhalt der Streuobstwiesen bei, die für diese Region des Schwarzwaldes charakteristisch sind.

Lage
Nordrach

Einkehren
Schön gelegene Gaststätte
Vogt auf Mühlstein

Egbert Laifer
geboren 1972 in Nordrach
gelernter Koch und Konditor
Kammersieger der Handwerkskammer Freiburg
3. Landessieger der Jungkonditoren 1994 von Baden-Württemberg
Oktober 2013 Eröffnung der Pralinenmanufaktur Choco-L
2017 Choco-L nominiert für den Ortenauer Marketingpreis
schlüpft gelegentlich in die Rolle des sagenumwobenen Moospfaff

Foto: Hermann Schmider

Vogt auf Mühlstein
Tradition mit frischem Wind

Nach der Beendigung eines interessanten Berufslebens mit intensiver Reisetätigkeit in der Welt und langen Auslandsaufenthalten bezogen wir ein kleines Schwarzwaldhäuschen am Schanzbach in Nordrach. Mitten im Wald gelegen war es der Ausgangspunkt langer Erkundungswanderungen durch die umliegenden Wälder und Höhen. So war es unumgänglich, dass man eines Tages das Gasthaus *Vogt auf Mühlstein* entdeckte und sich in den Ort verliebte. Die Gaststube strahlte eine heimelige Atmosphäre aus mit dem Kachelofen und den alten Bildern der Familie Erdrich an den Wänden, die 1906 die Gastwirtschaft eröffnet hatten. Und da war natürlich auch das Bild von Heinrich Hansjakob, der in seinem wohl berühmtesten Werk, *Der Vogt auf Mühlstein* die Liebestragödie der schönen Magdalena, der Tochter des Anton Muser, des Vogt auf Mühlstein und dem armen Öler Jockel Hans aus Nordrach erzählte. Die Geschichte ist allgegenwärtig und wurde in früheren Jahren als Schauspiel lokal aufgeführt. Mit Josef Erdrich, dem letzten Vogtswirt, saß man oft und lange zusammen, redete über Gott und die Welt und trank den einen oder anderen Most oder einen Kirschschnaps. An Weihnachten stieg man im Dunkeln zur Messe in der Kapelle auf. Sie war meist schon bis auf den letzten Platz gefüllt, Josef kam im festlichen grauen Anzug als letzter herein und läutete das Kirchglöcklein. Damit war Weihnachten eingeläutet, das anschließende Frühstück mit den Nachbarn dauerte manchmal etwas länger. Ich erinnere mich an meinen 65. Geburtstag, den wir auf dem Mühlstein feierten. Mit Fackeln waren wir im hohen Schnee von Nordrach den Schanzbach heraufgestapft und waren froh, ein wenig außer Atem, in der heimeligen Gaststube anzukommen.

Der Kinderchor *Die Talfinken* aus dem Harmersbachtal sang, und wir genossen das typische Essen: Hochzeitssuppe mit Rindfleisch und anschließender Vesperplatte, Speck und Rühreier, Brat-, Schwarz- und Leberwurst sowie Bibiliskäs. Ein rundum gelungenes Fest! Josef Erdrich verstarb kurz nach seinem 70. Geburtstag. Es war ein Schock, man hatte einen guten Freund verloren. Es schien auch das Ende des Gasthofs zu sein.

Er wurde geschlossen, ein großer Verlust für das Nordrachtal. Doch nach über einem Jahr beschloss die Familie, das Gasthaus weiter zu betreiben. Rolf Lehmann und seine Partnerin Sandra Orthey renovierten den Betrieb, beließen aber den Charme der alten Gaststube. Sie erweiterten die Außenanlagen und verschönerten das Haus. Auch das Küchenangebot wurde erweitert, so dass generell ein frischer Wind einkehrte.

So wird die Hundertjährige Tradition fortgesetzt, und der Gasthof *Vogt zum Mühlstein* ist weiterhin ein beliebtes Ziel.

Lage

Nordrach – nördlich des Ortes biegt schon nach 200 Meter die Fahrstraße zum Mühlstein ab. Fahrstrecke etwa 3,5 km. Sowohl von Nordrach als auch von Oberharmersbach führen sehr schöne Wanderwege zum Gasthaus.
Heute ist der Mühlstein Ort für größere Events, es gibt im Sommer ein Mühlsteinfest und im Winter einen Weihnachtsmarkt. In der Adventszeit kann man wieder *Z'Licht gehen*.

Rainer Schumacher
war in der deutschen Kraftwerksindustrie als Ingenieur und Vorstand tätig. Er lebte in seiner aktiven Zeit in Asien, Deutschland und in den USA. Heute teilt er seine Zeit zwischen dem Schwarzwald (Nordrach) und Colorado.

Der Große Erzähler
Die Moos – ein Mosaik von einer anderen Welt

Schon der Barockschriftsteller Grimmelshausen lässt seine Romanfigur Simplicissimus auf der Moos über die Natur nachdenken. Er vermittelt den Eindruck von einem Gebirge, das dicht bewachsen ist. Das Bild, das sich Grimmelshausen gemacht hat, ist eine historische Momentaufnahme, die vielleicht nicht einmal von ihm selbst stammt. Die Moos, der man in vielen Bereichen den Wandel der Zeit nicht ansieht, ist ein Ort, der mich zum Anhalten zwingt. Darin bestärkt mich Grimmelshausen. Nicht nur die „Weitsicht" entdecke ich auf dieser Höhe, sondern ungeheuer viele Spuren, wenn ich als „Waldläufer" unterwegs bin. Die Moos spiegelt nur vor, dass es fast keine Besiedlung gegeben habe. Aber sie ist ein Gebilde von Menschenhand. Und diese Menschenhand hat gerodet, gepflanzt, gebaut, vernichtet, um den Wald gekämpft, gejagt. Es ist so vieles abgetragen, überwuchert, überwachsen, dass ich nur erahnen kann, was in diesem riesigen Wald geschehen ist. Aber bald stoße ich auf einen Brandweiher und andere Andeutungen von ehemaligem „Leben". Ein Leben, das nicht jeder ausgehalten hat, ein Leben in rauem Klima, ein Leben, das in Umsiedlung, Vertreibung und Auswanderung geendet hat. Die Moos ist eine Gegend, in der ich mir gut finstere Gestalten vorstellen kann. Ohne es zu wissen, schleicht man über Wege, die früher Räuber für Beutezüge und Rückzug genutzt haben. In manchen einsamen Höfen haben sie Unterschlupf gefunden. In alten Geschichten ist von Räuberhöhlen die Rede – und von Wilderern, Harzdieben und Waldfrevlern. Bewegt der Wind die Bäume und Sträucher, werden die Erzählungen wahr vom Wächter auf der Moos, der als schuldbeladener Pfaff umgeht und die Menschen in die Irre führt. Es sind Geschichten, die bei manchem Gänsehaut verursachen. Hier wird lebendig, was man unter „unheimlich" und „geheimnisvoll" versteht. Am überraschendsten in dieser „wilden" Gegend ist für mich die „Heidenkirche", eine seltsame Ansammlung von Buntsandsteinen. Eine unvollendete Arbeit gewaltiger Hände? Diese Steingruppe verführt zur „Andacht", zum Waldsinnen, zum Waldatmen, zum Staunen. Hat tatsächlich die Natur an dieser Stelle so etwas Gewaltiges geschaffen? Da müssen doch übernatürliche Kräfte gewirkt haben. Haben so unsere Vorfahren gedacht? Haben sie deshalb Geschichten ausgetauscht über Riesen, die Steine bis zum Himmel auftürmen, über mächtige Hunde, die ungeheure Schätze bewachen? Im Rauschen des Windes, im Rascheln der Blätter, im Ächzen der Bäume, im Gurgeln der Bäche, im Hereinbrechen der Dämmerung, im Wabern des Nebels wächst das Mosaik von einer anderen Welt, in die wir nur selten eindringen. Und wenn wir in ihr sind, fehlt uns oft das Mittel zum Begreifen. Wer sich auf die Moos „einlässt", wandelt zwischen Vergangenheit und Gegenwart und erlebt, dass einem gewohntes Sehen und Hören vergeht. Der Wald steht schwarz und schweiget? Nein! Nicht dieser Wald. Dieser Mooswald ist ein großer Erzähler.

Lage
Die Moos ist ein Gebirgszug zwischen Renchtal und Kinzigtal, Hausberg von Gengenbach und Oppenau

Einkehren
Ausflugslokal „Kornebene" (am Wochenende).
Die Kornebene erreicht man vom Abstieg zwischen Moosturm und Späneplatz. Siehe Beschilderung

Willi Keller
Geb. 1952, aufgewachsen im Renchtal, wohnt heute im Offenburger Ortsteil Zell-Weierbach. Von 1977 bis 2015 Nachrichtenredakteur beim SWF beziehungsweise SWR in Baden-Baden. Autor von sieben Sagenbüchern, darunter „Sagen aus dem Ortenaukreis", 2016 und 2018 Preisträger in der Sparte Prosa beim Mundart-Wettbewerb „Lahrer Murre". Im März 2018 ist sein Schwarzwaldkrimi „Irrglaube" erschienen.

Foto: Dorothea Gasche

Foto: Robert Schwendemann

Eine Landschaft zum Wurzelschlagen

Ursprünglich und unverfälscht: die Nillhöfe und der Ramsteinerhof

Unsere offenen Münder, als wir – mein Mann, meine damals sechsjährige Tochter und ich – den Winterwald hinter uns ließen. Als wir – hoch über dem Tal – ein Stück das Sträßchen wieder bergabwärts fuhren, am Wiesenrand parkten und auf diese Eiszapfen zuliefen. Dicht an dicht und teils meterlang hingen sie, an den Dachrinnen eines alten Gasthauses. Märchenhaft. Beeindruckend vor allem aber die dahinter steckende Naturgewalt. Klein und groß zugleich fühlte ich mich. Und abenteuerlich, wie schon auf der Fahrt hier herauf – wie immer, wenn wir nach Zell am Harmersbach Gezogenen in Richtung Brandenkopf fuhren: dem 945-Meter-Hausberg des Städtles, einem der höchsten Gipfel im Schwarzwald.

Die Ränder der schmalen Straße ohne Leitplanken und das irgendwann wild bewaldete Gelände daneben umso steiler abfallend, je höher es hinauf geht: Diese Art von Ursprünglichkeit, dieses so unverfälscht und wie in sich ruhend Wirkende – das kannte ich nicht von meinem bisherigen Mal-hier-mal-Dort-Wohnen im hessischen Flachland.

Nun also standen wir im hohen Schnee und freuten uns, auf dem Weg zum Aussichtsturm kurzentschlossen rechts abgebogen zu sein, dem Hinweisschild „Nillhöfe" folgend. Eine Ansammlung weniger, verstreut liegender Gebäude, zu denen das eisbezapfte (modernisierte) Gasthaus gehört.

Dass die Gehöfte bereits anno 1313 erwähnt wurden, lasen wir auf einer Holztafel. Und dass „nill" vom mittelhochdeutschen „nulle" kommt und „Scheitel" beziehungsweise „Berggipfel" bedeutet. Eine im Volksmund so genannte Heidenkirche befand sich früher auf dem 878 Meter hohen Nillkopf, Reste eines römischen Heiligtums also.

Wenn man mit „heilig" etwas Besonderes, Verehrungswürdiges beschreiben möchte, dann war das für mich jener Ausblick, der sich uns binnen Kurzem bot, als wir einem Feldweg folgten. Auf einem Aussichtsturm ist mir stets schutzlos zumute. Bei den Nillhöfen aber fühle ich mich gut aufgehoben, fühle mich sicher und habe doch diesen befreienden, staunenswerten Blick in die Ferne. Bei jenem ersten Mal damals spürte ich in Ehrfurcht und Dankbarkeit, wie mein Innerstes in dieser Landschaft Wurzeln zu treiben begann. Wurzeln, die bei einem späteren Besuch hier oben ihr ganz eigenes Bild für den Begriff „Zuhause" finden sollten: In Gestalt des uralten Leibgeding auf dem Ramsteinerhof.

„Libdig", so lernte ich, heißt im hiesigen Dialekt solch ein Gebäude, in dem das Altbauernpaar den Ruhestand verbrachte, nach der Hofübergabe an die nächste Generation. In einem in dieser abgelegenen Höhe besonders mühevollen Leben, wie es der heutzutage pittoreske Anblick durchaus noch mehr als erahnen lässt. Auch wenn die Nillhöfe sich längst in einen Ort zum Ferienmachen verwandelt haben. Baumeln tut meine Seele hier allemal, zu jeder Jahreszeit.

Lage
Von Fischerbach aus kommend Richtung Oberharmersbach etwa 7,5 km fahren. Von Zell am Harmersbach zunächst der Buchenwaldstraße bergaufwärts folgen. Dann Richtung Nillhöfe, Fischerbach. Etwa 9,2 km.
Es gibt schöne ausgeschilderte Wanderwege sowohl von Fischerbach, von Oberharmersbach als auch von Zell am Harmersbach aus.

Einkehren
Gasthof Nillhof

Inka Kleinke-Bialy
Autorin (mehrere Literaturpreise), freie Journalistin
Lebt in Zell am Harmersbach

Foto: Thomas Kaiser

Wo *Neigschmeckte* Heimatgefühle entdecken

Der LeseLenz in Hausach

Ich erlebte viele Lenze in Hausach. Bis zum 10. Lebensjahr verbrachte ich meine Kindheit jedoch in Lima, Peru. Als ich ins Badische zog, sprach ich nur hochdeutsch und spanisch. Ich wurde von den „Einheimischen" im Kinzigtal als *„Neigschmeckter"* (Zugezogener) wahrgenommen. Was nicht selten zu lustigen sprachlichen Kapriolen führte. Einmal suchte ich dringend ein gewisses Örtchen und fragte nach dem *baño* (spanisch für WC), merkte jedoch, dass es keiner verstand und übersetzte geschwind mit: Wo ist denn hier das Bad? Das zog einige Lachsalven unter den Kindern nach sich:
„Willst du dich etwa hier in der Schule duschen?"
Überhaupt hatte ich – noch im Ausland lebend – eine völlig andere Vorstellung von Deutschland. Beeinflusst von der eher intellektuellen deutschen Gemeinde in Lima, dachte ich Deutschland wäre ein romantischer, winterlich verschneiter Ort, in dem nur Dichter, Musiker und Denker wohnten. Weit gefehlt? Nicht ganz.
Ich durfte Jahre später erleben, dass das mittlere Kinzigtal tatsächlich ein solcher Ort ist, wenn man nur genau hinschaut. Das Gymnasium in Hausach entdeckte nicht nur mich als Schauspieler und Sänger. Es brachte viele Künstler hervor, die sich in der vorzüglich ausgestatteten Stadthalle in Schulproduktionen profilieren durften. Dieses Netzwerk der Kulturschaffenden blieb auch Jahre danach noch erhalten.

So wurde der spanisch-alemannische Autor Jose A. F. Oliver, der ebenfalls dieses Gymnasium besuchte, nicht nur ein Freund, sondern sozusagen für mich auch zu einem „Dichter und Denker".
Er rief ein international anerkanntes Literaturfestival in Hausach ins Leben: Den *LeseLenz*.
Von Wolf Biermann, Konstantin Wecker bis zu Ilijan Trojanow singen und lesen hier meist im Juni nationale und internationale Stars der Literaturszene.
Asfa-Wossen Asserate, Prinz aus dem äthiopischen Kaiserhaus z.B. las 2013 aus seinem Buch *„Draußen nur Kännchen"* eine köstlich humorvolle, philosophisch anspruchsvolle Analyse über *seine* neue Heimat Deutschland. Da schloss sich der Kreis mit *meinen* Erfahrungen als *Zugezogener*.
Eines der schönsten Gebäude in Hausach ist das historische *„Herrenhaus"*, heute ein Museum, welches nicht nur durch die Veranstaltungen des Leselenz Mitte des Jahres erblüht, sondern auch ganzjährig Kultur zu bieten hat.
Meine persönliche literarische Heimat befindet sich allerdings in Haslach in dem „Buchladen". Hier wird man von echten Literaturliebhaberinnen beraten. Mit einem Stapel neuer Bücher unter dem Arm, begebe ich mich dann in das gegenüberliegende kleine *Café Dreher* am Rathaus.

Lage
Der *LeseLenz* ist ein Literaturfestival an verschiedenen Locations in Hausach mit internationalen Autoren.

Einkehren
Café Dreher am Rathaus in Haslach

Bernd Lambrecht
Der Schauspieler und Musicalsänger. verbrachte seine Kindheit in Lima/Peru, seine Schulzeit in Hausach. Er schloss an der Uni Freiburg Anglistik und Sport mit Examen und Magister ab. Später folgte das Diplom für Schauspiel und Gesang in Berlin. Sein Repertoire erstreckt sich von den großen klassischen Rollen über Kabarett bis hin zu Auftritten in Film und Fernsehen. Seit 2007 hat er eine feste Rolle in der SWR-Serie Die Fallers. Seit 2012 ein dauerhaftes Engagement im Musical König der Löwen in Hamburg.

Herrenhaus Hausach

Der Flößer Vaterunser mit Rausch und Risiko

Dahingleiten in die Fremde, in die Ferne

Vor einigen Jahren bekam der Flößerverein in Wolfach eine geschnitzte Nikolausstatue geschenkt, die im Flößerpark ausgestellt werden sollte. Eine solche Statue kann man aber nicht aufstellen, wenn sie nicht wenigstens einmal auf einem Floß gefahren ist, darin waren wir uns alle einig. Ich bin Prädikant, d.h. ehrenamtlicher Prediger in der Landeskirche. Da ich auch Flößer bei der Schwaibacher Flößervereinigung bin, wurde ich eingeladen, die Figur zu segnen und die Fahrt zu begleiten. Die Wolfacher Flößer hatten bei der Stadtbrücke ihr Floß zu Wasser gelassen und oberhalb am Wehr bei Halbmeil die Kinzig gestaut. Die Flößer haben stets ein Vaterunser gebetet, bevor sie sich auf die gefährliche Fahrt begaben, so habe ich in dem Buch „Wellenreiter" eine Floßfahrt beschrieben und genauso wollten wir es auch diesmal halten. Die schwere Nikolausfigur wurde an Bord gebracht und kurz gesegnet in Erinnerung an die vielen Flößer, die in über tausend Jahren Floßfahrt ihr Leben riskiert und oft genug im wilden Wasser verloren hatten. „Das Volk, so bei der Kinzig wohnet…", so steht es an der Mauer, die die Kinzig in ihrem Bett hält. Wir beteten gemeinsam das Vaterunser. Selten habe ich die Bitte um Bewahrung so tief empfunden. Dann kam eine kleine Welle, die Kinzig herunter und ich musste als Laie leider das schwankende Floß verlassen. Vom Ufer aus verfolgte ich den Beginn der Fahrt mit Stangen und viel Rufen. „Jockele frei, Jockele sperr!" Dann trieb das Floß die Kinzig hinunter und ich beeilte mich Schritt zu halten, um rechtzeitig am Flößerpark zu sein. Dort wurde die Statue dann aufgestellt und nun wacht der Heilige Nikolaus, der Beschützer der Schiffer und Flößer, zusammen mit Nepomuk, dem Brückenheiligen, darüber, dass kein Hochwasser Wolfach bedrängen wird.

Hermann Hesse schreibt in seinem Buch „Mit dem Erstaunen fing es an": „Weit mehr als meine Eltern es ahnten, bin ich auf einem Floß auf der Nagold mitgefahren…dabei habe ich auch das Gefühl der Todesangst kennengelernt. Aber, wenn man vom Erleben all das abzieht – das Schimpfen der Flößer, den Absprung in das kalte Wasser, die Vorhaltungen der Eltern – dann bleibt dieses Gefühl des Dahingleitens, der Fremde, der Ferne, … wahrhaftig, es hat sich gelohnt."

So ähnlich habe ich es auch erfahren und deshalb sind wir „Flößer". Ich bin es gerne, auch wenn ich kein Floß bauen oder nicht einmal auf einem Floß mitfahren kann. Aber in Gedanken bin ich den alten Flößern ganz nahe, wenn ich am Flößerpark stehe, wo Nachbauten aufgebaut sind und die Flößerei so erfahrbar machen, und wo die Wolfach und die Kinzig wie seit Jahrtausenden Straßburg entgegen rauschen.

Lage
Die (be)rauschende Floßfahrt beginnt in Wolfach am Flößerpark, wo Wolf und Kinzig zusammenfließen. Über Gengenbach, Offenburg, Willstätt und Kehl führt sie bis nach Straßburg.

Einkehren
Wolfach, *Bistro Flößerpark*

Gottfried Zurbrügg
Studierte in Münster Biologie und Chemie. Bis 2004 war er als Realschullehrer tätig. Im Ruhestand schrieb er einige Heimatromane, u. a. „Wellenreiter" und „Westwärts Wellenreiter" über die Flößer im Kinzigtal. Er ist Mitglied der Schwaibacher Flößergilde. 2000 absolvierte er die Ausbildung zum Prädikanten. Seitdem vertritt er im Kinzigtal, aber auch in Sachsen-Anhalt, Brandenburg und Thüringen für jeweils einige Wochen Pfarrer und Pfarrerinnen. Wo immer es möglich ist, besucht er natürlich Orte mit Flößertradition, so wie 2018 an der Saale und der Unstrut.

Schiltacher Flößer auf der Kinzig
Foto: Tilmann Krieg

Der Hintere Liefersberger Hof
In die Natur hineinkomponiert

Zwölf Jahre ist es nun her, dass mir der Hintere Liefersberger Hof – man muss es so sagen – in den Schoss fiel, ganz unverhofft. Nach 20 Jahren Großstadt hatte sich die Erinnerung an die Kindheit auf dem Land immer häufiger zurückgemeldet, und die familiären Wurzeln zogen mich zurück in den Schwarzwald.

Und dann stand er eines Tages plötzlich da, verwunschen, überwuchert, doch das wettergegerbte Antlitz stolz wie ehedem. Es war eine Entscheidung innerhalb von Minuten: Dieser Ort sollte in meinem Leben eine Rolle spielen. Dass es sogar die Hauptrolle werden würde, wie sehr der Liefersberger Hof mein Leben verändern und bereichern würde, das hätte ich damals noch nicht geglaubt. Heute sage ich: Dieses Haus hat mich gefunden, und ich mich in ihm. Es hat mit mir mehr gemacht als umgekehrt.

Meine Erfahrung als Architekt und Denkmalpfleger half ganz sicher, die dringende Sanierung mit Behutsamkeit und Wissbegierde gegenüber der in Jahrhunderten erworbenen Erfahrung der Vorfahren anzugehen. Glücklicherweise finden sich im Schwarzwald noch viele kundige Handwerker, die ihre Traditionen pflegen. Was sich in 400 Jahren bewährt hat, sollte man ernstnehmen. Und ich staune bis heute, wie viele Antworten auf heutige drängende Fragen dieses kluge Bausystem eines Schwarzwaldhofes bereithält. Ressourcenschonende, nachhaltige Holzbauweise, Raumökonomie, energetisch bis ins Kleinste durchdacht... Ganz zu schweigen natürlich von der unvergleichlichen Geborgenheit, die diese Stuben ausstrahlen. Und weil dieses Gehäuse so achtsam in die Natur hineinkomponiert wurde, lernte ich aus ihm heraus auch deren Reichtum erst so richtig kennen.

Ja klar, nicht jeder will so wohnen, in einem „Freilichtmuseum", weit ab vom Schuss. Zehn Kilometer zum nächsten Supermarkt, man muss eben gut planen. Schneller als daran hatte ich mich an die Schrulligkeiten meiner Herberge gewöhnt. Im Gegensatz zu meinen Gästen weiß ich ganz genau, wo ich den Kopf einziehen muss unter den niedrigen Decken, und bin nach Jahren nun auch tief in die Geheimnisse der Befeuerung meines Kachelofens eingeweiht. Und noch immer gibt es Neues zu entdecken. - Konspirativ verschworen mit einem alten Haus...

Lage
Wolfach auf dem Moosenmättle
Der Weg führt zunächst von Kirnbach über die Talstraße und biegt nach etwa 2 km in einer Haarnadelkurve nach links bergauf ab. Dort heißt die Straße Rotsal und es sind etwa 8 km bergauf zu fahren bis man die Hochfläche von Moosenmättle erreicht. Der Hof liegt hinter dem Parkplatz vom Bergstüble.

Einkehren
Bergstüble Moosenmättle,
gleich nebenan

Hardy Happle
Geb. 1974, aufgewachsen im Sauerland und im Hochschwarzwald, studierte Architektur in Weimar und Zürich. Er lebt in Basel und in Wolfach und arbeitet als Architekturhistoriker und Freier Architekt am liebsten mit alten Häusern und interessanten Bauherrschaften. Durch die Restaurierung seines eigenen Hofes wurde er zum Spezialisten für historische Schwarzwälder Baukultur.

Fotos: Ramesh Amruth

Inspiration und Erdung
Wolftal, Kinzig, Bärenpark

Geboren in Hausach im Kinzigtal, wo sich auch meine spätere Schule, das Gymnasium, immer noch befindet, bin ich im schönen Wolftal aufgewachsen. Idyllisch schlängelt sich die Wolf durch mein Heimatdorf Schapbach. Hier, mitten im Schwarzwald, liegen die „Roots", die Wurzeln meines Schaffens, das mich in die weite Welt der Musik hinaustrug. Der Schwarzwald ist für mich Heimat, Inspiration und Erdung, Teil meiner musikalischen DNA. Wer hier aufgewachsen ist, wird dies immer in sich tragen, auch wenn er wie ich nun schon viele Jahre in der spektakulär schönen Voralpen-Landschaft südlich von München lebt und viel in der Welt herumgekommen ist.

Immer wieder komme ich gerne ins Wolftal zurück. Anlässe sind familiäre Gründe, das eine oder andere Musikprojekt, alte Freundschaften und Geburtstage oder Klassentreffen. Stets inspirierend sind Wanderungen durch den Wald und die Täler, von Schapbach aus auf den Schwarzenbruch oder Kupferberg mit fantastischer Aussicht über den mittleren Schwarzwald, kleine Ausflüge nach Oberwolfach mit dem wunderbaren Mineralienmuseum oder nach Wolfach, wo ich gerne an der Kinzig im Bistro-Café „Flößerpark" verweile. Und von Hausach aus gibt es einen schönen Wanderweg zum „Käppelehof" mit herrlicher Aussicht und feiner einheimischer Gastronomie, letztere

in Vollendung im „Ochsenwirtshof" in Schapbach. So manche Komposition ist in dieser Umgebung entstanden, in frühen wie in späteren Jahren, diese großartige Landschaft lässt die Ideen geradezu sprießen. Kein Wunder, dass einige recht erfolgreiche Musikschaffende aus dieser Gegend kommen.

Mein Heimatort beherbergt seit einigen Jahren den „Alternativen Wolf- und Bärenpark", ein großartiges Tierschutz-Projekt, das inzwischen viele Besucher aus dem In- und Ausland anlockt und dem Schauspieler Hannes Jaenicke als „Bärenbürger" beisteht. Hier finden Wölfe, Bären und Luchse ein liebevoll gestaltetes Zuhause in einem kleinen Naturpark, nicht selten nach einem Vorleben in Gefangenschaft unter weniger schönen Umständen. Ein großartiger Beitrag zu Umwelt- und Tierschutz, den man mit Spenden und Patenschaften unterstützen kann.

Teil meiner Erdung ist nicht nur die Natur, sondern auch der immer noch jederzeit abrufbare Heimatdialekt mit der regional üblichen Prise trockenen Humors. Unvergesslich bleibt der Abend, als ich in einem berühmten Londoner Studio nach einem Aufnahmetag den britischen Musikern badische Ausdrücke beibrachte: „guet hemmer g'spielt", „ebbes esse un dringge", und „gemmer schloofe". Die beste Aussprache, und das mit Leichtigkeit, schafften die beiden Schotten unter den Anwesenden, offenbar besteht da eine gewisse Wesensverwandtschaft, zumindest hinsichtlich der Erdung.

Lage
Das Wolftal erstreckt sich von Bad Rippoldsau-Schapbach über Oberwolfach bis Wolfach. Dort mündet die Wolf in die Kinzig. Eine authentische und typische Schwarzwaldlandschaft mit einsamen Pfaden. Von Wolfach bis zum alternativen Bärenpark sind es 17 km.

Einkehren
Bistro Café Flößerpark – in Wolfach, wo die Wolf in die Kinzig mündet

Chris Weller
Komponist für Film- und Fernsehproduktionen wie *Wetten, dass..?, Pilawas Quizshows, Sportschau, Deathwatch, SOKO 5113, Aktenzeichen XY ungelöst, Tatort Berlin, SK Kölsch, Helicops, Verliebt in Berlin, Bianca – Wege zum Glück, Anna und die Liebe*
Arbeitete als Musiker in Produktionen mit u.a. Nina Hagen, Zucchero, Udo Lindenberg, Shirley Bassey, Jennifer Rush, Helen Schneider, Gianna Nannini, Patricia Kaas, den Scorpions, Xavier Naidoo, Chaka Khan, Nena, Uwe Ochsenknecht und dem Royal Philharmonic Orchestra London.

Alternativer Bärenpark
Foto: Thomas Kaiser

In Rekordzeit durch die Wälder

auf dem klassischen Westweg von Pforzheim nach Basel

Der Offenburger Jörg Scheiderbauer, internationaler Mountainbikefahrer, Ironman-Triathlet und Langstreckenläufer, stellte sich einer selbstgewählten Herausforderung, den klassischen Fernwanderweg von Pforzheim nach Basel in Rekordzeit zu laufen.

Es ist die Nacht vor dem Start. Schlaflos, denn diese Stunden sind anders als Nächte vor Wettkämpfen in Nizza oder auf Hawaii. Mir wird bewusst, hier bin ich nicht anonymer Teil einer Spitzensportler-Masse, hier kämpfe ich allein im Rampenlicht von Medien, Fans und Freunden. Gedanklich durchlaufe ich die Organisation, die wochenlangen Vorbereitungen und weiß um die Verantwortung meines großen Projekts. Laufen für krebskranke Kinder in der selbst festgelegten Zeitspanne von 48 Stunden. In der Corona-Krise hat mich ein sportlich-kreativer Tatendrang sozusagen von der Haustür aus beflügelt.

Mein Start morgens um fünf Uhr. Glücksgefühle! Alles in mir ist auf Start und Ziel geschaltet. Es ist Donnerstag, der 21. Mai 2020. Beste Wetterlage. Leichter Nordwind, Sonnenschein für heute und morgen bei 20 Grad angesagt. Umgeben von Freunden, Fans und Medienleuten steh ich am Goldenen Portal, dem Start zum Westweg. Den Medien zuliebe vor laufenden Kameras ein letzter Kuss mit Alexandra, meiner Lebensgefährtin.

Zehn, neun, acht usw….. zählen alle im Chor. Gespannt wie eine Feder renne ich los. Sofort beginnt der Tunnel, der mich bis zum Ziel nicht mehr loslassen wird. Ich brauche diesen Tunnelblick, der nur den Weg vor mir im Auge hat. Was sich rechts und links abspielt, blende ich damit weitgehend aus. Konzentration aufs Wesentliche. Meine Beine tragen mich leicht durch meine Schwarzwälder Heimat. Glücksgefühle!

Steinig, stufig, felsig, wurzelig. Ich horche in mich hinein. Kreislauf und Kondition fühlen sich gut. Wie im Rausch erlebe ich die ersten vierzig Kilometer, nur von Mountainbikern begleitet. Am linken Handgelenk zeigt mir der Zeitmesser alles an Daten an, die ich zu meiner Sicherheit und Kontrolle brauche. Zusätzlich ein GPS auf der Schulter. Nach etwa 40 Kilometern dann der erste Läufer, der mich eine Weile begleitet. Ab da wechseln sich dank sorgfältigster Vororganisation lückenlos meine Begleiter ab, unterstützen, motivieren, füllen im Lauf den Trinkrucksack auf, versorgen mich mit kräftigender Hühnerbrühe mit Nudeln. Pausieren mit, helfen beim Schuhewechseln (insgesamt 5 Paare), weisen den Weg, damit ich die Orientierung nicht verliere. Ich schaffe 140 Kilometer am ersten Tag. Hochkonzentriert. Steinige Wegabschnitte. Ich darf nicht hinfallen, stolpere über Baumwurzeln, nehme Stufen, renne hinunter ins Murgtal und hinauf bis zum höchsten Punkt des Nordschwarzwaldes, der Hornisgrinde. Bergabwärts zu laufen belastet enorm meine Kniegelenke, ich setze die Walking-Stöcke ein, werde zwischendurch getaped.

Am touristisch beliebten Mummelsee an der Schwarzwaldhochstraße bahne ich mir den Weg durch Menschenmengen – winke, laufe, winke. Meine Gedanken konzentrieren sich zwar intensiv auf den Lauf, doch

Lage
Der Westweg führt von Pforzheim quer durch den Schwarzwald bis nach Basel.

Einkehren / Übernachten
Ausreichend viele Unterkünfte findet der Wanderer im Adressverzeichnis „Der Westweg", das von der T-Information Pforzheim herausgegeben wird. Es enthält über 100 Adressen von Übernachtungs-möglichkeiten sowie Angaben zum benötigten Kartenmaterial und weiterer hilfreicher Adressen.

Jörg Scheiderbauer
geb. 1977 in Offenburg, wo er auch heute lebt. Er ist Mountainbike-Rennfahrer und Triathlet, auch Radsporttrainer, -manager und Produzent von Mountainbikes und E-Bikes (racextract.com). 2018 Deutscher Meister Crossduathlon und Deutscher Meister Crosstriathlon (AK 40-44). 2019 – 3. Platz bei der Ironman 70.3 Weltmeisterschaft in Nizza 2019 – 4. Platz Ironman WM - Hawaii Lief im Mai 2020 einen neuen Rekord auf dem Westweg. Die 280 Kilometer mit rund 8.000 Höhenmetern lief er in einer Zeit von 47:15h

Foto: Karl Faber

genieße ich auch bewusst die Anmut und die Schönheit der Natur. Der zauberhafte Glaswaldsee, der rauhe Schliffkopf mit seinen unendlich vielen Heidelbeerfeldern, der wilde Nationalpark beim Ruhestein und an der Hornisgrinde. Einfach grandios. Und am wohligsten bleibt mir der idyllische Fahrenkopf zwischen Schonach und Hausach in Erinnerung. Dort steil bergab geht's zum tiefsten Punkt der Strecke, dort in Hausach erwartet mich Alexandra mit dem Camper. Massage und Ruhe nach dem für mich schönsten Wegabschnitt vom Kniebis bis Hausach. Wir überlegen, wie ich die nächsten 140 Kilometer bewältige. „Du musst langsamer laufen, immer mal ein paar Minuten stehen bleiben", sagt sie als erfahrene Halbmarathonläuferin.

Der Weg führt weiter über den Belchen und den Feldberggipfel (mit 1493 m höchster Punkt der Fernwanderstrecke). „Warum haben die nur so viele Berge eingebaut?", frage ich mich. Lauftechnisch wechsle ich zwischen Traben, Gehen, Stehen bleiben, ohne Stöcke geht nichts mehr, die Beinmuskeln sind ermüdet. Johlende Zuschauer, einmal sogar mit brennenden Wunderkerzen, motivieren mich. Allen winke ich zu trotz zunehmender körperlicher Grenzerfahrung. In den Wäldern fühle ich mich am wohlsten, Ruhe und weicher Boden sind Heimat, sind Schwarzwälder Hochgenuss.

Die zweite Nacht, Stirnlampe, Oberschenkel gefühllos, noch 20 Kilometer, die sich ziehen. Beim 280. Kilometer geht's nur noch schrittweise. Ich schaffe es – und wenn ich die letzten Meter nur noch kriechen müsste. Nein, aufrecht erreiche ich mein Ziel, werde gestützt, kann mich ausruhen nach 47 Stunden und knapp 16 Minuten. Am Ende meiner Kräfte, am Ende eines strapaziösen Rauschs durch die Wälder.

Aber mit einem unbeschreiblichen Glücksgefühl über meinen Rekord, mit dem ich eine ansehnliche Spendensumme für krebskranke Kinder in Freiburg erlaufen habe. Ich kann sehr gut die Wanderer verstehen, die genussvoll ohne Hast und Eile die vielen Facetten des Schwarzwalds im Detail erleben möchten. Und sich für die dreizehn Tagesetappen genug Zeit nehmen.

Farrenkopf bei Hausach
Foto: Wolfgang Staudt

Fotografen

Stefan Arendt

lebt in Konstanz. Foto-Themen: Landschaften, Jahreszeiten, Reisen, Architektur und Technik, Tiere, Makroaufnahmen, Gewitter, Panoramen, Nacht und Tag und Unterwasser
www.stefan-arendt.com

David Becker

Nach Stationen in Kamerun, Bordeaux, Brüssel, Bonn und Straßburg lebt der Hobby-Fotograf nun seit 20 Jahren in Offenburg am Fuße des Schwarzwalds und hat in diesem sein Lieblingsmotiv gefunden.   *becker_david@me.com*

Martin Bildstein

ist in der Freizeit Flieger und Fotograf aus Leidenschaft. Er will den Menschen ihre wunderbare Heimat zeigen und sie Anteil nehmen lassen an den tollen Ausblicken aus luftiger Höhe. Meist fotografiert er im RAW-Format, um die Bilder dann am PC Computer entsprechend bearbeiten zu können   *info@bildstein.de*

Dr. Karl Faber

lebt am Fuß der Schwäbischen Alb. Begeisterter Reisefotograph; u.a. Antarktis, Grönland, Spitzbergen, Südamerika, Asien, Nordafrika, u.a.; Fotografiert alles Interessante, hauptsächlich aber Landschaften, Charakterköpfe und derzeit gerne seine vier Enkelkinder   *kpf49@gmx.de*

Hubert Grimmig

ist 1970 geboren und lebt in Oberkirch-Stadelhofen. Erste Kontakte mit der Fotografie hatte er in den 80er Jahren während seiner ersten Interrail-Reisen nach Südeuropa. „Wenn ich mit der Kamera in die Natur eintauche, bin ich weg vom Stress, vom Kunstlicht und von der Hektik", sagt er. Die Stille eines Morgens ist eine Art Meditation und Impulsgeber für ihn. Seine Fotos sind von außergewöhnlichen Lichtstimmungen und Sichtweisen geprägt und spiegeln die Schönheit seiner Heimat perfekt wider.   *www.hubertgrimmig.com*

Hans-Jörg Haas

ist 1969 in Hornberg geboren. Nach seinem Studium für Fotodesign arbeitet er für verschiedene Fotografen in den Bereichen Produkt-, Mode- und Werbefotografie (u.a. für Halley Ganges in New York). Nach einer Weiterbildung im Grafikdesign kommt im Jahr 2000 der Wechsel als Art Director in das Marketing des Europa-Park. Die Zeit in Paris (2006-2009) nutzt er zu seiner künstlerischen und kulturellen Horizonterweiterung. Seit 2010 lebt und arbeitet er wieder in seinem Heimatdorf Gutach im Schwarzwald als freischaffender Foto- und Grafikdesigner für namhafte Kunden.   *www.haasimstudio.de*

Jochen Heim

Die Interessen des Pfälzers liegen in der Panoramafotografie und in Landschaftsaufnahmen zu jeder Tageszeit. Er ist überzeugter Fan der „available light Fotografie" und benutzt so gut wie niemals einen Blitz. Ebenso versucht er sich am Ziel vorzustellen, wie die Landschaft bei anderen Tageszeiten wirkt, wie der Sonnenlauf die Lichtverhältnisse ändert und zu welchen Jahreszeiten eine bestimmte Bildwirkung erzielt werden kann. *www.landschaftsfotografie-pfalz.de*

Marcel Heinzmann

lebt in Karlsruhe, ist dort am Institut für Technologie elektrotechnischer, wissenschaftlicher Mitarbeiter (Doktorand). Die Fotografie, insbesondere die Landschaftsfotografie, betreibt er seit 5 Jahren als leidenschaftlichen Ausgleich zum Büroalltag. Besonders faszinierend sind für ihn dabei die Lichtstimmungen in den Morgen- und in den Abendstunden, sowie besondere Wettersituationen. *www.marcelheinzmann.de*

Hubertus Kahl

in Kehl am Rhein geboren, aufgewachsen in Sand (Gemeinde Willstätt), wo er auch noch heute lebt. Nach zwei Berufsausbildungen zum Mediengestalter und Industriekaufmann, ist er seit 2001 mit einer Designagentur für Werbung, Kommunikation und Markensprache in der Gemeinde Willstätt als selbständiger Designer für Foto-, Grafik-, Web- und Mediendesign sowie für audiovisuelle Medien tätig. Neben auftragsbezogenen Werken arbeitet er auch an eigenen künstlerischen Werken und Publikationen. *www.kahldesign.de*

Thomas Kaiser

Lebt in Kappel-Grafenhausen. Seit 1992 Mitglied in der GDT (Gesellschaft Deutscher Tierfotografen), seit 1995 nebenberuflicher Tierfotograf. *www.naturfoto-thomaskaiser.de*

Tilmann Krieg   siehe S. 96

Michael Mantke

Wirtschaftsinformatiker, Software Architekt und seit mehr als 20 Jahren leidenschaftlicher Hobbyfotograf. Als passionierte Reiseblogger sind seine Themen vor allem Landschafts-, Natur- und Reise-Fotografie. Aber auch der Schwarzwald und das Land Brandenburg. *www.erkunde-die-welt.de*

Ulrich Marx

Ist professioneller Fotograf und Fotogalerist (Marx Galleries). Im dreieckigen Galeriegebäude in Offenburg in der Kittelgasse 22 wird angesehene Fotokunst gezeigt, auch im Dialog mit anderen Kunstgenres. *info@marx-galleries.de*

Manfred Matzke

Lebt in Freiburg-Tiengen.
Themen: Taubergießen, Rheinauen in Schwarzweiß, Bäume in Flussauen. Buchveröffentlichung: „Rheinauen – Relikte einer Landschaft" *angelika.matzke@t-online.de*

Günter Franz Müller

fotografiert seit seinem 19. Lebensjahr. Seine Fotomotive sind Menschen, Berge, Details aus der Natur oder von Gebäuden, alte und marode, alte und moderne Architektur. Wie in seiner analogen Zeit gewohnt, legt er schon während der Aufnahme großen Wert auf eine optimale Bildgestaltung und nimmt sich die Zeit dafür.
g.h.mueller@t-online.de

Fabian Müller

Geb. 1998 in Achern, lebt im schönen Kappelrodeck. Als leidenschaftlicher Nachwuchsfotograf fängt er mit seiner Kamera am liebsten Szenen aus der Natur ein. „Ich möchte mit meinen Landschaftsfotografien die Menschen erreichen, sie für den Schwarzwald begeistern und ihnen die Schönheit der Natur zeigen", sagt er. Seine atemberaubenden Landschaftsbilder sind im Bildaufbau wohldurchdacht, perfektioniert in der Lichtstimmung und von vielen kleinen Feinheiten gesteuert. Ein Fotografentalent mit verheißungsvoller Zukunft.
fabianmuellerphotography@yahoo.com

Norman Nollau

Ist Hobby-Fotograf und macht hauptsächlich Natur- und Landschaftsaufnahmen. Seine Spezialdisziplin ist die Fotografie aus der Vogelperspektive.
info@skypixel.photography

Chris Rebok

Sein Schwerpunkt und seine Leidenschaft liegen ganz auf dem Thema Wein. Zu seinem Repertoire zählen der Weinberg, der Winzer, der Wein an sich, Weinkeller und Weinproduktion, Weinarchitektur, Wein-Events sowie der damit verbundene Lifestyle.
www.chris.rebok.de

Fred Riedel

Der geborene Kinzigtäler lebt in Hausach. Seine fotografischen Leidenschaften sind, den Schwarzwald mit all seinen Facetten abzubilden, aber auch, auf der gesamten Erdkugel besondere Eindrücke einzufangen.
riedel.fred@gmx.de

Michael Sauer

ist leidenschaftlicher Hobby-Fotograf und immer auf der Suche nach dem richtigen Licht. Der Schwerpunkt seiner Aufnahmen sind Motive im Schwarzwald, in der Ortenau und entlang des Oberrheins. So vielfältig wie die Natur ist, sind auch die Bilder in seinem Archiv. Seine Bilder werden regelmäßig in unterschiedlichsten Medien veröffentlicht. Sie sind bei mehreren Fotowettbewerben ausgezeichnet worden. Er hat schon für National Geographic fotografiert, Zeitraffervideos für das ZDF produziert und wird beim Kamerahersteller Ricoh-Pentax als Referenzfotograf geführt.
www.michael-sauer.com

Hermann Schmider

Geb. 1963, wohnhaft in Haslach i.K. Fotothemen:

überwiegend Landschaften und Wetterstimmungen zu jeder Jahreszeit. *www.schmiderweb.de*

Robert Schwendemann

Lebt in Oberharmersbach. Fotothemen: Eigentlich fast alles, hauptsächlich landschaftliche Stimmungen Unwetter, Nahaufnahmen usw. *www.robertschwendemann.de*

Evi Seeger

lebt seit über 20 Jahren im schönen Bühl. Das Fotografieren im Schwarzwald ist ein enger Teil ihres Lebens geworden, sagt sie. Es ist ein Ausgleich zum täglichen Alltag. Sie ist unterwegs im Naturpark Schwarzwald und in der Ortenau. Es fasziniert sie die besondere Lichtstimmung, eine schön blühende Pflanze, ein Insekt oder eine ganz wunderbare Perspektive. Ihre Schwerpunkte sind: Landschafts-, Natur-, Tier- und Makroaufnahmen. *evi.seeger@gmx.de*

Manuela Seiler

lebt in Gengenbach. Ihr fotografischer Schwerpunkt ist die Landschaftsfotografie. In jedem Bild steckt das Bedürfnis, einzigartige, berührende Momente mit Gefühl und Liebe zum Detail einzufangen. Auf diese sehr typische, emotionale Art entstehen auch immer wieder Fotografien in Gengenbach wie die beiden Beiträge in diesem Bildband zeigen.
www.manuela-seiler.de

Sebastian Wehrle

Betreibt ein kleines Fotostudio in Freiamt. Hat seine berufliche Laufbahn als Kachelofenbaumeister nach einer größeren Reise mit dem Fahrrad von Los Angeles nach Peru und einer kleineren Runde in Asien an den Nagel gehängt und ist nun professioneller Fotograf. „Ich liebe die Fotografie, den Umgang mit Menschen, tolle Landschaften – genau das, was unsere Erde so schön macht", sagt er. Inzwischen hat er sich als Fotograf einen Namen gemacht. Insbesondere sind seine Porträtfotos mit Models in Schwarzwälder Trachten stark gefragt. *www.sebastian-wehrle.de*

Peter Wochnig

Ambitionierter begeisterter Spezial-Fotograf für Bilder der anderen Art
Schwerpunkte: astec Copter: Zylindrische bis voll sphärische 180 x 360° Panoramen, Inspektionen & Luft & Filmaufnahmen
tabletop Fotografie, Werbefotografie, Architektur, Langzeit-Nachtaufnahmen, stills, streetview multipoint mehrzeilig – Straßenzugpanos in Hochauflösung – single point & multi view-point Panoramen, Gigapixelfotos, Panomachine, tilt & shift interaktive walking Panos
info@repro-line.de

Danke

Der Kulturverlag ART + WEISE bedankt sich bei den vielen Autoren und Fotografen, die aktiv an diesem Buch mitgewirkt haben. Wir bedanken uns auch bei den zahlreichen kulturinteressierten Menschen, Unternehmen und öffentlichen Einrichtungen, die dieses Projekt mit ihrem Engagement unterstützt und dadurch erst ermöglicht haben. Der Dank richtet sich insbesondere an:
das Regierungspräsidium Freiburg, das Landratsamt Offenburg sowie an alle die Städte und Gemeinden des Ortenaukreises.
Dankend hervorheben möchte ich die beiden sehr engagierten Fotografen Thomas Kaiser und Tilmann Krieg, die mit mir einige „himmlische Plätze" und Autoren gemeinsam aufgesucht und meisterlich abgelichtet haben. Auch Robert Schwendemann, Hermann Schmider, Michael Sauer und Günter Franz Müller sind besonders hervorzuheben. Danke an Inka Kleinke-Bialy, die uns redaktionell sehr stark entlastet hat. Danke auch an Andreas Pahl, der sich für Satz und Layout verantwortlich zeichnet und unermüdlich an diesem Werk mitarbeitete. Er trägt einen großen Anteil an der Qualität des Kunstbandes. Und schließlich sei auch denen gedankt, die ebenso am Gelingen des Projektes beteiligt waren, aber hier namentlich nicht erwähnt werden können.

Peter Martens

Impressum

Grafik, Layout und Satz
Andreas Pahl

Lektorat
Kerstin Eckart-Martens

Druck
Bucherer und End, Kappel-Grafenhausen

Panoramakarte
Schwarzwald Tourismus GmbH

Titelfoto
Robert Schwendemann

Kulturverlag ART + WEISE
Peter Martens
www.kv-artundweise.de
info@kv-artundweise.de

alle Angaben ohne Gewähr
Erstausgabe 2019
2. Auflage 2020

ISBN: 978-3-946225-03-4